BEIJING NORMAL UNIVERSITY
LAW REVIEW

1 2020
总 第 1 辑

北师大法律评论

BEIJING NORMAL UNIVERSITY LAW REVIEW
Vol.1, 2020 No.1

主　编　卢建平

执行主编　夏　扬

社会科学文献出版社
SOCIAL SCIENCES ACADEMIC PRESS (CHINA)

前　言

在法学院创办一份以学生打理为主、主要发表青年教师和学生作品为主的学术刊物，一直是我心心念念的想法，原因有很多。

横向比较，无论中西，但凡优秀的法学院，差不多都有一份这样的刊物。若无这样一份刊物，则说明这个法学院还不够优秀！

纵向地看，在我自己的求学生涯中，也有过这样一段有趣的经历：30多年前在法国留学时，也曾和一群志同道合的同学一起创办《留法通讯》，自任编辑，组稿编稿，有时稿件不够了，还会"以权谋私"，将自己的私货充数进去。前不久就有老同学在微信群里发出照片询问，有一篇题为《实行对外开放与保守国家机密》的文章作者是谁？我在这里坦白，那个署名"路见平"（以及此后的"路见"或"袁行客"等）的作者，即在下卢建平。

现在回忆起来，这段经历弥足珍贵，不仅为自己留下了稚嫩的笔迹、青涩的思想，也见证了编者与作者、读者一起创业、相互学习、共同成长的过程，对我此后的学术事业发展大有益处。这段经历也说明，学习不只在课堂、书本上，课外的实践、锻炼也许是更好的学习。古人云，学而不思则罔，学无涯、思无涯，若思而不写、述而不作，学习的过程、思考的印记便无迹可寻，学习的效果也会大打折扣。写作能力是学生最重要的能力，"听""说""读"最终都要汇总到"写"上来。

而对于初入学术殿堂的学子来说，终于见到自己的心得体会变成铅字印刷体，甚而还居然拿到了稿费，内心的那种喜悦以及由此萌生的自信，也许就是成就一个伟大学者登顶之梯的第一台阶！这不仅体现了所谓循证学习（evidence-based learning）的理念，也反映了快乐学习的理念。宋代文豪欧阳修之所以比别人快乐，即在于他"醉能同其乐，醒能述以文"，因其文章流传千古，故其乐亦绵延不绝。对于编者而言，基本是在扮演无名英雄的角色，是在为他人做嫁衣裳，"衣带渐宽终不悔，为伊消得人憔悴"，不仅在读稿、审稿、编稿的过程中先睹为快，而且还能成人之美，何尝不是人生一大快事！

创办一份刊物必定不是完全个人化的行为，而是群体行为或社会行为，需要作者、编者与读者，老师和学生，刊物、学校与社会相互之间的通力合作。特别是在初创时期，如何尽快形成自己的风格，在百花齐放、百家争鸣的学术园地立足生根，为京师法学的发展贡献力量，为法治国家建设建言献策，这是刊物的主办者、编辑者、作者以及读者共同面临的首要问题。

天地万物，存乎一心。我个人的期望是，《北师大法律评论》能够成为一个心灵沟通的平台：作者们用真心写作，编辑们凭良心审稿，读者们以热心鼓励。大家勠力同心，把学刊办好，并与学刊一起共同成长！

卢建平

2019 年 9 月 10 日

目 录
CONTENTS

1

专栏

文化遗产法视野下的宗教文物保护

——从隆福寺藻井说开去

柴 荣 侯怡宁*

摘 要：作为宗教文化遗产的重要载体，我国的宗教文物数量丰富、价值重大。然而由于宗教文物使用权和管理维护权的分离，以及公民文化权利需求与文物保护存在矛盾等原因，我国宗教文物保护和利用之间的矛盾凸显。纵观历代宗教文物保护观念和立法实践的变迁可以看出，保障个人、团体及国家在宗教文物的享用、传承及发展上的基本文化权利，引入宗教文物参与式管理及保护制度，对贯彻落实《文物保护法》、推动宗教活动法治化，具有十分重要的意义。

关键词：文化遗产权；宗教文物；《文物保护法》

在北京先农坛的中国古代建筑博物馆中，存放着一件"镇馆之宝"、国家一级文物——隆福寺藻井。据 1987 年 7 月 25 日《北京日报》报道，隆福寺"藻井，上中下三层，下有铜铸四大天王支撑，彩云缭绕中立着一个个罗汉，中层为琼楼玉宇的天上宫阙，天宫下为彩绘的二十八星宿神像，宫阙有仙人天女，都是精雕细琢而成"。[①] 藻井最上方是一幅天文星象图，画面现存星数 1420 颗，其星数、星官部位都与我国古代天文学著作《步天歌》吻合得相当好。隆福寺藻井制作精美，不仅有重要的宗教价值，同时反映了我国古代建筑、天文技术的高超水平。

受唐山大地震余波影响，隆福寺藻井于 1976 年落架保护，在长达 15 年的时间里经过文物专家的修复，最终迁至先农坛太岁殿展出，这是宗教文物修复、保护和利用的典型案例。遗憾的是，藻井的最初存放地隆福寺

---

* 柴荣，北京师范大学法学院教授、博士生导师；侯怡宁，北京师范大学法理学博士研究生。

① 善无畏、邬育伟：《北京百家佛寺寻踪》，新华出版社，2012，第 15 页。

早已经被大火摧毁，藻井本身的六层建筑结构最终只修复了五层。隆福寺藻井修复工作进行的初期，并未有可依照的文物保护法规章程，主要由文物专家依据清华大学存留中国营造学社拍摄的隆福寺藻井资料照片，对藻井残件进行整理分析后做了复原，直到1982年11月19日《中华人民共和国文物保护法》（简称《文物保护法》）的颁布施行，新中国文物保护才开始进入有法可依的状态，说明了宗教文物保护在技术和法制化进程上的艰难曲折。

一 宗教文物保护法制化进程的曲折

（一）中国古代宗教文物保护观念的翻覆

我国古代宗教文物保护的状况十分不理想。文物保护的观念在历史上很长时间未能形成，虽然法律上有对宗教财产如寺院土地、寺庙建筑、僧尼财产等的规定，但多数是从财产立法的角度进行的，并未有明确的现代文物或"古物"概念。历朝历代对于宗教活动的政策多有翻覆，经常可以看到中国民间宗教，尤其是佛教、道教，在发展兴盛之后的大规模灭佛运动。中国古代曾经出现的"三武一宗""一洪"法难，对中国宗教文物尤其是佛教文物而言，可以称得上是灭顶之灾。

南北朝时期，北魏太武帝（423~452年在位）最初信仰佛教，其时中国各地的佛教文化兴盛，僧徒众多。随之而来的民间信众均有意愿捐资建造佛像，各地宗教建筑呈一派繁荣之势。但到了445年，太武帝开始下令诛杀长安的沙门，焚毁包括宗教建筑在内的一切佛教经幡、典籍和造像。这次灭佛运动从开始到太武帝死亡的7年之间，北魏境内的寺庙建筑、佛教经典及僧佛造像全部被毁，可称为宗教文物的物件无所保留。574年，南北朝北周武帝下令禁止佛教、清理道教。这次运动不仅使佛教的宗教文化和文物被破坏殆尽，对中国本土的道教文化和文物也是一次彻底的清除。574年以后，佛教沙门、道教道士还俗为民的有两万多人，寺庙田产也被尽数赐予王公贵族，灭佛运动直到北周武帝死亡后才停止。唐武宗（840~846年在位）于会昌三年（843）开始禁佛，其间被毁的佛教寺庙有4600多座，僧尼还俗、田产被收，金属佛像与佛具被铸造成铜钱或农具，此后佛教元气大伤。

同样的事件在后来佛教发展的历史上不断重演，比如五代十国时期后周世宗（954～959年在位）于955年5月开始的排佛运动，以及太平天国时期14年间对宗教文化的破坏运动。几乎每一次宗教兴盛之后便会迎来大规模的灭佛、清道运动。历史上宗教文物经历的破坏和重建，宗教文物保护观念的翻覆和曲折，对今天的宗教文物保护政策有十分重要的启示作用。其核心问题在于宗教文物文化遗产观念的确立，即宗教文物首先应当被看作文物和文化遗产，这一点应该与其宗教属性相剥离。也就是说，宗教文物的文化遗产属性，不应当受某一历史时期的宗教政策所影响。从文化遗产法的视野来看，宗教文物并非一国政府的独有财产，而是全人类的文化遗产，"文物的国家所有权并不意味着国家可以对文物行使无限制的权利"。① 因此从文化遗产法的视野观察宗教文物保护的现实，我们认为，宗教文物首先是一种文化遗产，其利用和保护不应当受到一国宗教政策的影响。

（二）民国时期宗教文物保护制度的建立

1. 宗教信仰自由的法律确认

民国时期立法内容丰富，关于宗教信仰自由的法规政策在这一时期通过各种立法活动确立下来。这一时期赋予人民宗教信仰自由的均属宪法性文件，如1912年3月公布的《中华民国临时约法》、1913年10月完成的《中华民国宪法（草案）》、1914年5月公布的《中华民国约法》、1931年6月公布的《中华民国训政时期约法》及1947年1月公布的《中华民国宪法》，均规定了诸如"中华民国人民一律平等，无种族阶级宗教之区别"② "人民于法律范围内，有信教之自由"③ "人民有信仰宗教之自由"④ 的内容。这一时期宗教信仰自由的观念获得了宪法上的确认，为宗教文物保护制度的建立奠定了法理基础。

① 王云霞主编《文化遗产法学：框架与使命》，中国环境出版社，2013，第78页。
② 《中华民国临时约法》第5条，1912年3月11日公布施行。
③ 《中华民国约法》第5条第7款，1914年5月1日公布施行。
④ 《中华民国训政时期约法》第11条，1931年6月1日公布施行。

2. 文物保护观念觉醒及文物立法

自国门被枪炮打开，帝国主义侵略加剧，敦煌文书外流开始，国人对文物保护的观念逐渐觉醒。我国历史上实际存在着文物保护的法律，特别是有关文物犯罪的刑事立法。但最初并非将其作为文物犯罪看待，而是作为财产犯罪来规定的，① 彼时文物观念尚未形成。如《唐律疏议》中，将今天认为的文物犯罪作为贼盗类犯罪来处理："诸盗毁天尊像、佛像者，徒三年。即道士、女官盗毁天尊像，僧、尼盗毁佛像者，加役流。真人、菩萨，各减一等。盗而供养者，杖一百。"② 直到清末《保存古迹推广办法》（1909年）的颁布，国人的文物保护观念才逐渐增强。民国时期承袭近代以来文物流失的历史，民国政府颁布了一系列文物保护的法律法规，比如《保存古物暂行办法》（1916年）、《名胜古迹古物保存条例》（1928年）、《古物保存法》（1930年）等。《古物保存法》的效力层级高于此前内政部制定的各种部门规章，使得文物保护有了专门性、系统性的法律依据。其对"古物"做了系统认定，对古物保管、采掘、权属、流通等方面都进行了详细的立法规定，同时明确了中央古物保管委员会在古物保存上的权属职责。《古物保存法》是中国历史上第一部由中央政府公布的文物保护立法，为文物保护事业的依法开展奠定了基础。

3. 宗教文物保护的法律规定

民国时期对宗教活动的立法也初具雏形，北洋政府出台的《关于保护佛教僧众及寺庙财产的令文》、《内务部公布寺院管理暂行规则令》、《内务部请明令保护宗教庙产致大总统呈》以及《监督寺庙条例》等，都成为宗教活动的重要立法依据。其中关于宗教文物保护的内容，如《监督寺庙条例》第2条规定："寺庙及其财产法物，除法律别有规定外，依本条例监督之。前项法物，谓于宗教上、历史上、美术上有关系之佛教、神像、礼器、乐器、法器、经典、雕刻、绘画及其他向由寺庙保存之一切古物。"这些法规、条例的颁行，对于规范宗教活动、保护宗教文物起到了至关重要的作用。

① 谢望原主编《妨害文物管理罪》，中国人民公安大学出版社，2003，第1页。
② （唐）长孙无忌等撰《唐律疏议》，中华书局，1983，第520页。

（三）我国现行宗教文物保护法律体系

在文化遗产法的概念体系中，文物是中国现行法律最常用的概念。"文化遗产包括物质文化遗产和非物质文化遗产。物质文化遗产是具有历史、艺术和科学价值的文物……"① 宗教文物是重要的物质文化遗产。1971 年《保护世界文化和自然遗产公约》，2005 年欧洲委员会《文化遗产社会价值框架公约》，以及 2001 年联合国教科文组织《保护水下文化遗产公约》均确立了文化遗产保护的重要性。为响应国际公约的号召，我国自 1982 年 11 月 19 日起施行《文物保护法》，1992 年国家文物局发布《中华人民共和国文物保护法实施细则》，2003 年 5 月《中华人民共和国文物保护法实施条例》（以下简称《文物保护法实施条例》）通过，2005 年《国务院关于加强文化遗产保护的通知》发布。《文物保护法》自 1982 年 11 月 19 日施行起，经过五次修正，现已成为我国文物保护的主要法律依据。各地方也根据《文物保护法》积极制定了相关的地方性规章和条例。根据国家文物局公布的十八大以来地方文物立法情况，各地在《文物保护法》的框架下，制定了 100 多部地方性规章，比如《上海市文物保护条例》《广西壮族自治区文物保护管理条例》，这些条例与《文物保护法》《文物保护法实施条例》一同构建了中国特色的社会主义文物保护法律体系。

关于宗教文物的保护则散见于《宗教事务条例》和各种宗教政策性文件和部门规章之中。宗教文物较一般文物来讲具有其宗教上的特殊性。与一般文物的所有权属于国家不同，宗教文物大多是宗教活动中使用的物品，《宗教事务条例》第七章"宗教财产"规定了宗教法人对宗教财产的所有权、使用权、收益权等。但是宗教财产主体从新中国成立以来并未获得立法上的真正统一，各种地方性宗教政策文件中对于宗教财产的所有权均出现矛盾的表述，比如"寺庙所有""国家所有"等。宗教文物与宗教财产概念的交织以及宗教财产权属的不明晰，直接导致我国现行宗教文物保护在权利义务上的不明确。

我国对宗教文物还设置了刑法保护。我国刑法上的妨害文物管理罪是

---

① 2005 年《国务院关于加强文化遗产保护的通知》（国发〔2005〕42 号）。

自成体系的一类犯罪。《中华人民共和国刑法》对文物犯罪进行了详细系统的规定。此类犯罪的罪名包括故意损毁文物罪，故意损毁名胜古迹罪，过失损毁文物罪，倒卖文物罪，非法出售、私赠文物藏品罪等。2011年2月25日第十一届全国人民代表大会常务委员会第十九次会议通过《中华人民共和国刑法修正案（八）》，对文物犯罪的量刑进行了修改。《国务院关于打击盗掘和走私文物活动的通告》等也对妨害文物罪进行了规定。

反思宗教文物保护的立法过程以及国内外对宗教文物保护的态度，可以十分明确的是，宗教文物是全世界、全国公民共同拥有的文化遗产，这一点不因为宗教信仰的不同而产生差别。我国宪法规定了中华人民共和国公民的宗教信仰自由，当然的，宗教文物的保护也应该脱离宗教信仰的差别，从文化遗产法的角度加以认定和保护，只有这样才能避免历史上一再出现的因政权、宗教纷争所带来的对宗教文物的大肆倾轧。

二 作为文化遗产的宗教文物保护的特殊性

（一）宗教文物数量丰富

在文化遗产法的概念体系中，文物是中国现行法律最常用的概念。文物是人类在历史发展过程中遗留下来的遗物、遗迹。[①] 宗教文物是与宗教活动相关的文物，是我国历史文化遗产的重要组成部分，包括寺庙、道观、清真寺、教堂等文物建筑及附属的大量经卷、法器、造像等可移动文物。[②] 我国宗教文物数量繁多，截至2013年5月3日国家文物局第七批全国重点文物保护单位名单公布，目前在全国4296处重点文物保护单位中，各类直接以寺庙、道观命名的，以及与宗教相关的文物建筑共计671处。[③] 截至2013年12月31日，全国共有宗教活动场所132083个，在2011年国务院第三次全国文物普查统计中，确定了7965处宗教建筑为文物。《全国

---

① 谢辰生：《文物》，载《中国大百科全书·文物博物馆卷》，中国大百科全书出版社，1993，第1页。

② 《专访朱维群：重视宗教文物保护，坚持宗教中国化道路》，载中国网，http：//www.china.com.cn/guoqing/2017-07/24/content_ 41274066. htm（最后访问日期：2018年11月2日）。

③ 据国家文物局发布的第一批至第七批《全国重点文物保护单位》名单统计整理。

重点文物保护单位》名单中，石窟寺和古建筑类别下的绝大多数文物单位都是与宗教相关的。宗教文物单位数量多且分布广泛，这种现象在北京、陕西、湖北等佛教文化历史传播较为集中的地区更是直观可见。我国宗教文物数量多、种类丰富，佛教、道教、伊斯兰教、天主教、基督教等宗教文物均是我国宗教文化遗产的重要组成部分。繁多的数量和庞杂的种类，以及各宗教发展情况的复杂性，使得我国宗教文物保护具有不同于一般文物保护的特殊性和紧迫性。

（二）宗教文物宗教功能重大

文化遗产权是特定主体对其文化遗产的享用、传承与发展的权利。①从文化遗产权的角度去看待文物，其所蕴含的教育、科研、经济、审美的价值，可以满足人民对基本文化权利的需求。文化遗产是极易灭失、不可再生的稀缺资源。与一般文物的价值功能相同，宗教文物也具有教育、科研、经济、审美等功能，同时其宗教文化功能也十分突出。②宗教文物作为宗教文化遗产的主要载体，承担着对社会大众的教育功能。在物质文化产品日益丰富、人民对于精神文化的需求日益增强的现代社会，宗教文物在劝善、信仰方面的作用不可替代。同时宗教文物还有十分重要的科研价值和文化属性，包含寺庙建筑、宗教遗址在内的宗教文物，集中反映了我国古代建筑艺术的造诣，诸如乐山大佛、各种石窟雕像、敦煌壁画则分别展现了我国雕塑和绘画艺术的成就。我国宗教文化源远流长，民间非物质文化遗产更是蔚为大观，宗教文物作为宗教文化的载体，在性质上也当然地具有一般文物所不可替代的宗教价值。

（三）宗教文物保护和利用矛盾突出

1. 宗教文物使用权和管理维护权相分离

我国宗教文物保护管理工作中面临的严重问题，是在财产权属不明晰的情况下，宗教文物使用权和管理维护权的分离。与一般文物不同，宗教文物要在使用过程中发挥其宗教意义。一般文物比如名人故居、历史文化建筑大多也都在使用中，但是宗教界人士对宗教文物的使用、管理和保护

---

① 王云霞：《论文化遗产权》，《中国人民大学学报》2011年第2期。

② 邱凤侠：《我国宗教文化遗产的保护和利用亟需加强》，《中国宗教》2016年第1期。

权利提出了特殊的主张，主要是因为一般文物直属于文物局管理，不存在宗教组织或机构与文物保护部门发生权属争议的情况。

当下各地方政府对于文物保护工作的意识逐渐加强，各地文物保护工作普遍展开，但是在宗教文物的摸底中却发现此工作存在职责的不明确和管理的缺失。尽管文物的管理权在文物部门，但是地方政府片面强调谁利用谁保护的政策。在地方政府对宗教管理经费不足的情况下，宗教文物大多通过宗教界人士自筹资金来进行维护，这种权责不明的现象对于宗教文物保护和我国宗教事业的顺利开展是十分不利的。

有关宗教文物使用权和管理维护权分离对宗教事业带来的不良影响，典型的案例是北京广仁宫特大旅游诈骗案。北京广仁宫作为北京市文物保护单位，被北京市文物局委托给金源时代购物中心进行管理，后金源时代购物中心又将广仁宫转租，被直接经营者用以发展旅游事业。该案中，广仁宫的直接经营者与出租车司机相互勾结，以算命、消灾等宗教迷信名义，向游客高价兜售护身符等宗教工艺品。该案涉事司机多达 200 人，诈骗金额巨大，社会影响恶劣。此案件的发生说明了宗教文物使用权和管理维护权的分离，使得宗教文物（特别是作为宗教活动场所的寺庙建筑）保护和利用的矛盾进一步凸显。在实际工作中，文物保护部门囿于其人员、资金状况，对宗教文物保护事业既没有足够的能力，又没有切实履行宗教文物保护、管理的职责，这种情况不止发生在广仁宫一处。对于这种寺庙宫观被承包、被上市的状况，学者冯玉军认为，宗教财产所有权无法可依，造成了当代中国宗教困局。①

2. 公民文化权利需求与文物保护矛盾突出

宗教文物在管理过程中也要处理好使用和保护的关系。随着经济社会的发展，宗教文物的保护和利用之间不平衡的矛盾日益显现。人民的文化权益与文物保护之间的矛盾，在于人民有权从文化遗产中获得精神满足的文化需求，但开放展览和对外使用有可能造成文物的过度损坏。如一些宗教文化场地在被用来做法事时，法器、寺庙建筑群等会被游人损坏。这就

---

① 冯玉军：《宗教财产归属问题的法律思考（上）——我国现行宗教财产政策和法律保护制度及存在问题》，《中国民族报》2016 年 11 月 22 日。

要处理好文物利用与保护的关系，一方面应尽量使人们参与文物保护工作，享受文物遗产，另一方面要解决过度开发、游客过多带来的问题。

一些宗教文物保护单位不仅是国家重点文物保护单位，还是世界文化遗产名录单位，《保护世界文化和自然遗产公约》以及《文物保护法》都规定，除了文化遗产地本身之外，还应保护其所处的环境。比如山西五台山景区在 2009 年被列入世界遗产名录后，对于其旅游开发管理和文物保护，均涉及核心区域与缓冲区域。五台山的保护管理工作，不仅是对个别著名宫殿的保护，还要包含对整个五台山寺庙建筑群以及周围自然环境的保护。文物保护单位核心区与缓冲区的划定，与周边居民、企事业单位都有密切的关系，有时还会发生冲突。比如故宫博物院在制定《故宫保护总体规划大纲（2003—2020）》时，就曾面临与周边各政府单位、军事机关的规划冲突问题。① 通过各有关部门的协调和征求公众意见，协调故宫所属地周围国家机关用地，才划定了故宫的缓冲区。在这一过程中，公众参与制度对解决公民文化权利与文物保护的冲突起到了相当重要的作用。

三 宗教文物参与式管理及保护制度构建

（一）完善宗教文化服务保障机制

宗教文物的类型多样，除了进入博物馆，更应该在使用过程中体现其宗教文化属性和价值。宗教文物如寺庙建筑、法衣、佛杖等，均应在宗教活动中加以利用。宗教活动的有序开展及宗教文物的有效利用，对我国拥有宗教信仰自由的教民来说，是一种文化权利上的满足，特别是宗教文化遗产权的实现。文化遗产权是个人、团体和国家等主体对文化遗产的享用、传承和发展等权利。② 在联合国教科文组织认定的文化权利中，文化认同、参与文化生活、受益于保护文化和艺术产品中的道德和物质财富等，都是极其重要的权利。有学者认为，基于公民的基本文化权利，一个国家的社会保障制度要注意保证公民有机会享有基本的文化生

---

① 2004 年 3 月 11 日，故宫修缮工程专家咨询委员会第一次全体会议暨《故宫保护总体规划大纲（2003—2020）》论证会召开。参见冯乃恩主编《故宫博物院年鉴（2004）》，紫禁城出版社，2005，第 34 页。

② 王云霞：《论文化遗产权》，《中国人民大学学报》2011 年第 2 期。

活，享受政府提供的基本文化服务，以完成基本文化权益与社会保障的对接。[①]

宗教文物展出，就是公民基本文化权益与公共文化服务保障制度对接的重要形式。对于宗教文物来说，有效利用也是一种保护形式。宗教文物不是尘封在博物馆中就能发挥其宗教、艺术、审美的价值，合理的利用是对有使用属性的文物的另一种保护。同时，满足人民日益增长的物质文化需求，对文物利用提出更高的要求，反而可以促使文物保护工作紧急有序地展开。

隆福寺藻井经过文物保护专家的修复之后，存放在先农坛，并常年作为博物馆馆藏对公众展出，这可以作为许多文物保护利用的一种思路。进入博物馆后的文物，直接与大众产生联系，一方面体现了公众对于宗教文化产品的文化权利的实现，另一方面则可以提高文物的利用效率，同时可以引入文物保护的公众参与制度。

（二）引入多元宗教文物保护主体

在文化遗产法的视野下，"文物的国家所有权并不意味着国家可以对文物行使无限制的权利，更不意味着国家在文物保护方面的特权"。[②]"文化遗产的保护主体具有多元性，对文化遗产的保护责任并不平等。"[③] 因此可以引入多元主体的宗教文物保护公众参与制度，让民众可以享有"保护文化财产和文化继承"，"参与文化事务管理"的基本文化权益。也就是说，引入宗教文物保护的公众参与制度，是实现公民文化遗产权的题中应有之义。

"现代社会文化治理模式要实现社会管理与社会自治的结合，这不仅是社会发展的需求，更是实现公民文化自主权、保障公民基本文化权益的要求。"[④] 学者梁岩妍认为我国文物保护的公众参与制度面临"形式上的公

[①] 柴荣、王小芳：《中西文化权比较研究——中国语境下的基本文化权益解析》，载高祥主编《二十一世纪变化中的亚洲法律》，中国政法大学出版社，2015，第 102 页。

[②] 王云霞：《论文化遗产权》，《中国人民大学学报》2011 年第 2 期。

[③] 王云霞：《论文化遗产权》，《中国人民大学学报》2011 年第 2 期。

[④] 柴荣、王小芳：《中西文化权比较研究——中国语境下的基本文化权益解析》，载高祥主编《二十一世纪变化中的亚洲法律》，中国政法大学出版社，2015，第 101 页。

众参与机制较为完善，而实质上的公众参与制度并未建立起来"的困境。[①]形式上的公众参与制度，第一种方式是政府机关鼓励个人对不可移动文物进行资金投入，这方面的实践有《山西省社会力量参与古建筑保护利用条例》；第二种是文物所有权和经营管理权分离，比如地方政府将文物管理权交予旅游公司；第三种是设立文物专家团体等，让专业团体参与到宗教文物保护活动中来。实质上的公众参与也即民间参与，比如天津文物爱好者组织的天津古建筑保护志愿者协会，在文物保护方面越来越成为一种新生的有效力量。但这些文物保护实践，在一定程度上尚属于民间零散、自发的个体、团体行为，缺乏财政支持和政府的科学引导。

社会组织作为政府、企业之外的第三类组织，在宗教文物保护中应当发挥其应有的作用。民间公益组织，尤其是由宗教界人士组成的民间公益组织，在宗教文物保护方面投入的精力多，在组织和工作上机动灵活。作为政府和普通民众沟通的中间环节，社会组织可以利用其"上达政府、下接地气"[②]的特殊地位，以自身中介作用将公众的需求传达给政府。社会组织参与宗教文物保护活动，既可避免个人保护的分散低效，又可避免政府在文物保护过程中的滥用职权和监管不到位。社会组织在宗教文物保护方面更易发挥其人员多样、资源丰富、保护文物意愿强烈的专长，促使宗教文物保护工作纳入合理、合法、有序的机制中来。

在社会组织参与宗教文物保护事业上，我们可以借鉴西方国家文物保护的丰富经验。比如英国的文化遗产保护，很多都是借助民间与市场的力量。英国文物保护史上著名的《古迹保护法》就是在世界上最早的民间文物保护组织，即成立于1877年的"英国古建筑保护协会"的推动下出台的。此后的100年时间里，英国民间力量参与文物保护的案例越来越多，力量日渐增强，包括古迹协会、乔治小组、不列颠考古委员会等在内的规模不一的文化遗产民间保护团体十分活跃，为英国文物保护事业的发展贡

---

① 梁岩妍：《我国文物法律保护公众参与制度构建路径的思考》，《石家庄铁道大学学报》（社会科学版）2015年第2期。

② 胡姗辰：《论文化遗产保护中社会组织的作用》，载《文物保护法研究专辑》编辑组编《文物保护法研究专辑Ⅰ》，文物出版社，2013，第197页。

献了巨大的力量。①

（三）构建宗教文物保护公众参与机制

构建宗教文物保护公众参与机制，首先应当从立法层面上确定公众参与文物保护的原则。"文化遗产权是个人、团体和国家等主体对文化遗产的享用、传承和发展等权利，不同主体在行使权利的同时，也对文化遗产的保护承担着相应的义务和责任。"②有学者指出，基本文化权益应包括"参与文化事务管理的权益"③。在联合国教科文组织认定的文化权利中，保护文化财产和文化财产继承也是重要的权利之一。学者柴荣、梁岩妍在其论文《我国文物保护立法模式研究》中，梳理了我国单项性文物保护法律规范体系，指出当前我国文物保护的立法现状，存在立法层级混乱、法律规范名称杂乱等问题。各部门分散立法的情况多见，造成了文物保护管理依据及实际工作中的混乱和不协调，同时，"在我国现行的一系列文物保护单行法中，缺少对某种类型文物要素的规定"。④现行文物保护立法应从立法层面将公共参与文物保护的原则和制度确立下来。从文化遗产权的角度看，应保障公民参与文物保护时的知情权、参与权和监督权。

知情权主要包括对政府信息公开享有的权利、知悉文物保护单位对文物的展出信息的权利、知悉国务院文物保护名录的确定过程的权利等。参与权则主要指公民依照自身享有的文化权利和法律规定参与有关宗教文物保护管理和决策的权利。监督权在很大程度上依赖于知情权及参与权的行使，也是我国公民参与宗教文物保护时的重要权利。如前所述，文物的国家所有权并不意味着国家政府机关可以恣意使用、处理文物以及不受监督地行使有关文物的各种权利，国家机关在履行文物保护职责的过程中，其行为也要受到公民的有效监督。保障公民在宗教文物管理和保护上的监督

---

① 焦怡雪：《英国历史文化遗产保护中的民间团体》，《规划师》2002年第5期。

② 王云霞：《论文化遗产权》，《中国人民大学学报》2011年第2期。

③ 柴荣、王小芳：《中西文化权比较研究——中国语境下的基本文化权益解析》，载高祥主编《二十一世纪变化中的亚洲法律》，中国政法大学出版社，2015，第104页。

④ 柴荣、梁岩妍：《我国文物保护立法模式研究》，《西北大学学报》（哲学社会科学版）2016年第1期。

权利，有利于政府明确职责、履行义务。在政府决策与公民的决策参与发生冲突甚至对立的情况下，政府不能恣意执行其政策，反而应当做出调整，甚至适当妥协。因此宗教文物的参与式管理与保护制度应当囊括对政府行为事前监督、事中监督以及事后监督的各个阶段。只有建立宗教文物参与式管理及保护制度，将人民包括知情权、参与权、监督权在内的权利落实到宗教文物保护的各个环节中去，才能保障人民对文化遗产的享用、传承和发展等基本文化权利，推动我国宗教文物保护事业的合法有序发展。

Protection of Religious Cultural Relics from the Perspective of Cultural Heritage Law

—Start with the Caisson in Longfu Temple

Chai Rong , *Hou Yining*

Abstract: As an important carrier of religious cultural heritage, China's religious cultural relics are rich in quantity and valuable. However, due to the separation of the right to use cultural relics and the right to manage and maintain, as well as the contradiction between the demand for cultural rights of citizens and the protection of cultural relics, the contradiction between the protection and utilization of religious relics in China is highlighted. Throughout the changes in the concept of religious cultural relics protection and the practice of legislation in the past, we can see that the participatory management and protection system of religious cultural relics is introduced. The Law on the Protection of Cultural Relics and the promotion of the rule of law in religious activities are of great significance.

Keywords: Cultural Heritage Rights; Religious Artifacts; Cultural Relics Protection Law

民间文学艺术表达概念的司法实践考察[*]

李秀娜^{**}

摘　要： 近年来，我国民间文学艺术表达法律保护的理论研究十分活跃，但结论较为单一，缺乏对民间文学艺术表达司法实践总体情况进行研究。司法实践中，对民间文学艺术表达案件的裁判呈现社会影响大、利益主体多元、表现形式多样和多种诉因的特点，同时存在抽象化不足、裁判相互矛盾的弱点。我国民间文学艺术表达的著作权保护应加强传统性和群体性要求，注重保护文化价值，而非拘泥于著作权是否已经物质形式固定。把握民间文学艺术表达概念内涵应重点界定传承性，放宽对集体创作方面的要求，将个人和家族纳入创作集体范畴。结合我国社会管理特点，授权地方政府可以代表创作集体主张权利。民间文学艺术表达外延应将传统手工技艺表达、传统工艺美术的外在表现形式也纳入保护范围。

关键词： 民间文学艺术表达；著作权；司法实践

世界知识产权组织将民间文学艺术表达（Traditional Cultural Expressions/Folklore)^① 定位为经济和文化上的财产，主张对民间文学艺术表达进行私

---

* 2014 年国家自然科学基金项目"传统技艺类非物质文化遗产：多模态智能旅游价值评估、旅游活化与利益相关者博弈研究"（71473018）的阶段性成果。

** 李秀娜，国际关系学院法律系副教授。

① 由于《中华人民共和国著作权法》（以下简称《著作权法》）第 6 条使用的是"民间文学艺术作品"一词，为我国研究此领域划定了一个基调，这一基调利弊明显、争议不断。《著作权法》规定保护有关文学、艺术和科学领域的表达并不违反《著作权法》制定的初衷和理论基础。从实践角度来讲，"民间文学艺术作品"和"民间文学艺术表达"两个词语可以通用，甚至使用"表达"一词的场合较使用"作品"一词为多，我国在世界知识产权组织官方文件中将"Traditional Cultural Expressions"译作"传统文化表达形式"，而 2014 年《中华人民共和国著作权法（修订草案送审稿）》第 10 条已经采取了"民间文学艺术表达"的表述方法。本文采用"民间文学艺术表达"这一概念展开讨论。

法上的知识产权保护。[①] 但同时，世界知识产权组织认为《伯尔尼公约》在民间文学艺术表达的法律保护方面有所欠缺，[②] 因而一致积极探索知识产权保护民间文学艺术表达的有效途径。1978~1982 年，世界知识产权组织和联合国教科文组织联合召开了一系列会议，并于 1982 年 6 月通过了《保护民间文学艺术的表达、禁止不正当利用和其他破坏性行为的国家法律示范条款》（Model Provisions for National Laws on the Protection of Expressions of Folklore Against Illicit Exploitation and Other Prejudicial Actions），该示范条款开启了为民间文学艺术表达提供知识产权保护制度凝聚共识的进程。此后，世界知识产权组织专门成立了工作委员会，通过了一系列示范性法律文件，以至于在全球范围内，民间文学艺术表达国内法的立法依据主要来自世界知识产权组织的国际法规制体系。[③] 但世界知识产权组织的文件目前仍停留在示范条款层面，对各国国内立法的作用限于指引和建议方面。

我国很早就认识到立法保护民间文学艺术的必要性，1990 年发布的《著作权法》，在第 6 条中将规范民间文学艺术作品著作权保护的立法任务交由国务院行使。1997 年 5 月 20 日国务院颁布并实施了《传统工艺美术保护条例》，该条例虽然在保护范围和保护方法上存在过于行政化的偏向，但也体现了对传统工艺美术的行政保护与知识产权保护相结合的思想，在较长一段时间内发挥了积极作用。尽管该条例为民间文学艺术表达使用中的著作权保护提供了立法可能，但相关立法工作却并不顺利。正如郑成思

[①] 民间文学艺术表达与非物质文化遗产在内涵和外延上均有相当程度的交叉和重合。联合国教科文组织从保护传统文化角度出发，致力于文化遗产和非物质文化遗产保护。联合国教科文组织保护非物质文化遗产主要采取敦促缔约国政府履行条约义务的方法，促使各缔约国在国内采取行政手段保护非物质文化遗产。2003 年 10 月，联合国教科文组织第 32 届全体大会通过了《保护非物质文化遗产公约》，该公约于 2006 年 4 月 20 日生效。我国 2011 年开始实施《中华人民共和国非物质文化遗产法》，带动了法学界对包括民间文学艺术表达在内的非物质文化遗产法律保护的研究热潮。本文不讨论联合国教科文组织的非物质文化遗产保护的原因在于，非物质文化遗产保护是一种基于公法的行政保护，与本文关注的视角并不相同，本文旨在沿着建立私法保护的著作权思路展开。

[②] The Protection of Traditional Cultural Expressions/Folklore（adopted 28 February 2005）WIPO/CR/KRT/05/8, p. 4.

[③] Gertrude Torkornoo, "Creating Capital from Culture-Rethinking the Provisions on Expressions of Folklore in Ghana's Copyright Law", （2012）18 *Annual Survey of International and Comparative Law*, pp. 1-2.

所言，出台著作权法一般来讲比出台其他知识产权法都更加困难，甚至比其他任何一部民商事单行法的推进更为艰辛。① 1990 年后文化部、国家版权局等部门多次组织召开各类会议讨论民间文学艺术表达的法律保护，但实务界和学术界对民间文学艺术表达的范围界定、权利主体、保护期限等诸多问题存在较大争议，对于传统文化表现形式是否给予权利保护，以及给予何种权利保护，并没有完全形成一致意见，② 因而一直没有出台相关法规和规章。尽管立法方面进展较慢，但学界还是认为提高现有知识产权制度中仅仅给予弱保护而在中国占优势的某些客体的保护水平，是我国发展知识经济过程中健全知识产权制度的可行选择之一。③

将民间文学艺术表达纳入知识产权制度体系需要厘清立法理念和制度内容。从立法理念上讲，由于民间文学艺术表达与非物质文化遗产高度重合，关系民族文化传统和文化基因，将民间文学艺术表达完全私法化，退化成个人所有权制度，与社会大众的制度期望并不吻合。④ 究其实质，民间文学艺术表达的公法保护路径并不排斥私法保护路径，⑤ 只有将公法保护和私法保护相结合，通过私法保护促进公法保护，才能够全面有效地实现有效保护和活态传承。2014 年国家版权局起草了《民间文学艺术作品著作权保护条例（征求意见稿）》（以下简称《保护条例》），并公开向社会征求意见。《保护条例》通过保障民间文学艺术作品的有序使用，服务于鼓励民间文学艺术传承和发展。也就是说，在公法目标和私法目标方面，《保护条例》是将私法目标蕴含在公法目标内，最终是为实现公法目标，保障民间文学艺术的传承和发展。从制度内容上看，《保护条例》涵盖面较广，

① 郑成思：《从"入世"及法学研究角度透视著作权法和商标法的修改》，《人民法院报》2001 年 11 月 4 日，第 3 版。

② 吴汉东：《论传统文化的法律保护——以非物质文化遗产和传统文化表现形式为对象》，《中国法学》2010 年第 1 期。

③ 郑成思：《传统知识与两类知识产权的保护》，《知识产权》2002 年第 4 期。

④ Pradip Thomas and Francis B. Nyamnjoh, "Intellectual Property Challenges in Africa: Indigenous Knowledge Systems and the Fate of Connected Worlds", in Isaac Mazonde and Thomas Pradip eds., *Indigenous Knowledge System and Intellectual Property Rights in the Twenty-First Century: Perspectives from Southern Africa*, African Books Collective, Oxford, 2007, p. 24.

⑤ 魏玮：《民间文学艺术表达的版权法保护困境与出路》，《暨南学报》（哲学社会科学版）2015 年第 4 期。

规定也比较全面。《保护条例》一共 21 条，规定了民间文学艺术作品的定义、适用范围、主管部门、权利归属、权利内容、保护期、授权机制、备案公示、改编作品授权、利益分配、口述人、表演者和记录者、权利转让和权利负担、限制与例外、民事责任、免责条款、行政责任和刑事责任、假冒条款、兜底条款和衔接条款等内容，基本涵盖了民间文学艺术表达著作权保护的各个方面。但是由于对司法实践的研究基础不足，也存在用理论推导界定基础概念，与司法实践相脱节的现象。本文主要针对《保护条例》中民间文学艺术作品（表达）的概念进行司法实践论证。

一 司法实践中的民间文学艺术表达著作权案件及特点

《保护条例》的出台标志着我国民间文学艺术表达保护的一个重要进步，也是 20 余年来对这一难点问题在立法层面的首次全面总结和阐述。与此同时，近年来我国司法实践中有关民间文学艺术表达的著作权保护案例已经有一定积累，从司法实践的角度反观《保护条例》关于民间文学艺术作品的界定，可以从另一个角度验证和加深对民间文学艺术表达的认识，以便更为科学和有效地规范民间文学艺术表达，促进文化传承和文化繁荣。

目前，对于包括民间文学艺术表达在内的非物质文化遗产研究，整体上呈现实证研究比较薄弱的问题，对保护的现实处境没有进行很好的梳理和问题探究，针对实践难题的对策性研究比较匮乏，导致制度设计及改进的研究重复率很高，不少观点和结论缺乏较强的说服力，对实践的指导意义十分有限。① 针对这种情况，本文力争从司法实践角度切入问题，希望得出一些有实践意义的研究结论。根据北大法宝和中国裁判文书网的检索和筛选，以"民间文学艺术"和"非物质文化遗产"为关键词，在民事判决和知识产权案例中得到检索结果，然后根据具体案情，剔除不符合研究方向的案例后，将民间文学艺术表达和著作权纠纷的案例与标的类别汇总如表 1 所示。

---

① 杨明：《非物质文化遗产保护的现实处境与对策研究》，《法律科学（西北政法大学学报）》2015 年第 5 期。

表 1　著作权司法案例与标的类别的对应

序号	案例名称	标的类别
1	原告侯某某与被告马某、中共定边县委史志办公室著作权侵权纠纷案	抗日民歌
2	胡明方和云南中新对外新闻文化发展有限公司诉曹文志和北京亚视星空国际文化艺术交流中心著作权及不正当竞争纠纷案	云南古代马帮贡茶文化
3	陈启花等 117 名村民诉侵犯民间社火表演者权案	民俗仪式
4	安顺文化局诉新画面张艺谋侵犯著作权纠纷案	传统戏剧
5	中国画报出版社与杨洛书、杨福源侵犯著作权纠纷案	民间美术
6	杨洛书与被上诉人黄宝玉、黄贵侵害商标权及著作权纠纷案	民间美术
7	郭宪诉被告国家邮政局侵犯美术作品署名权、修改权、保护作品完整权、使用权及获得报酬权纠纷案	民间美术
8	原告白广成诉被告北京稻香村食品有限责任公司著作权权属侵权纠纷案	传统手工技艺
9	白秀娥与国家邮政局、国家邮政局邮票印制局侵犯著作权纠纷案	民间美术
10	陈墩玉、陈春华、孙锦清、李学武、洛阳盛世牡丹瓷文化艺术有限公司、洛阳牡丹瓷股份有限公司与被上诉人福建省德化县宝源陶瓷研究所、郑燕婷侵害著作权纠纷案	传统手工技艺
11	青林海、陈华、苗艺中心与洪福远侵犯著作权纠纷案	传统手工技艺
12	渠玉民诉被告徐州市文化局、阎志申侵犯著作权纠纷案	民间美术
13	曹宏霞、李繁与神木县四妹子农产品开发有限公司侵犯著作权纠纷案	民间美术
14	黑龙江省饶河县四排赫哲族乡人民政府与郭颂、中央电视台、北京北辰购物中心侵犯民间文学艺术作品著作权纠纷案	民间音乐
15	张锠、张宏岳、北京泥人张艺术开发有限责任公司与张铁成、北京泥人张博古陶艺厂、北京泥人张艺术品有限公司不正当竞争纠纷案	传统手工技艺

　　通过对上述案例进行深入研究，我们发现民间文学艺术表达著作权保护案件呈现出如下特点。

　　第一，民间文学艺术表达的著作权保护案件涉及面广、受关注程度高，因而社会影响也比较大。民间文学艺术表达来源于民间美术、民间手工技艺等民间文学艺术形式，民间基础牢固，知晓的群众众多，一旦发生法律纠纷，受到的社会各界的关注度就很高，相应法院的压力较大。在此背景下，受案法院往往在法律适用上采取较为谨慎的态度。

第二，民间文学艺术表达的著作权案例体现了多元主体利益平衡的要求。我国民间文学艺术表达著作权保护案件呈现参与主体多样性的特点，诉讼中原告既有个人、家族代表，也有众多村民和地方政府，这些主体对于民间文学艺术表达的利益诉求体现了现有民间文学艺术表达的占有和使用状态，也体现出社会各阶层对民间文学艺术表达的权利要求。解决好民间文学艺术表达的利益平衡问题，减少社会创造和交易成本，为民间文学艺术表达的占有和使用人提供适合的制度平台，防止出现类似天津泥人张系列案件久拖不决的情况。

第三，民间文学艺术著作权案件涉及的民间文学艺术门类较为多样，主要有民间美术、传统手工技艺、民间音乐、传统戏剧、民俗仪式等几种民间文艺类型。经统计，民间美术的著作权保护案件占全部民间文学艺术表达案件的46%，传统手工技艺生产和流通过程中产生的著作权纠纷案件占全部民间文学艺术表达案件的20%。

第四，民间文学艺术表达产生的法律纠纷既包括著作权纠纷，也包括商标权纠纷，其中商标权纠纷案件的数量甚至比著作权纠纷案件的数量还多。民间文学艺术表达应统筹考虑著作权、商标权保护需要，协调规定，防止民间文学艺术表达的著作权方面的主体、条件要求等规定与商标法和商标应用出现法律冲突。

二　民间文学艺术表达的内涵

在国际规范性文件中，民间文学艺术表达并没有一个广为接受的概念界定。我国相关法律法规目前也处于缺失状态，导致司法实践处于野蛮生长状态，呈现抽象化不足的弱点。虽然最高人民法院以指导案例和典型案例的形式指导下级法院司法实践，但仍然经常出现裁判相互矛盾的问题。原因在于，各级法院对民间文学艺术表达的概念界定不清晰，尤其是在民间文学艺术表达的内涵方面。法律意义上的民间文学艺术表达内涵应注意以下几点。

1. 合理限定传承的来源主体和时间

《保护条例》没有对"民间"一词进行具体阐述，也没有明确"民间"

的具体含义、其与"传统"和"社会"等概念的关系。在日常用语中，用"民间"对应"folk"基本恰当，但法律意义上作为保护对象的"folklore"必然涉及受保护的主体，究竟法律上的"folk"是指"哪一群人"至关重要。① 从司法实践角度出发，"民间"一词的含义似乎应该更为具体化。在我国法律法规语境下，"民间"一词似乎常与"官方"一词相对应使用，如民间金融与官方金融、民间借贷与银行借贷等。然而《保护条例》中"民间"一词不应被理解为与官方相对应的民间的字面含义，因为如果将"民间"理解为与官方相对应的民间含义，皇家祭祀等非民间产生的文化就无法包含在《保护条例》界定的民间文学艺术表达范畴内。我国《保护条例》应规范广义的民间文学艺术表达，既包括民间产生和流传的文学艺术表达，也包括皇家和官方产生与流传的文学艺术表达。

"民间"一词与群体性和传承性相关。群体性需要特定民族、族群或者社群内的不特定成员集体创作并世代传承，而传承性要求其是能够体现传统观念和文化价值的文学艺术表达。传承性要求世代传承，这个要求需要以后的司法实践或行政解释进一步阐明世代的含义。在"侯某某与定边县委史志办公室著作权侵权纠纷"② 一案中，双方争议的是《四支队打盐歌》的著作权归属。《四支队打盐歌》就是抗战时期在盐场堡打盐的三五九旅四支队自编自唱、至今还在当地群众中流传着的抗日歌谣。该《四支队打盐歌》流传于民间，距今尚不足100年，按照规定不能申报非物质文化遗产项目，但其是否满足《保护条例》对传承性的要求尚待明确。依据《保护条例》的规定并不能直接得出结论。《保护条例》中对于民间文学艺术作品有"世代传承"要求，但实践中需要进一步阐释"世代传承"的具体要求是我国对待非物质文化遗产的100年要求，还是采取其他认定标准。

2. 坚持文化价值取向，抛弃对传统的执念

1976年世界知识产权组织为非洲制定了《突尼斯版权示范法》，第一次提出了"民间文学艺术作品"的概念，主要从群体创作性、文化基础

---

① 李琛：《论"folklore"与"民间文学艺术"的非等同性》，《知识产权》2011年第4期。

② 《侯占元与定边县委史志办公室著作权侵权纠纷二审民事判决书》（〔2013〕榆中法民二初字第00004号）。

性、传承性和领域性四个要素来界定。1977 年的《关于建立非洲知识产权组织班吉协定》（以下简称《班吉协定》）中对于民间文学艺术表达也从集体创作性、文化基础性、传承性和领域性四个要素来进行界定。后来《班吉协定》1999 年修订了定义，在这次修订中，明确了民间文学艺术保护中对于表达和作品两方面都应予以重视，并且降低了对集体创作性和文化基础性的要求。在世界知识产权组织主导制定的相关文件中，民间文学艺术表达被称为"传统文化表达"，其内涵主要是：由具有传统艺术遗产特征的要素构成，并由某一国家的一个群落或者某些个人创作并维系，反映该群落的传统艺术取向的产品。这个概念更为关注的是传承性，承认个人的创作同样可以构成民间文学艺术表达，淡化了文化基础性要求，只是提到了传统价值性。但是对于传统文化表达这一概念的具体含义，世界知识产权组织仍将其作为讨论议题之首开放给各成员方和利益相关方讨论，至今并未形成共识性概念。

从以上国家和国际组织对民间文学艺术表达的界定来看，民间文学艺术表达的四个要素为集体创作性、传承性、文化基础/价值性和领域性。随着对民间文学艺术表达的深入研究，对集体创作性和文化基础/价值性的要求逐渐降低，对传承性的要求没有变化，在领域性要求上，各个国家和国际组织会根据自身的特点和共识来界定领域。

在文化基础性或文化价值性上，《保护条例》第 2 条的具体阐述为"传统观念和文化价值"。传统观念这一表述令人深思，传统观念和文化价值并不相同，有的传统观念并不符合文化价值的要求，如入选东阳市非物质文化遗产的童子尿煮鸡蛋、广西玉林狗肉节等。为避免"传统观念"一词的模糊含义，应将传统观念中不符合现代文明发展的部分剔除，保留文化价值即可。

3. 创作和传承主体的特定化

民间文学艺术表达并非无主知识，在一定范围的人群中传承，即代表了一定的非大众性。[①] 为防止公地灾难，民间文学艺术表达在主体和主体权利行使上应特定化，即占有和使用民间文学艺术表达的不特定多数人应可以限定为某个群体，这个群体可以与其他社会大众相区分。民间文学艺术表达

---

① 刘秋芷：《传统文化知识产权保护基本法律问题探讨》，《人民论坛》2015 年第 8 期。

的特定化可以从民族、族群、社群和其他主体的有限角度掌握。在有关民间文学艺术表达的诉讼主体方面，司法实践中各法院的处理并不相同。"黑龙江省饶河县四排赫哲族乡人民政府与郭颂、中央电视台、北京北辰购物中心侵犯民间艺术品著作权纠纷案"（以下简称"郭颂案"）① 中，四排赫哲族乡政府作为原告起诉郭颂，起诉保护的是赫哲族民间音乐曲调形式，法院认为，民族乡政府是在少数民族聚居区内设立的乡级地方国家政权，有权作为赫哲族部分群体公共利益的代表，法院承认了来源地群体的权利主体性质。"安顺文化局诉新画面张艺谋侵犯著作权纠纷案"（以下简称"安顺地戏案"）② 中，法院认为安顺市文化和体育局虽然并非"安顺地戏"的权利人，但作为文化主管部门，有资格作为原告提起诉讼。在"张锠、张宏岳、北京泥人张艺术开发有限责任公司与张铁成、北京泥人张博古陶艺厂、北京泥人张艺术品有限公司不正当竞争纠纷案"（以下简称"天津和北京泥人张案"）③ 中，张铁成等认为案件再审申请人只占"泥人张"知名彩塑艺术品特有名称权主体的 1/34，无权主张整体权利。对此，天津市高级人民法院认为，在使用"泥人张"这一知名彩塑艺术品特有名称时，因为其标注了个人姓名或者单位名称，相关权利是独立的，与其他使用者的权利是可以分割的。上述这些案件中，法院的态度比较开放，既允许地方政府、地方政府的行政管理部门，又允许村民集体和集体中的部分成员起诉。这种做法有效保证了法院在解决民间权益纠纷时发挥积极作用，有利于民间文学艺术类法律纠纷的及时有效解决。但是也可以看到由于对民间文学艺术表达的理解不同，对于群体性和诉讼主体的认定存在矛盾之处。"陈启花等 117 名村民诉侵犯民间社火表演者权案"（以下简称"社火案"）④ 中，法院认为社火是

---

① 《黑龙江省饶河县四排赫哲族乡人民政府与郭颂、中央电视台、北京北辰购物中心侵犯民间艺术品著作权纠纷案民事判决书》（〔2001〕二中知初字第 223 号）。

② 《安顺文化局诉新画面张艺谋侵犯著作权纠纷案民事判决书》（〔2011〕一中民终字第 13010 号）。

③ 《张锠、张宏岳、北京泥人张艺术开发有限责任公司与张铁成、北京泥人张博古陶艺厂、北京泥人张艺术品有限公司不正当竞争纠纷案再审民事判决书》（〔2010〕民提字第 113 号）。

④ 《陈启花等 117 名村民诉侵犯民间社火表演者权案民事判决书》（〔2003〕宁民三初字第 3 号）。

一种临时性表演团体，而社火的唱腔等不受著作权保护，因此本案只能以表演者的个人身份起诉，诉求的保护利益是表演权，由此本案出现了 117 名原告的壮观情况。

在《保护条例》中的集体性要求上稍嫌过高，世界知识产权组织在界定民间文学艺术的内涵特征时指出"个人在传统文化表达的发展和再创作中起着中心作用"，民间文学艺术是"个人和集体的智慧创造物"。① 我国相当一部分民间文学艺术表达是家族传承，甚至只有一两个人掌握技巧，在司法实践中也已出现如北京鬃人案、泥人张纠纷案等，学界对承认个人成为民间文学艺术表达主体的方式也表示支持，② 甚至法院的这种认可也得到了社会的高度评价，③ 未来应将个人和家族作为民间文学艺术表达的权利主体，对其权利进行有效保护。④

国外法院在类似案例中同样承认来源群体可以享有权利。⑤ 承认亦视为符合集体创作和传承的要求。另外，民间文学艺术表达来源地地方政府作为权利行使主体的代表进行诉讼在我国司法实践中十分常见，各利益相关方均对此没有异议，同时也得到了法院的认可。⑥《保护条例》中对地方政府和地方政府的行政管理部门没有规定，而这两者对民间文学艺术表达的开发和使用具有自发驱动力，也有能力保护和弘扬民间文学艺术表达，应考虑地方政府在民间文学艺术表达保护中的定位，充分发挥其积极作

---

① The Protection of Traditional Cultural Expressions/Expressions of Folklore Draft Objectives and Principle（adopted 9 January 2006）WIPO/GRTKF/IC/9/4。

② 持此种观点的代表性著述包括：张玉敏《民间文学艺术法律保护模式的选择》，《法商研究》2007 年第 4 期；孙彩虹《国外民间文学艺术法律保护实践及其启示》，《河南大学学报》（社会科学版）2011 年第 2 期。

③ 《白广成诉北京稻香村食品有限责任公司著作权权属、侵权纠纷案民事判决书》（〔2010〕东民初字第 2764 号）。该案例获选为 2010 年中国法院知识产权司法保护 50 件典型案例，供各级人民法院在知识产权审判工作中参考借鉴。

④ 李秀娜：《基于司法实践的民间文学艺术表达权利归属研究》，《法律科学（西北政法大学学报）》2017 年第 4 期。

⑤ 1998 年，澳大利亚联邦法院审理了土著艺术家 Bulun 和 Milpurrurru，以及 Ganalbingu 社区诉纺织品公司案 [Bulun v. R. & T. Textiles Pty Ltd.（1998）86 F. C. R. 244，247]。联邦法院认为，尽管没有证据证明 Bulun 是受社区的委托创作该作品的，但是艺术家和 Ganalbingu 社区之间是存在信托关系的。

⑥ 《安顺文化局诉新画面张艺谋侵犯著作权纠纷案民事判决书》（〔2011〕一中民终字第 13010 号）。张耕：《论民间文学艺术版权主体制度之构建》，《中国法学》2008 年第 3 期。

用，认定其可以作为群体代表保护群体权利。

4. "思想-表达" 二分法的界定

著作权法一直奉行 "思想-表达" 二分法来界定保护范围，但是不容否认的是，思想与表达之间的界限本来就模糊，至今没有一个清晰的划分标准。① 因此，当 "思想-表达" 二分法在涉及文化产品的时候，我国法院的判定比较务实，采取了开放性的认定，即使在内容有一定相似性的情况下，并没有机械性地认定为侵权。在 "胡明方和云南中新对外新闻文化发展有限公司诉曹文志和北京亚视星空国际文化艺术交流中心著作权及不正当竞争纠纷案"（以下简称 "马帮贡茶文化案"）② 中，审理法院认为 "'马帮茶道·瑞贡京城' 系列活动策划实施方案" 并不是著作权法上的作品，使用实施《北京行方案》的行为不属于著作权法中规定的表演活动，使用实施《北京行方案》所再现的是作品的构思和思想，不是对这些内容的侵权，其使用实施行为不属于著作权法保护的内容。法院认为构思相似并不构成侵权，甚至内容相似也应具体分析，法院认为两部作品在表述云南古代马帮贡茶文化方面具有相同之处，但这是公知的历史知识，任何单位及个人都可以根据此历史知识开展创作与表达，甚至是一些难以避免的相同的优化表达有很大概率相同，从作品构思和内容相似上并不能够得出侵权的结论。在马帮贡茶文化案 "思想-表达" 二分法问题上，法院坚持思想属于精神范畴的存在，存在于意识范畴，从而在法律适用上有突破性发展，依据立法精神和法律，在运用云南古代马帮贡茶文化这种文化资源的时候，构思和内容的相似和共同之处并不构成侵权，考虑到创作过程的复杂性，法院更为关注文字表达在判断侵权是否存在方面具有的考察意义。

"思想-表达" 的界定在不同的法院判决结果可能大相径庭。郭颂案中，法院认为世代在赫哲族中流传、以《想情郎》和《狩猎的哥哥回来了》为代表的赫哲族民间音乐曲调形式，属于民间文学艺术作品，应当受

---

① 陈如文、李永明等：《2013 年中国知识产权法学研究综述》，《知识产权》2014 年第 1 期。

② 《胡明方和云南中新对外新闻文化发展有限公司诉曹文志和北京亚视星空国际文化艺术交流中心著作权及不正当竞争纠纷案民事判决书》（〔2005〕昆民六初字第 64 号）。

到法律保护。与此相反，在社火案中，法院认为表演形式和唱腔，属于民间艺术，知识产权的创作权属于人民大众，从而原告社火表演者不能就社火表演形式和唱腔主张权利。与此类似的是安顺地戏案，终审法院认为安顺地戏作为一种剧种类别不是著作权法所说的表达，而安顺地戏中的某一剧目则构成《著作权法》中保护的表达。这里的矛盾在于划分剧种的依据是不同的唱腔和表演形式，也就是表达的不同，而非主题和思想不同，相同主题和思想的表达可以出现在不同剧种中。表达侧重于包括唱腔和典型表演形式等外在表现形式，剧种包括社火等外在表现方式应该作为民间文学艺术表达来进行保护。郭颂案中赫哲族民歌曲调这种外在表达在已经得到法律承认和社会认可的情况下，仍然出现了与之相矛盾的社火案和安顺地戏案，说明法院内部对于民间文学艺术表达的"思想－表达"的界限并未达成共识，需要相关规定或者解释统一司法实践。

三 民间文学艺术表达的外延

世界知识产权组织在《保护传统文化表现形式：条款草案》（The Protection of Traditional-Cultural Expressions：Draft Articles）① 中强调民间文化表达形式既可以是物质的、非物质的，也可以是物质和非物质相结合的，例如动作、物质、声音和音乐、语音和文字等。《保护条例》采用列举的方式规定了民间文学艺术表达的种类，几乎囊括了所有民间文学艺术表达形式，但是对于传统手工技艺和传统工艺美术这两个经常产生法律纠纷的领域，却并没有明确规定。

1. 传统手工技艺的设计、样式和外观表达应受著作权法保护

传统手工技艺并没有一个广泛认同的定义，其具有的特点一般包括实用的、显著的、具有美感的、艺术的、创造性的、具有文化关联的、具有装饰性的、功能性的、传统性的或宗教的和社会的象征符号；传统手工技艺通常是由工匠手工或用工具加工甚或机械加工而成，工匠的手工加工部分是产品最主要的组成部分。传统手工技艺是工匠所属文化的象征性表达，覆盖了由

---

① The Protection of Traditional Cultural Expressions：Draft Articles（adopted 2 June 2014）WIPO/GRTKF/IC/28/6.

原材料制成的广泛商品，没有生产数量的限制，产品并不完全相同。我国劳动人民在长期的生产生活实践中，形成了诸如余杭纸伞制作技艺等传统手工技艺，具有高度技巧性、艺术性的手工，精美的纸伞，精致的绣品，挑花、缂丝等，能够成为市场经济中广受欢迎的、代表中华民族审美情趣的商品，市场价值巨大，也是我国民间文学艺术的一种表现形式。

从知识产权角度分析传统手工技艺，其具有三重性：一是其设计、样式和外观可以作为传统文化表达；二是生产的技巧和诀窍反映了传统知识的部分；三是样式、来源和质量等组成的声誉构成了市场竞争的有利影响因素。在世界知识产权组织架构下，对传统手工技艺进行了深入讨论，承认在很多国家的土著人地区，传统手工技艺对社群和当地经济起到了关键作用，同时也有文化和社会方面的关键作用。传统手工技艺的设计、声誉、商誉和样式易于仿制（Imitation）和滥用（Misappropriation），集体商标或证明商标、地理标志、版权和不正当竞争等知识产权工具都可以用来保护传统手工技艺。在世界知识产权组织内部，各方正在谈判运用特殊保护制度来保护传统手工技艺的传统文化表达部分和传统知识部分，同时，民间文学艺术从业者和组织也可以运用现有知识产权制度，诸如版权、商标、地理标志、外观设计等来保护传统手工技艺。

运用著作权法保护的主要是传统手工技艺的设计、样式等外观部分，工匠生产的具有创造性的产品外观应受著作权法保护，其一经创造即自动享有著作权，赋予著作权人在相当长时期内排他性的经济权利，保护著作权人不受未经授权的复制和修改，同时享有著作权人的精神权利。受到著作权法保护的传统手工技艺应满足原创性和艺术性要求。

2. 传统工艺美术的设计、样式和外观应受著作权法保护

传统工艺美术和传统手工技艺并没有严格的、公认的区分，实践中有时标准并不统一，在我国非物质文化遗产保护名录中，"泥人张"被收录在传统美术项下，而景泰蓝、蜀锦等被收录在传统技艺项下。工艺美术的概念和范围在 1997 年国务院颁布的《传统工艺美术保护条例》中有所规定，工艺美术主要从历史、技艺、有所传承和工艺流程完整性、原材料是否天然、民族特色和地方特色是否明显和知名度等方面界定，主要包括手

工艺品种和技艺。泥人张等传统工艺美术代表了我国劳动人民长期以来在生产生活中的审美，作为民间文学艺术的一部分，应当对其进行民间文学艺术表达保护。

与传统手工技艺类似，对传统工艺美术进行著作权保护，也应将传统工艺美术的技术部分剥离，就传统工艺美术的设计、样式和外观进行著作权保护，而对传统工艺美术中涉及技术诀窍和技术秘密的部分，可以采用商业秘密进行保护。

小　结

在著作权法理论基础上，结合我国司法实践显现的经验和问题，民间文学艺术表达应涵盖民间和皇室/官方两种渠道产生和流传的文学艺术表达。结合民间文学艺术表达的特征，其内涵可以表述为：由特定的民族、族群或者社群内不特定成员（包括家族和个人）创作和世代传承，并体现文化价值的文学艺术表现形式。民间文学艺术表达所在地区的地方政府可以代表上述主体主张权利。界定民间文学艺术表达形式应注意区分"思想-表达"的界限，主题相同、内容相同在某种情况下并不构成表达侵权。关于民间文学艺术表达的外延，应将传统手工技艺、传统工艺美术列入《保护条例》保护范围，同时明确著作权保护应是对传统手工技艺、传统工艺美术的外在表现形式进行保护。

Research on Judicial Practices of Copyright Protection of Traditional Cultural Expressions

Li Xiuna

Abstract：The phenomenon of inconsistent judgments arise usually in the cases of copyright protection of traditional cultural expressions in China, meanwhile the conclusions are little different, judicial determinations in the judgments are contradictory. Judicial Practices show such features as giant society influence, multi-parties of interest, diversification and Multi-counts, associating the weaknesses as low abstraction and inconsistent judgements. We should strengthen the requirements of tradition and community. Protection of cultural value must be focused rather than fixation, so as to protect the copyright of traditional cultural expressions. Inheritance and cultural value should be defined; the requirements of collective creation should be relaxed in the concept of traditional cultural expressions. Individuals and clans are all the holders of copyrights of traditional cultural expressions. According to the characteristics of social management in our country, the local governments should be authorized to be representatives of the rights of the collective. Manifestations of traditional handicrafts, traditional arts and crafts should be included in the concept extension of traditional cultural expressions.

Keywords：Traditional Cultural Expressions; Copyright; Judicial Practices

国际体育组织规章与国内法在适用时的
冲突及其优先适用

裴　洋　张云青[*]

摘　要： 在国际体育纠纷的解决过程中，纠纷解决机构常会面对国际体育组织的规章及其成员国内法之间的冲突问题。国际体育仲裁院在 Györi 案和 Málaga 案中认定，为了使欧洲足球联合会的财政公平政策在其所有成员的俱乐部中得到公平适用，其规章应优先于成员的国内法得到适用。从国际体育组织在全球治理中的作用及国际体育组织规章区别于国内法的特性来看，优先适用国际体育组织规章存在必要性。国际体育仲裁院和一些国家法院的司法实践也表明优先适用国际体育组织规章具有可行性。未来国际体育组织规章在体育争议解决机构法律适用的过程中将发挥更大的作用。

关键词： 国际体育组织规章；国内法；国际体育仲裁院；法律适用

经济全球化带动了世界各国体育产业的繁荣发展，从而在全球范围内形成超国家的、专业的国际体育法规则。其中国际体育组织作为国际体育运动的组织者和管理者，是主要的规则制定主体，其通过制定各种运动项目的章程和具体规则，来维护国际体育运动秩序，促进体育运动的规范化。到目前为止，国际体育领域已经形成了较为完整系统的纠纷解决机制，其中起主导作用的就是体育行业协会的内部争议解决机构，以及目前体育领域最为权威的纠纷解决机构——国际体育仲裁院（Court of Arbitration for Sport，CAS）。在 CAS 的裁决中，法律适用不仅是法律分析论证必不可少的内容，还会直接影响当事人之间的权利义务。国际体育组织成员的国际性，使其对所辖项目中产生纠纷的解决，往往既关系一国国内法的内容，

---

　*　裴洋，北京师范大学法学院副教授，法学博士；张云青，天津市河西区政府工作人员，法律硕士。

又会牵涉国际体育组织规章的适用。CAS 不可避免地要解决两者之间的关系，或者说决定国际体育组织规章与国内法何者应优先适用的问题。

近年来，常有俱乐部因违反欧洲足球联合会（Union des Associations Européennes de Football，以下简称"欧足联"）的财政公平政策（Financial Fair Play）而受到欧足联的禁赛处罚。欧足联的财政公平政策规定在《俱乐部准入与财政公平条例》（*UEFA Club Licensing and Financial Fair Play Regulations*，以下简称《条例》）中，其实质内容之一即要求俱乐部不存在逾期应付账款。无逾期应付账款指的是"已获得参加欧足联赛事资格的俱乐部应向欧足联证明其在该赛季对其他俱乐部、税务部门、财政部门以及自己球队的球员不存在拖欠工资等其他逾期未付的款项"。① 否则，俱乐部将失去参加欧足联赛事的资格。部分受到处罚的俱乐部将这些案件上诉到 CAS，其中 Györi 案②和 Málaga 案③中的重要争议点是，究竟应优先适用欧足联的规章还是国内法。借此，CAS 得以在其裁决中对上述问题进行探讨并表明态度。

本文拟在对上述两案进行介绍的基础上，首先勾勒出国际体育组织规章与国内法在适用时的冲突现状并呈现 CAS 的裁判逻辑，继而对优先适用国际体育组织规章的必要性进行探讨，最后对优先适用国际体育组织规章的可行性进行分析，以期厘清该重要问题。

一 国际体育组织规章与国内法在适用时的冲突问题

（一）Györi 案

1. 基本案情

2009 年 2 月 13 日，匈牙利足球俱乐部 Györi ETO（以下简称 Györi）与爱沙尼亚足球俱乐部 Flora Tallinn（以下简称 Flora）就某球员从 Flora 转

---

① 参见裴洋《欧足联财政公平政策的合法性问题研究——兼评中国足协"引援调节费"制度》，《法学评论》2018 年第 5 期。

② Arbitration CAS 2012/A/2702 Györi ETO v. Union of European Football Associations（UEFA），award of 8 May 2012.

③ Arbitration CAS 2013/A/3067 Málaga CF SAD v. Union of European Football Associations（UEFA），award of 8 October 2013.

会至 Györi 达成协议。双方协议转会金额 10 万欧元，分两期支付。转会协议第 1.3 条约定：转会费用应按照转出俱乐部的发票支付，并以银行转账的方式转到发票所指定的银行账户。由于 Györi 一直未付清第二笔 5 万欧元的转会费，于是 Flora 向爱沙尼亚足球协会提出了对 Györi 的索赔。2009 年 7 月，爱沙尼亚足协代表 Flora 向国际足联提出申请，要求 Györi 尽快还款。为了在赛季前获得参加欧足联比赛的许可，Györi 对欧足联声称不存在逾期应付账款，并在提交给欧足联的账目表中表示其应支付的转会费为 5 万欧元。因此 Györi 获得了欧足联赛事的资格，从欧足联获得了 360 万欧元的参赛费，并参加了 2010~2011 赛季欧足联的欧联杯比赛。2010 年 7 月，爱沙尼亚足协通知欧足联，声称匈牙利足协违反《条例》第 47 条的规定，在 Györi 存在逾期应付账款的情况下，违规让其获得了参赛资格。2011 年 6 月，欧足联纪律和控制机构宣布 Györi 和匈牙利足协都违反了《条例》。2011 年 11 月，欧足联上诉机构做出裁决，取消了 Györi 两个赛季（2011~2012、2012~2013）的比赛资格。2012 年 1 月，Györi 将欧足联的决定上诉到 CAS。

2. 匈牙利国内法与欧足联规章的适用冲突

在仲裁程序中，Györi 指出：本案应适用《条例》、作为补充的瑞士法以及欧盟理事会的指令。同时，Györi 认为其对 Flora 的第二笔转会费欠款不构成逾期应付账款。原因是根据欧盟理事会的指令第 218 条的规定，"适当的发票"必须说明履行的日期、主要事项、签署并寄给债务人，而其成员国必须在接到适当的发票后才能支付款项。因此，根据转会协议第 1.2 条的规定，第二笔转会费只有 Flora 在 2010 年 8 月 16 日签发符合匈牙利法律和欧盟理事会指令的适当的发票后才会到期。这一点在转会协议的第 1.3 条中得到了进一步的强调。而 Flora 未能开出一张适当的发票。Györi 进一步指出：根据匈牙利法的规定，任何违反账目规范的行为将受到刑事处罚，有关义务人将会受到最高两年监禁及罚款和社区服务等惩罚。如果 Györi 根据 Flora 发出的不适当的发票支付了欠款，其将面临被刑事制裁的风险。此外，CAS 也在 Feyenoord Rotterdam v. Cruzeiro① （以下简称 Feyenoord 案）

---

① Arbitration CAS 2005/O/985 Feyenoord Rotterdam N. V. v. Cruzeiro Esporte Club, award of 19 December 2006.

一案中清楚地表明，只有在发出适当的发票之后，欠款才算到期。Györi
还补充说，转会协议的违约始于正式的发票开具之日，因此俱乐部没有
违反《条例》。Györi 甚至还提出，其应该豁免于《条例》，原因是根据
《条例》第 1（e）款的规定，当国内法和《条例》发生冲突时，《条例》
可以例外地不适用。最后，Györi 请求 CAS 在做出裁决时，能够考虑匈牙
利是一个相对较小、缺乏经验的足球国家，自 1987 年以来该俱乐部只参
加过两次欧足联比赛，希望 CAS 能够考虑到这些因素，免除对俱乐部的
处罚。

欧足联指出：本案适用《条例》，瑞士法作为补充，并且《条例》的
适用不依赖于国内法。根据《瑞士国际私法法典》第 154 条的规定，国内
法不能凌驾于欧足联的《条例》之上，否则将导致不同国家的俱乐部之间
的不平等待遇。《条例》制定的目的就是通过提高俱乐部的经济和财务能
力，确保俱乐部按时与球员和其他俱乐部达成协议，从而能够在欧足联赛
事中公平竞争。Györi 已于 2009 年 4 月及 2010 年 8 月收到第二批转会费的
发票，这是事实。因此发票的格式就无关紧要了。无论是转会协议、《条
例》、匈牙利法还是欧盟法律，都没有强制要求发票必须是正本、签字和
盖章的。且 Györi 为了争取时间，直到 2010 年 8 月 3 日才陈述其不支付第
二笔转会费的理由。CAS 在 Feyenoord 案中指出转会协议必须按照国际足
联《关于球员身份和转会的规定》以及瑞士法律进行解释。这意味着，根
据《瑞士债法典》第 102 条的规定，债务人在收到债权人要求履行义务的
通知时，或在与债权人达成在特定日期付款的协议后，即被视为违约。双
方约定第二批款项于 2009 年 6 月 30 日支付，而 Györi 未能按期支付。因此
已构成违约，其对 Flora 所欠债务构成逾期应付账款。

3. CAS 关于法律适用冲突的裁决

仲裁庭指出，本案争议的焦点是 Györi 是否违反了《条例》。Györi 提
出的辩解以及两名证人和专家所做的解释，是基于其没有收到一份"适
当"的发票，即一份"正本、签字和盖章"的发票。理由是根据匈牙利法
律，此项债务并没有逾期。证人和专家还援引欧盟理事会的指令来支持他
们的论点。不过，仲裁庭认为，Györi 并没有明确指出究竟是哪一条匈牙利

的法律规定了 Flora 作为一个非匈牙利的实体，得到账款的条件是依据该法提供"适当"的发票。同时，仲裁庭也认为，在适用欧足联规章时，国内法是不予考虑的。即使适用匈牙利的法律，上诉人在试图援引这些法律时所提出的理由也并不令人信服。理由有五。（1）转会协议第 1.2 条中约定的转会费用是确定的、可强制执行的；（2）球员的转会已经被正式执行，且上诉人也利用了球员的服务；（3）转会协议第 1.3 条没有规定上诉人所声明的与"适当的发票"有关的要求，相反，转会协议第 1.3 条规定转会费用应按照转出俱乐部的发票支付，在仲裁庭的理解中，这句话意味着上诉人必须支付由 Flora 发出的发票；（4）第一期转会费的发票虽不符合"正本、签字和盖章"的条件，上诉人也支付了款项，然而上诉人却并未因这部分付款而受到国家的制裁；（5）上诉人的延期请求，以及上诉人最终支付转会费的时间，都表明上诉人的财务困难。鉴于上述情况，仲裁庭认为，上诉人没有向欧足联如实上报《条例》所要求的信息，同时，匈牙利国内法律和欧盟理事会的指令与本案并不相关，不能作为上诉人隐瞒相关财务信息的理由。

综上所述，仲裁庭认为，本案应适用欧足联的规章。此外，鉴于欧足联的总部设在瑞士，因此也可以补充适用瑞士法。仲裁庭并没有支持 Györi 适用匈牙利法和欧盟理事会的指令。考虑到所有的事实和证据，Györi 的上诉被驳回。

（二）Málaga 案

1. 基本案情

西班牙 Málaga 足球俱乐部在其向西班牙足球联盟提交的财务声明中称：截至 2012 年 6 月 30 日，该俱乐部拖欠其他足球俱乐部 384.5 万欧元，拖欠西班牙税务当局 557.5 万欧元。2012 年 7 月，西班牙足联将 Málaga 的这份财务报表转发给了欧足联。经审查，欧足联财务控制机构的调查组发现 Málaga 违反了《条例》第 62 条第 3 款，即 Málaga 对西班牙税务当局存在逾期应付账款。而 Málaga 则坚持认为，不存在逾期应付账款，原因是这笔债务已经被西班牙税务当局批准可以延期支付。根据西班牙税法的规定，如果纳税人在"自愿缴纳期"内提出延期缴纳税款的申请，税务当局会根据具体情况决定是否批准申请，如果此项税款不满足延期条件，税务当局就会设定一个最终截止期，作为自愿缴纳税款的最后期限；而如果税务当局批准了延期申请，就会给出一个具体的缴费进度表，只要纳税人按照该进度表完成缴费就不将其视为"逾期"。因此，从此项规定来看，不管 Málaga 是否符合延期缴纳的条件，只要其在"自愿缴纳期"内提出延期申请，无论税务当局做出何种决定，其应缴纳的税款都将获得延期，从而不构成逾期应付账款。Málaga 坚称上述西班牙税法制度应适用于本案。事实上，Málaga 在《条例》规定的报告期限 2012 年 6 月 30 日之前提出了延期缴纳的申请，税务当局在 2012 年 9 月 30 日之后对其予以批准。而欧足联则认为，根据《条例》的规定，债权人必须在相应的期限之前以书面形式同意延期，否则仍然将被视为逾期。显然 Málaga 和税务当局并没有在规定的期限内达成书面协议，因此欧足联认为该笔账款仍然属于逾期应付账款。

2. 西班牙国内法与欧足联规章的适用冲突

CAS《体育仲裁法典》第 R58 条规定了上诉仲裁程序的实体法律适用规则："仲裁庭应当首先依据可适用的规章来解决争议，当事人所选择的法律可以作为补充适用；在当事人没有对法律做出选择时，可以适用做出被上诉决定的体育组织所在国的国内法，或者根据那些仲裁庭认为应当适用的法律规范，在后一种情况下，仲裁庭应说明其所做决定的原因。"在本案中，既然 Málaga 参加了欧足联主办的赛事，那么就应当受到欧足联相关规章制度的约束。因此本案应首先适用欧足联规章和《条例》，在这一点上双方均无异议。双方争议的主要焦点在于：在判定是否属于逾期应付账款时，西班牙的税法能否得到适用。Málaga 认为，如果不适用西班牙税法，那么就无法查明是否存在逾期应付账款；而欧足联则坚持认为，《条例》足以解决此项争议，无须再援引其他法律。

Málaga 指出：即使欧足联的《条例》应该适用于本案的实体问题，但在没有充分考虑西班牙税法的情况下，就不可能判断出其所欠债务是否应被视为逾期应付债务。后者不仅与是否存在债务有关，而且与 Málaga 对西班牙税务当局的这些债务是否在 2012 年 6 月 30 日和 9 月 30 日这两个报告日期逾期有关。考虑到所得税的性质，这一点就更加明确了。这些债务不是来自一方自愿签订的合同，而是来自法律的规定（即西班牙税法）。Málaga 表示，根据《条例》第 52.2 条的规定，只有参照俱乐部所在地的国内法，才能准确地解释和适用本规则。Málaga 进一步指出：其已经在"自愿缴纳期"届满之前提出了延期付款的申请，那么其就不能因为税务当局在批准延期申请时的拖延而受到指责。一般来说，西班牙税务当局对延期请求做出决定的时间范围取决于其工作量和所提交请求的复杂性。但是，这项申请已被税务当局接受，并最终获得了批准，这一事实清楚地证明，在 Málaga 提出申请时，延期付款的所有先决条件都已满足。此外，Málaga 指出，正是由于西班牙税务当局花费了太长的时间来决定 Málaga 提出的延期付款要求，从而导致其违反了《条例》。如果税务当局能够在短期内（即 2012 年 9 月 30 日之前）就 Málaga 的申请做出决定，该笔债务就不会被视为逾期。由于 Málaga 不可能迫使西班牙税务当局根据其要求迅速地做出处理结果，因此就不能认定其违反了《条例》。

欧足联认为，本次纠纷适用的法律是欧足联章程及其有关规则与《条例》并补充适用瑞士法。由于西班牙法律与解决这一争端无关，因此不能适用西班牙法律。如果对于《条例》的解释要依赖于参加欧足联比赛的各俱乐部的国内法的话，那么将严重损害《条例》的适用范围。《条例》的目的在于在各俱乐部之间建立一个公平的竞争环境，并确保所有参加欧足联比赛的球员得到平等的待遇。因此，为了确定 Málaga 拖欠西班牙税务当局的债务是否属于逾期应付账款，就只能依靠《条例》，并视具体情况补充适用瑞士法，而西班牙法律将不在考虑的范围内。在解释欧足联章程及其有关规则与条例时必须考虑到欧足联促进各俱乐部财政公平这一合法的目标，因此对于各俱乐部财务状况的考察应该平等地对待。一个俱乐部不能因为国内法的相关规定或者本国有权机关的支持而逃避其在《条例》中的相关义务，从而获得不公平的竞争优势。"逾期应付账款"已经在《条例》中有了明确规定，任何与其相矛盾的国内法解释都是不可取的。根据《条例》，只要在规定的期限内未付款，就构成"逾期应付账款"。具体到此案中，由于 Málaga 在两个报告日期内均未缴纳税款，因此构成"逾期应付账款"就毫无疑问了。《条例》规定：如果债权人在相应日期（即每年的6月30日或9月30日）前书面接受延期付款申请，则该债务就被视为"延期"。虽然根据西班牙税法的规定，双方可能不需要签订书面协议，但既然《条例》中已经有了明确的规定，而Málaga显然与税务当局没有在2012年9月30日之前达成协议，因此其所欠税款就不能被视为"延期"。

3. CAS关于法律适用冲突的裁决

毫无疑问，为了解决目前的争端，欧足联章程及其有关规则以及《条例》必须得到适用。Málaga和欧足联双方在应补充适用哪一国家的法律上存在争议，尤其是对于Málaga是否存在逾期应付账款。仲裁庭指出：原则上，规定债务本身存在的法律也应规定债务的到期时间。从这一点上来说，Málaga对西班牙税务当局是否存在《条例》所规定的逾期应付账款，就应该受到西班牙税法的支配。然而，并没有强制性的法律规定要求这两个问题（即债务的存在和到期日）必须受同一法律约束。根据结社自由原则，行业组织完全可以在其规章中规定对这两个问题适用不同的规则。在本案中，欧足联的目的就是为各俱乐部创造一个公平竞争的比赛环境，因此就更应该这样做。以独立于俱乐部所在国的方式为"逾期应付账款"下一个统一的定义，这不仅不是武断的，反而完全符合结社自由的原则。根据《瑞士国际私法法典》第154条的规定，欧足联的规章不能被国内法所推翻，否则将导致来自不同国家的俱乐部之间的不平等待遇。

不同的法律制度对于债务逾期的后果有不同的规定。在某些国家，债权人可能有权提出索赔或要求强制执行，也可能有资格获得利息或有权抵销针对他的索赔。而在某些国家，将一项债务定性为逾期应付债务也可能是评估债务人根据破产法的规定是否缺乏流动资金的先决条件。如果在《条例》中没有定义"逾期应付账款"这一概念，那么就很难知道《条例》中涉及的逾期应付账款所造成的后果究竟是什么，欧足联试图在《条例》中通过统一定义这一术语来避免双方产生争议。

然而，现在的问题是，《条例》中规定的"逾期应付账款"这一概念是否适用于本案当中的情形。根据《条例》附件8第1条的规定，未按照约定的条款支付的应付款即被视为逾期应付账款。因此，从字面意思理解，有关逾期应付账款的定义似乎只针对合同义务，因为只有合同双方才能就此达成相应的协议。但是，如果把《条例》附件 8 看作一个整体，就可以明显看出，这一条款不仅涉及合同债务，而且涉及包括法定债务在内的各种义务。因此，从《条例》中的规定可以看出，"逾期应付账款"是一个明确的术语，必须自主解释，而无须参照其他国内法律。

综上所述，仲裁庭认为，除非适用其他国内法不会减损《条例》的目的或者是出于适用《条例》所必需，否则诉诸国内法均属于违法行为。而在本案中，这两项先决条件都没有满足，因此，只能适用《条例》来解决上述争议。

4. 简评

在以上两个案例中，CAS 都支持了欧足联的主张，决定适用欧足联的相关规章来解决俱乐部和欧足联之间的纠纷，且在 Györi 案中，仲裁庭认为还应该补充适用瑞士法。在两个案件中，仲裁庭都没有支持俱乐部的主张去适用相应的国内法。对 CAS 所仲裁的体育纠纷案件进行分析可以发现，在绝大部分争议中，CAS 都支持适用欧足联或者国际足联的规章以及瑞士法来解决纠纷，其中，国际足联和欧足联的规章适用得更为普遍。作为解决全球体育纠纷最权威的机构，CAS 的判决具有广泛的公开性和权威性。其不仅具有解决体育纠纷的功能，还具有形成国际体育规则的功能，对相关国际体育规则的制定和应用起到了重要的影响和推动作用。① 而如果允许当事方在实体法律适用时选择不同的国内法，势必会造成相似的案件却产生不同的结果，不利于维护法律的稳定性。因此，维护体育法律规则的全球一致性和确定性，让当事方能够有稳定的预期，就显得尤为重要。

二 适用国际体育组织规章的必要性

全球化的进程使得各国的行为越来越受到其他国家或国际组织的影响，很多国内和国际事务的界线也变得越来越模糊。因此，"全球治理"理论逐渐受到越来越多的肯定和支持。在研究报告《我们的全球友邻》中，全球治理委员会对"全球治理"做出如下解释："全球治理既包括那

---

① 参见向会英《国际体育仲裁院与"Lex Sportiva"的发展研究》，《体育与科学》2012 年第 6 期。

些由一国政府或立法机构所制定的强制性的规则，也包括那些经过大众实践后所广泛认可和同意的非强制的制度规范。它是复杂的社会生活中各种互相冲突的利益逐渐磨合并最终合作的过程，治理的主体既包括传统的公共部门，也包括新兴的私人主体。"[①] 除了各主权国家和以联合国为代表的政府间国际组织外，其他例如跨国贸易主体、国际体育组织等国际非政府组织也都共同参与全球事务的管理和决策，它们都属于全球治理的主体。

（一）国际体育组织在全球治理中的重要作用

1. 作为非政府组织的国际体育组织

国际体育组织作为非政府组织中的一员，有许多非政府组织所共有的特性。它们区别于一国国内的非政府组织，也不同于政府间的国际组织。在国际非政府组织多层次、多途径参与全球治理的过程中，国际体系的发展和演变不断地受到国际非政府组织的重大影响。非政府组织在全球治理中的作用日益明显。为了解决世界范围内的共同难题，它们相互协作、彼此配合，同时在与主权国家、政府间国际组织的合作中逐渐显露出自己无可替代的价值，在全球化的进程中确立了自己重要的历史地位。以国际体育领域为例，随着全球职业体育运动的蓬勃发展，体育运动的规则和宗旨也逐渐突破国家的界线，发展为适合全人类的体育运动。国际体育组织关注更多的是体育运动个人和集体的权利而非国家的利益，因此得到了越来越多世界各地民众的支持。[②]

国际非政府组织通过各种区域性或全球性的集体社会行动的方式举办跨国运动，涉及人类生活中的各个领域。以国际奥委会为例，其秉持"复兴奥林匹克运动，促进现代体育运动发展，消除歧视，加强世界各国的广泛合作"的宗旨，为了能在多元丰富的全球化进程中找到适合自身的治理模式，其依靠先天的资源优势，突破传统观念的束缚，与志同道合的跨国组织及其他行为体开展广泛的国际合作，形成独特的治理机制。[③] 其不仅

---

① Commission on Global Governance, *Our Global Neighborhood*, New York: Oxford University Press, 1995, p. 26.

② 参见吴义华、张文闻《国际体育组织的法律权能及影响研究》，《体育文化导刊》2017 年第 8 期。

③ 参见阳煜华《国际奥委会在全球治理中的作用》，《体育学刊》2008 年第 5 期。

致力于体育运动的发展和完善，同时也在促进世界和平、维护性别平等、保护弱势群体等方面做出了杰出的贡献。

2. 国际体育组织的自治性和独立性

自治意味着不会由外部组织对其进行管理和约束，而是国际体育组织在不受当地政府等其他组织干涉的情况下进行自我管理、自我服务，是组织内部成员依靠自治的规章制度，自行处理组织内部的事务，规范成员的行为，真实表达组织意志、自主安排组织活动，维护自身秩序的治理方式。在体育行业中，体育组织的自治性特征极为突出。随着国际体育运动的不断发展，许多国际体育组织如国际奥委会、国际足联、国际反兴奋剂机构、CAS 等都有了完善的自治规章，共同推动了全球体育法的发展。2014 年 9 月 16 日，联合国大会通过了会员国的表决，"支持体育的独立和自治，支持国际奥委会在引领奥林匹克运动中的使命"。① 自此，以国际奥委会为代表的体育组织在联合国的承认和支持下谱写了国际体育自治运动的新篇章。国际体育组织的自治包括规章的自治、管理的自治以及纠纷解决的自治。

规章的自治既是体育组织不可或缺的控制机制，也是实现稳步发展的前提，是国际体育组织发挥其应有的作用、实现其初衷和使命的关键。在国际体育组织中，规章的效力及于组织内部全体成员，离开了组织规章的自治，国际体育组织的自治也将不复存在。国际奥委会制定的《奥林匹克宪章》详细地规定了奥林匹克运动的基本原则、机构设置以及各种程序问题。此宪章对所有参与奥林匹克运动的工作者都具有约束力，是开展奥林匹克运动最重要的文件，对整个产业的发展都产生了重大的影响。制定规章一般开始于组织设立的初始阶段，自此，成员们就规章的内容、形式等进行协商谈判，并随着时代的不断发展以及自身的不断进步对规章进行修改和补充，以更好地适应环境的变化。只要规章的内容不违反公序良俗和法律的强制性规定，其他权利主体就无权加以干涉。体育组织自上而下的金字塔式的自治结构以及各级之间的隶属关系决定了各级体育组织的规章

① 黄璐：《国际体育组织自治问题审视——以奥林匹克善治改革为背景》，《天津体育学院学报》2016 年第 1 期。

要保持上下一致性，下级体育组织所制定的规章内容不能违反上级机构的要求。多数体育组织都明确规定了其成员组织要遵守内部的规章，在遵守上级规则的基础上参加相应的体育运动。这种上下级规章之间的隶属关系决定了体育组织内部规章的全球一致性，以及在解决体育纠纷时各级组织之间所秉持的价值追求的一致性。

管理的自治指的是组织管理者根据规章的规定，管理其内部事务，不受外界的干涉。管理的内容一般包括重大赛事的举行、组织内部成员的管理、与上级体育协会以及下级部门之间的沟通协调以及与该行业有关的商业活动等。国际体育组织通过建立一套完整的内部管理制度，保证体育组织内部事务的有序进行。

纠纷解决的自治指的是在组织内部成立专门的纠纷解决机构，根据规章中对纠纷解决办法的具体规定设置相应的上诉、申诉和仲裁等程序，保证纠纷处理时的公正有序。体育组织在解决内部纠纷时，一般会排斥一国国内法院的干涉，而在体育纠纷自治解决更适合的情况下，国内法院也更愿意尊重体育组织的自治权，尽量不去影响其最终的决策。体育组织对纠纷进行解决后一般就会对违反组织相关规定的人员进行处罚，对体育竞赛中存在的违反规则、违法使用兴奋剂、弄虚作假等其他影响体育公平的运动员或体育团体给予禁赛或罚款等处罚。

（二）国际体育组织规章区别于国内法的重要特性

由不同的社会力量组成的国际体育组织因其自身特有的专业性、自治性特征，在处理繁杂的国际体育事务中发挥了举足轻重的作用。国际体育组织为了实现其目标和宗旨，规范其自身发展，必须制定相应的规章制度。规章制度是国际体育组织开展工作的基础，是组织顺利运行的依托，是不同的利益群体通过协商和谈判形成的。这种经过各方协调一致达成的共识，不仅使组织内部成员的权利义务达到平衡，也对体育运动的发展起到了关键的作用。规章一般由两个部分组成，即维护内部秩序的一般规则和表明组织原则的章程。章程是指每一个组织都必须具备的，由组成成员或成员代表共同制定的总的方针政策。主要内容包括国际体育组织的名称、宗旨、活动内容和范围、成员的权利义务等，反映了全体成员的共同意志，对整个行业发展都具有"宪法"意义。章程在对组织内部的成员进行约束的同时，保证了组织运行的规范化。规则一般规定的是与具体的体育赛事有关的成员的权利义务，是组织项目得以开展的基础。

1. 国际体育组织规章的专业性和统一性

国际体育组织规章的起草者多为体育领域的权威专家和学者，且制定程序也较为严格。各类国际体育组织都有其特定专业的领域，体育组织本身即具有明显的功能主义，相比于国内法律，体育组织的规章更适合于处理那些专业性强、事务性强的体育问题，其产生于体育社会治理中的现实需要，自然在处理这些专业问题时也会更有针对性。如为了实现体育领域的公平竞争，维护友谊、团结的竞争精神，国际奥委会制定了《奥林匹克宪章》，它在奥林匹克运动范围内具有最高的法律效力，在世界范围内都得到了良好的遵守。这些规章大部分是体育领域长期实践的产物，是不同利益群体相互协商谈判的结果，因而在处理体育纠纷时会得到良好的执行。这些规章制度既不属于国际条约，也不属于国际习惯，并没有普遍的强制力，虽然只具有"软法"的性质，但在实践中，却得到体育组织自上而下的良好遵循，究其原因主要是其专业性得到了普遍认可。

相比于国内法和其他国际非政府组织的规章，国际体育组织规章的专业性更强。众所周知，现代体育运动中的纠纷具有较强的技术性，比如在反兴奋剂案件中，要想判断一个运动员是否服用了兴奋剂，是否应该受到相应的处罚，首先就要对含兴奋剂药品的相关知识有全面的了解，其次要熟悉检测的方法和程序，以防错过最佳的检测时间，同时还要对案件处理中的举证责任以及主观过错进行详细的判定等。这些专业的技术问题就需要兴奋剂领域的专业技术人员进行处理，制定专业的技术规范和标准，待时机成熟后再将这些技术规范制定成具有普遍约束力的规章制度。体育领域中所涉及的其他例如黑哨、假球事件等，如果没有充分的实践基础和专业的技术储备，就无法做出公平的裁判。欧足联作为欧洲足球联赛的主要举办者，对赛制的安排、晋级规则、参赛名额分配以及收益和奖金分配都进行了详细的规定，并根据实际的运作情况进行制度改革。而一国的国内法虽然是经过复杂的立法程序制定出来的，但适用的主要范围并不在体育领域，专业性无法得到保证。如果在一个具体的足球比赛争议案件中，不同国家的运动员适用不同的国内法，势必会造成规则的滥用和管理上的混乱。

同时，国际体育组织规章中规定了更加完备的纠纷解决机制和处罚赔偿机制。首先，由于体育行业本身的特殊性，国际体育组织规章中相应处罚制度规定得更为严格和完善。其次，由于竞技体育本身具有冲突性和竞争性的特点，因此国际体育组织的纠纷解决规则就要比国内法和其他国际组织规定得更为严谨和全面，如 CAS 在处理案例争议时所依据的《体育仲裁法典》，规定了包括普通仲裁程序和上诉仲裁程序在内的完备的法律适用规范，不仅可以解决平等主体之间的体育纠纷，还可以解决不平等主体之间的体育纠纷，这样专业完备的体育仲裁制度也成为国际其他领域纠纷解决制度发展完善的典范。最后，作为国际体育领域制定的规章制度，国际体育组织规章具有更明显的独立性。相比于其他领域，体育领域与一国政府的联系相对较弱，一般不会涉及敏感的政治问题，因此具有较为宽松的国际环境，国际体育组织规章也易于得到主权国家的认可，其相应的处罚机制和管理制度也一般不会受到主权国家的干涉。

国际体育组织规章的专业性和实用性为其赢得了主权国家和政府间国际组织的广泛认可，一个基本的体现就是一些体育组织规章逐渐被发展成国际条约或国际习惯，从而具有普遍的约束力，而有的国际体育组织规章也得到了主权国家的认可，成为其国内立法的参照和蓝本。如《世界反兴奋剂条例》是世界反兴奋剂机构于 2003 年在哥本哈根"世界反兴奋剂大会"上通过的，该条例的性质属于国际体育组织规章。该条例旨在倡导各国重视保护运动员的身心健康，禁止为了暂时的体育成就而滥用兴奋剂，为世界各国的兴奋剂检测工作提供一个标准化的制度指南，促使世界各国以及各国际体育组织建立起统一的反兴奋剂国际标准，使世界反兴奋剂计划能够得到高效的实施。虽然当时各国都签署了该条例，但《世界反兴奋剂条例》并不能对各个国家产生法律上的约束力和强制力，而只能依靠各国自身的自觉性和道德约束。为了使《世界反兴奋剂条例》的各项条款得到具体的落实，真正发挥作用，2005 年，联合国教科文组织在巴黎召开的第三十三届大会上通过了《反对在体育运动中使用兴奋剂国际公约》，并于 2007 年 2 月 1 日开始生效。该公约在起草时正是以《世界反兴奋剂条例》为蓝本，公约中的定义都是根据《世界反兴奋剂条例》的内容来进行解释，且该公约要求各缔约国要按照《世界反兴奋剂条例》的规定来进行兴奋剂检测。自此，世界各国国内的反兴奋剂法律规则在修改时间、生效时间以及修改内容上均与《世界反兴奋剂条例》保持高度的一致。联合国教科文组织的这一举动间接地使《世界反兴奋剂条例》具有了普遍的国际约束力，同时也证明了国际体育组织规章能够以其专业性的特质促进国际法的不断发展。

与一国国内的体育组织规章相比，国际体育组织规章具有更强的支配力和统一性。首先，一国的国内体育组织规章只对本国范围内的体育组织成员具有约束力，且体育组织在适用相应的规则时，还会受到国内相关法律的制约；而国际体育组织作为独立于国家的体育组织，其制定的体育组织规章的效力范围跨越国界。不仅如此，作为国际体育组织的成员，国内的体育组织也要受其上级体育组织法律规章的管理和约束，这充分体现了国际体育组织规章具有更强的支配力。其次，每一个竞技体育运动项目都有且只有一个国际单项体育联合会，而"每一个单项体育联合会对自身运动项目管辖的唯一性和独立性"导致了该项体育项目规则的全球一致性，且一项规则都只对应一种体育运动。如解决足球纠纷的时候就不可能适用篮球相关的体育规则。这就导致在进行规章的选择时，只能纵向进行选择即只能选择同一体育联合会所制定的不同版本的规章，① 而不同版本的适用选择又取决于体育联合会内部的管理规定。因此，国际体育领域的这种不同项目适用规则的独立性和上下一致性排除了国内法和其他规则适用的可能，从而保证了体育法规适用的统一性。在 Málaga 案中，西班牙税法中规定的"债务到期时间"与财政公平条例中的规定相冲突，而 Málaga 俱乐部作为欧足联的成员，决定了其要想参加欧足联的赛事，就必然要遵守和适用欧足联的规章来解决纠纷。

---

① 参见杨磊《论国际体育仲裁院实体法律适用机制的特殊性》，《天津体育学院学报》2014年第 4 期。

因此，国际体育组织规章相对国内体育组织规章而言，其支配力和统一性更强，更易于充分发挥其自治性的特征，能够避开国内法律的制约，使国际体育行业的发展更加高效有序。

2. 国际体育组织规章促进体育运动竞赛的公平性

在体育运动中，体育精神一直被人们广为提倡，作为最为重要的体育精神之一，"公平竞争"对实现运动员自身价值和观众的文化教育功能具有极为重要的作用。只有在公平竞争的基础上竞技体育运动才能真正显示出其意义。在现代体育运动中，许多大型体育运动赛事如奥林匹克运动会的举办对人们社会生活的影响越来越大，公平竞争的精神也越来越受到广泛的推崇。"公平竞争"首先指的是运动员在遵守体育规则的基础上进行竞赛和较量，通过体育比赛实现自我价值。而在现代体育竞技中，公平竞争的主体已不再单一地指向运动员，所有参与此运动项目的直接主体、服务主体、社会团体都属于公平竞争所适用的主体。在竞技体育领域中，所有的利益相关者，包括运动员、教练员、裁判员、组织方等都应该深刻理解"公平竞争"的内涵，并且能充分认识到这种精神对体育事业的发展产生的重大影响。

要想构建公平有序的体育竞争环境，首先就要制定公平的规则与制度，这是一切公平竞争的出发点。如果无法保证制度本身的公平与透明，那么很有可能在比赛之前就已经知道了最后的结果，其结果的公平当然也就无从谈起。规则制定的公平包括两方面的原则：第一，要保证权利的平等，即不分种族、国家、宗教、性别等都平等地享有参与体育运动、实现自身价值的权利，这是建立公平竞争规则最为重要的一点；第二，要保证机会的平等，既要承认不同种族、性别所带来的生理上的自然差异，也要尊重因为这些自然差异而导致的实际结果上的不平等。而要想保证运动员都平等地参与体育运动，实现自身价值，就要有统一的选拔和淘汰标准，如果参与的标准不统一，不同国家的运动员适用不同的准入制度，必然会使国际体育竞赛从一开始就埋下不公平的种子。如果在前面的案例中欧足联支持了两个俱乐部的主张，分别适用了匈牙利和西班牙的国内法不对它们进行处罚，那么不仅欧足联财政公平政策中保护债权人、维护俱乐部财政稳定性和长远发展的目的无法实现，而且还会破坏公平竞争的体育环境，对欧足联的权威性造成极大的威胁，不利于整个欧洲足球运动的发展。

其次，在有了相对完善公平的制度规则后，还要保证规则的公平实施，在运用相应的规则来处理体育纠纷时，应保证一视同仁、同一尺度。对于违反公平原则的个人或集体要给予公平公正的处罚。如果规则无法得到具体的落实，产生的后果将会比没有规则更严重。在前文案例中，欧足联的《条例》已经对"无逾期应付账款"有了详细明确的规定，若无视该项条款的规定，以各种理由排除适用，再完美的规则都会变成一纸空文。

作为国际体育组织的成员，每一个体或集体都是通过与国际体育组织签订"合同"（即通过承认国际体育组织规章的效力）而联系在一起的。从一方自愿加入国际体育组织之日起，就默认要受到规章的规制，双方任何一方违反规章的规定，都会受到相应的惩罚。双方都应该在遵守规章的基础上履行相应的义务，并获得相应的权利。国际体育组织规章的实施一般不会以国家强制力为后盾，其自身就制定了一套独立完善的纠纷解决机制和处罚机制，无论是规章的制定还是修改实施都无须一国立法机构的参与，这种全面完善的自治规章有助于国际体育组织排除国家法律的管辖，从而使每一位成员都能得到公平公正的对待。相比于一国的国内法，个人或集体作为国际体育组织的成员，应首先遵守国际体育组织的规章，在处理体育纠纷时，应优先考虑规章的具体规定。作为独立的法律秩序，国际体育组织规章在适用时一般不会受到一国国内法律的干涉，如果在解决个别的国际体育组织内部的纠纷时，排除规章的适用转而适用相应的国内法，而不同的国家又有不同的法律规定，就会使得国际体育组织规章失去其应有的权威性，还会使全球体育运动规则的公平性受到挑战。例如在2006年都灵冬奥会上，主办国意大利的国内刑法中关于兴奋剂的处罚规定与国际奥委会的相关规定发生冲突，根据意大利刑法的规定，违法使用兴奋剂的运动员将会受到监禁等处罚，而根据国际奥委会的相关规定，运动员服用兴奋剂只会受到禁赛或者取消成绩的处罚。最后，双方经过协商，决定在奥运会举办期间，暂停意大利国内法中关于兴奋剂的处罚规定，各国运动员都平等地适用国际奥委会的相关规定。[①]

三 适用国际体育组织规章的可行性

（一）CAS仲裁程序中对国际体育组织规章的优先适用

在CAS所裁决的绝大部分上诉争议中，仲裁庭一般都支持适用国际体育组织的规章来解决纠纷，前文所举的Györi案和Málaga案就是两个典型代表。

1. CAS实体法律适用规则及其价值取向

前文已经提到，CAS作为解决国际体育纠纷最为重要的机构，经过多年的发展，已经建立了一套相对完善的纠纷解决机制。CAS根据不同的纠纷类型分别设置了三种不同的仲裁程序，在法律适用上也相应地规定了三种不同的适用方式。对于普通仲裁程序，《体育仲裁法典》第R45条规定："仲裁庭应根据双方选择的法律规则来解决争议，或在没有选择的情况下，根据瑞士法律对争议进行裁决。当事各方可授权仲裁庭根据平等和无偿原则做出决定。"对于上诉仲裁程序，《体育仲裁法典》第R58条规定："仲裁庭应当根据相关可适用的体育规则以及作为补充的当事人所选择的法律来解决争议，如果当事人没有这样的选择，可以适用做出被上诉决定的体育组织所在国的国内法，或者根据那些仲裁庭认为应当适用的法律规范。在后一种情况下，仲裁庭应说明做出决定的理由。"从这一规则中我们可以了解到，仲裁庭将上诉仲裁程序的法律适用规则分为先后三个层次，仲裁庭认为应当先适用相关体育组织的规章，当事人选择的法律可以作为补充适用，然而事实上，仲裁庭一般不会考虑当事人提出的法律选择，一方面当事人很难就法律选择达成一致，另一方面，仲裁庭认为，即使当事人对法律选择达成合意，所选择的法律也很难覆盖纠纷中所包括的所有事项。[②]特别仲裁程序主要受理奥运会期间的体育争议，根据规定，在裁决

---

① 詹朋朋：《从都灵冬奥会法律冲突看国际奥委会规章的法律地位》，《首都体育学院学报》2007年第4期。

② 参见Corina Louise Haemmerle，"Choice of Law in the Court of Arbitration for Sport: Overview, Critical Analysis and Potential Improvements"，（2013）3-4 *International Sports Law Journal*，pp. 299-328。

奥运会期间的相关纠纷时,《奥林匹克宪章》居于首要地位,然后再适用其他一般法律原则和规则。

在三种不同的仲裁程序中,上诉仲裁程序和特别仲裁程序都优先适用国际体育组织的规章,不同的是特别仲裁程序受理的案件是发生在奥运会举办期间,而上诉程序可受理其他任何时期的体育纠纷。CAS 根据仲裁程序的不同设置的三种不同的法律适用方式,分别适应了三种不同的权利义务关系,反映出三种不同的价值取向。普通仲裁程序之所以将当事人所选择的法律作为首要考虑,是因为此项程序所要解决的争议类型一般为普通的体育民商事法律争议,因而在法律的选择上也类似于民商事争议,充分尊重当事人的意思自治。在上诉程序中,受理的争议类型一般涉及体育组织上下级之间的管理规定,类似于国家行政机构中的上下隶属关系。且双方争议的法律问题也多属于体育行业组织的内部纠纷。如在前面的案例中,Málaga 和 Györi 因不满欧足联根据《条例》中"无逾期应付账款"的相关规定所做出的处罚决定而将欧足联上诉至 CAS,因而适用欧足联的规章来解决相关争议。CAS 出于对国际体育组织内部自治管理的尊重,优先适用其内部的规章来解决纠纷,更有利于结合体育组织的实际情况,给出合理的裁决。特别仲裁程序所解决的争议发生于奥运会期间,出于时间和效率上的考虑,CAS 在法律的选择上将《奥林匹克宪章》放在首位,排除了复杂的法律选择过程,一方面保证快速高效地解决争议,另一方面也是出于对国际奥委会这一体育自治机构的充分尊重。

2. CAS 关于国际体育组织规章优先适用的原因

一种观点认为,CAS 在上诉仲裁中优先适用国际体育组织的规章,是为了维护国际体育法适用的统一性。前文提到,体育组织规章的制定主体多为该领域的权威专家,其专业性和实践性对维护体育行业的发展起到了重要的保障和推动作用,且国际体育运动作为一种全球现象,发展壮大离不开全球统一的规则。欧足联在《条例》中专门对"逾期应付账款"做出统一的定义,是为了在产生争议时,能够公平地分配双方当事人的权利义务,使成员都能够有一个合理的预期,清楚地了解在违反相应的规章内容时的处罚后果,以规范自己的行为,避免受到相应的处罚。如果 CAS 在上诉程序中没有适用欧足联关于"逾期应付账款"的处罚规定，转而适用分别由各主权权力支配且互相之间存在歧义的匈牙利和西班牙的国内法，必然会使全球体育规章的一致性和权威性受到挑战，使各俱乐部受到不公平的待遇，体育比赛中的公平也就无从谈起。作为处理全球体育纠纷最为权威的准司法机构，CAS 有义务维护这种法制的统一。且 CAS 在做出相应的仲裁裁决后，会将相应的判例进行公开，供世界各国学习和评阅，因此维护这种法制的统一性就显得更为重要。CAS 作为国际体育纠纷解决最为权威的机构，其不仅担负着解决纠纷的使命，还有规则形成的功能。因此在仲裁程序中，要充分考虑案件对外所造成的影响，在法律的选择上，尽量保持法律适用的全球一致性，使双方都能有稳定的预期，保证类似的案件能够有类似的裁决，实现仲裁结果的一致性。

CAS 优先适用国际体育组织规章，还有利于维护自身在体育仲裁领域的权威。它从解决体育运动纠纷的实际出发，不拘泥于使用传统的冲突规范来进行法律选择，而是直接适用实体法，尽量使法律适用规范化、具体化。在充分考虑体育纠纷的专业性、复杂性的基础上设置了高效、公平的纠纷解决机制，使当事人的权利义务得到合理的分配，既维护了法律适用的确定性和可操作性，又保证了 CAS 裁决的一致性；既肯定了体育组织内部管理的有效性，又维护了作为被管理者的经济权益，其良好的运作机制使体育领域的纠纷得到了顺利解决。在 Györi 案中，很显然 Györi 没有在欧足联规定的时间内归还对 Flora 所欠的债务，欧足联出于维护公平竞争以及缓解俱乐部财政金融危机的目的，根据《条例》对其进行处罚。CAS 作为处理双方纠纷的准司法机构，必然要从维护体育运动公平竞争、保证体育行业长久发展的角度出发来选择可适用的法律，进而解决双方的争议。体育纠纷的公平解决又反过来巩固了 CAS 作为体育仲裁机构的绝对权威及其独特的法律适用机制。

从各国国内立法的角度分析，一般来说，一国的国内法更多反映的是本国统治阶级的利益，体现了本国的文化特色和民族内涵。这些法规虽然在本国范围内得到普遍的适用，但对于体育行业来说，其过于抽象、僵化的制度规定并不能对具体的体育问题进行针对性的解决。如在 Málaga 案中，西班牙法律中关于税务缴纳的相关规定是从本国的国情出发进行制定和修改的，更多的是考虑本国的经济文化水平和想要达到的实际法律后果。因此在法律适用时并不会像欧足联那样考虑 Málaga 的实际财务状况以及其可能会对其他俱乐部造成的不公平竞争，更不会考虑欧洲职业足球联赛的整体利益和稳定发展。因此，从解决体育争议、维护体育运动稳定发展的角度来说，国际体育组织规章高度专业化的规则体系比国内法更有优势。且在大多数情况下，仲裁庭只需要适用国际体育组织规章，无须适用一国的国内法，就可以解决双方的争议。因此，国内法就没有适用的必要了。

总之，CAS 在法律适用的选择方面，既充分考虑了体育行业纠纷的特殊性，从实际出发，充分尊重体育组织的自治性，又为高效、公正地解决体育纠纷提供了可预见性的仲裁程序，保证了仲裁结果的一致性，使双方的体育纠纷得到良好的解决。

（二）国际体育组织规章在国内法院得到优先适用的实践

根据属地管辖原则，当一国的国内法与国际体育组织的规章在适用上发生冲突时，国内司法机构有权为了本国人民的利益，根据本国的相关法律对争议做出决定。但晚近以来，体育领域的独立性不断加强，各国国内的司法机构也逐渐认识到体育组织内部纠纷的专业性，认为此类纠纷只是属于体育组织内部的事，还是交由体育组织自身解决更合适，于是开始赋予体育组织更多的自主权。同时在解决体育纠纷时，开始承认体育组织内部规章的法律效力。美国《业余体育法》规定：禁止运动员在代表美国参加国际体育比赛时，将参赛资格的纠纷诉诸美国法院，运动员与体育组织的纠纷应该提交仲裁庭仲裁。[①] 美国法院一般会尊重体育组织规章对其内部成员的约束，除非体育组织所做出的决定损害了美国宪法所保护的公民的基本权利。其他国家的司法机构同样倾向于将体育纠纷归为体育组织的内部事务，由体育组织的内部争端解决规则进行处理。

1984 年，在洛杉矶奥运会期间，两名运动员以国际奥委会为被告，就国际奥委会的奥运会项目设置向美国法院提起诉讼。她们认为，根据美国

---

① 参见 Amateur Sports Act of 1978, 36 U.S.C.。

的第五和第十四宪法修正案的相关内容，以及加利福尼亚州法中关于平等条款的相关内容，国际奥委会应该平等地设置男女比赛项目，对于比赛中已有的男子项目应该设置对应的女子项目，可是国际奥委会并没有这样做。她们认为国际奥委会此种做法侵犯了女性的合法权益，存在性别歧视。然而美国法院并没有支持她们的请求，并提出"奥运会是根据《奥林匹克宪章》的规定组织和管理的，法院应当谨防利用国家法去改变奥运会的内容"。[①] 美国法院的做法维护了以《奥林匹克宪章》为代表的国际体育组织规章的权威性，促进了国际体育事业的发展。同样的诉求也发生在温哥华奥运会期间，15 名跳台滑雪运动员将温哥华冬奥会组委会告上法庭，他们要求将女子跳台滑雪列入奥运会的比赛项目，因为在当时的奥运会上，已经设有男子跳台滑雪项目，他们认为奥委会这种项目设置违反了性别平等原则，造成了性别歧视。加拿大法院在裁决中也承认奥委会的这种做法存在性别歧视，然而法院并没有支持他们的诉求，而是提出国际奥委会的决定并不受加拿大《权利与自由宪章》的约束。事后，原告又将该案上诉至加拿大最高法院，最高法院对原告的诉讼请求裁定不予受理。[②] 由于受到前述洛杉矶奥运会"性别歧视案"的影响，此案中原告并没有将国际奥委会作为被告，而是选择将温哥华冬奥会组委会告上法庭。然而，法院依旧认为奥运会项目的设置权属于国际奥委会，温哥华冬奥会组委会也要受到国际奥委会规章的约束。

除上述发生在温哥华奥运会期间的案件外，麦克卡诉加拿大帆船联合会与加拿大奥委会案更能体现出加拿大法院对体育纠纷的解决态度。[③] 该案发生于 1996 年，原告麦克卡是被告加拿大帆船联合会的会员，被告按照相关规定，要举办两场预选赛为即将举行的 1996 年奥运会米斯特拉级帆船赛选拔参赛运动员，然而在举办第二场预选赛时，因天气原因比赛被迫取

---

① 参见 James G. Goettel，"Is the International Olympic Committee Amenable to Suit in a United States Court?"（1984）7 *Fordham International Law Journal*，pp. 61-82。

② *Sagen v. Vancouver Ognizating Committee（VANOC）for the 2010 Olympic & Paralympic Winter Games*（2019）BCSC 942；*Sagen v. VANOC*（2009）BCCA 522.

③ *McCaig & McCaig v. Canadian Yachting Ass'n，Canadian Olympic Ass'n & Bolduc & Alie*，No. 96-01-96624（Q. B. Winnipeg Centre 1996）.

消，导致原告麦克卡没能争取到参赛名额，无法代表加拿大参加奥运会。为此，原告将加拿大帆船联合会告上法院，要求被告举办第二次预选赛，重新确认最终参加奥运会的选手。当时加拿大法院拒绝了原告的诉讼请求，法官根据原被告之间的协议，在判决书中写道："由于双方并没有事先约定在无法举行帆船预选赛时的补救办法，所以加拿大帆船联合会对协议的解释是合理的。且帆船联合会在帆船比赛中具有丰富的经验，他们知道如何选出更有价值的运动员去参加比赛，我不希望用我的意见去改变那些真正了解此行业的专家的意见。"加拿大司法机构在解决体育纠纷时所一直秉持的"非必要不干预"原则，赋予了体育组织充分的自主权，更有利于发挥其专业的技术优势，维护体育行业规则的全球一致性。

无论是 CAS 上诉机构，还是一些国家的国内司法机构，都在一定程度上承认了国际体育组织规章的优先适用性。国际体育纠纷不同于传统的涉外法律诉讼，因此要充分考虑体育行业自身的专业性以及体育纠纷的特殊性。其所适用的法律既要能够使双方当事人的权利义务得到公平的分配，同时又能维护司法机构的权威性和法治的统一性。

（三）国际体育组织规章与国际商事惯例的类比分析

国际商事惯例指的是在商业贸易中经过长期的实践逐渐发展起来，并被广泛沿用的、用来解决商业问题的国际惯例。其既不属于国内立法，也不属于国际条约，但随着国际商业的不断繁荣，影响力在不断地扩大。国际商事惯例和国际体育组织规章在性质和作用上有很多相似性，对国际商事惯例的适用方式进行分析，可以从中获得启示，从而更好地适用国际体育组织规章。

第一，国际商事惯例并不像国内法律那样在一国范围内具有普遍的约束力，而是只能约束从事特定商业交易的当事人。双方当事人只有通过明示或默认的方式承认国际商事惯例的效力，才能在商业贸易中享受惯例中所赋予的权利并承担相应的义务。大多数国家的法律也都承认双方当事人这种基于相互的信赖关系而产生的交易行为。而国际体育组织规章适用的前提也是运动员或体育社团自愿加入国际体育组织，成为国际体育组织的成员并同意接受国际体育组织的管辖，承认国际体育组织规章的效力。即使是《奥林匹克宪章》，也只有被各成员方所承认和接受时，才能在奥林匹克运动中发挥其相应的约束作用。第二，能够在商业实践中被广泛沿用的国际商事惯例必定经过了充分的谈判协商，以及反复实践和无数经验的总结，能够充分反映交易者的共同意愿，满足交易中的客观需求，维护商业行为中的交易安全。如《国际贸易术语解释通则》是国际商会为了国际贸易实践的需要，广泛征求贸易专家和相关学者的意见，经过多方谈判磋商之后形成的，是对各种贸易术语的不同解释进行统一修订的产物。且为了适应时代的发展，《国际贸易术语解释通则》也先后经历了多次修改和补充。同样，国际体育组织规章之所以能够吸引成员自愿签署和遵守，是因为其制定的目的就是满足特定体育行业的现实需要，维护体育运动的精神价值。国际体育组织规章充分体现了体育行业成员的共同意志。第三，国际商事惯例和国际体育组织规章在制定和适用时，都体现了相当的专业性和技术性。与更多地体现统治阶级意志的国内立法不同，国际商事惯例和国际体育组织规章所处理的都是特定商事领域和特定体育组织内部的专业技术问题，专业性强且不断适应行业的发展变化进行及时更新。

相对于国际体育运动，国际商业贸易起步早且发展迅速，因此通过分析国际商事惯例的适用方式，借鉴其中宝贵的经验，可以使国际体育组织规章更高效地得以适用。关于国际商事惯例的适用方式，《联合国国际货物销售合同公约》第9条第1款和第2款分别规定了明示和默示两种适用方式。第1款规定，只要双方当事人明确同意在他们的商事交往中适用特定的国际商事惯例，那么此惯例就对双方当事人都有拘束力。至于"同意"的方式，并没有特别的要求，他们既可以选择口头约定，也可以通过书面形式进行确认，既可以在商事合同中进行约定，也可以在事后进行补充。第2款规定：对于那些在国际商事交往中已被有关特定贸易所涉同类合同的当事人所广泛了解且普遍遵守的国际商事惯例，即使双方当事人没有明确表示同意，只要他们都知道或者理应知道此惯例的内容，则就视为他们已默示同意此惯例的拘束力，除非当事人另有约定。从上述规定可以看出，国际商事惯例，即使双方当事人并没有在合同中约定适用，对他们也有拘束力，除非他们明确提出不适用此惯例或另有其他协议。

从我国有关的法律规定来看，国际商事惯例的适用方式包括约定适用和未约定适用两种情形。根据《民法通则》第 145 条第 1 款的规定，在当事人约定适用国际商事惯例时，应当基于当事人意思自治的原则，允许其适用国际商事惯例。根据《民法通则》第 142 条的规定，如果当事人没有约定适用，那么只有在满足如下条件时，才能适用国际商事惯例：第一，我国法律中没有规定相关争议的解决办法；第二，我国缔结或参加的国际条约也没有类似的规定。且根据《民法通则》第 150 条的规定，以上两种国际商事惯例适用的前提是要符合我国的社会公共利益。在中国的司法实践中，"国际货物买卖、货物运输、贸易支付等合同的当事人在合同中约定适用有关国际惯例的情况较为普遍，并且这类约定一般都为法院所承认，最终法院也依据当事人约定的国际惯例对案件进行了裁判"。①

通过对国际商事惯例的适用方式进行分析，可以了解到只要当事人有约定适用国际商事惯例，司法机构就应该尊重当事人的意思自治，在不违反我国公共利益的情况下直接适用国际商事惯例。前文中提到，在国际体育运动中，运动员或体育社团加入国际体育组织的前提就是要接受体育组织规章的约束，体育组织的规章对组织内部的所有成员具有约束力。在体育纠纷中，双方当事人要么都是体育组织的成员，要么一方属于体育组织的成员，而另一方是体育组织本身，而在这两种情况下，双方当事人都受到体育组织规章的约束，因此就相当于已经约定了以体育组织的规章作为纠纷解决时应当适用的法律。只要此规章的内容不违反社会公共利益，就应当得到优先适用。

结　语

虽然无论从传统的法律位阶理论还是从一国的实在法体系出发，国家法都是高于体育组织规章的，但当今体育赛事的高度国际化、专业化和商业化的发展现实都表明，在解决国际性体育纠纷时，国际体育组织的规章有必要优先于其成员的国内法而得到适用。CAS 在 Györi 案与 Málaga 案中

---

① 裴洋：《国际体育组织规章的法律性质及其在中国的适用问题》，《体育学刊》2010 年第 11 期。

对其中蕴含的逻辑做了很好的阐释。同时，越来越多的国际与国内实践也开始支持这种做法。可以预见，未来国际体育组织规章在体育争议解决机构法律适用的过程中将发挥更大的作用，而国内法的影响将进一步淡化，这对于建构和完善独立的体育法治秩序具有重要的意义。当然，国际体育组织规章优先于国内法的适用并不意味着两者是水火不容的，在很大程度上，国际体育组织规章若要有效地发挥作用仍有赖于国内法的承认与支持。在解决国际体育争议、实现国际体育善治的问题上，两者的界线与互动仍值得进一步研究。

The Priority of International Sports Organizations' Regulations When Conflicting with Domestic Laws

Pei Yang Zhang Yunqing

Abstract：In the process of solving international sports disputes, dispute resolution agencies often face the conflict between the regulations of international sports organizations and the domestic laws of their members. In Györi and Málaga, CAS held that in order for UEFA to apply Financial Fair Play Regulation to all its member clubs equally, the Regulations should be applied in preference to the domestic laws of the members. From the perspective of the role of international sports organizations in global governance and the difference between regulations of international sports organization and domestic laws, it is necessary to apply regulations of international sports organization first. The judicial practice of CAS and some national courts also shows that it is feasible to apply the regulations of international sports organizations first. In the future, regulations of international sports organizations will play a greater role in the application of law of sports dispute resolution agencies.

Keywords：Regulations of International Sports Organization; Domestic Law; CAS; the Application of Law

专　论

交通警察执法体制改革探究*

李 蕊 楼国方**

摘 要：本文以中央全面深化公安改革的意见精神为指导，依据整体治理理论，通过对道路交通管理的专业性、公共服务性及警察职责定位等问题的分析，提出在保留加强交通警察维护道路交通秩序及行政、刑事执法职能的同时，统一警察的职责权限，实现交通警察部门的属地管辖，剥离道路交通服务与技术性职能，建立文职与雇员制度等建议；指出在改革路径选择上应与国家公安改革的整体框架相协调，避免出现"瓶颈"和"过激"现象，以保证改革的顺利进行与协调发展。

关键词：交通警察；执法体制；基本结构；利益平衡

体制，一般语义上是指权力的运作体系。依照《人民警察法》和《道路交通安全法》的规定，国务院公安部门负责全国道路交通安全管理工作，县级以上地方各级人民政府公安机关交通管理部门负责本行政区域内的道路交通安全管理工作。① 因此，交通警察执法体制就是根据交通警察实施道路交通安全管理职责设置的机构体系及其职能配置、权限划分和职权运作方式等。明确的职责划分是构建良好交通警察执法体制的基础，完善的交通警察执法体制又是其履行道路交通安全管理职责的保障。

一 我国现行交通警察执法体制的演变及构成

交通警察执法包括行政执法和刑事执法。现行道路交通管理及执法体

---

* 本文系公安部 2016 年软科学项目"交通警察执法体制机制改革问题研究"（项目编号：2016LLYGADX034）和中国人民公安大学法治中国研究专项课题"道路交通安全法修订研究"（2018XKFZZG11）的阶段性成果。

** 李蕊，中国人民公安大学法学院副教授，法学博士；楼国方，浙江省杭州市公安局交通警察支队大队长。

① 参见《道路交通安全法》第5条、《人民警察法》第6条第3项。

制肇始于1986年的交通管理体制改革，几经调整，其制度优势得到了充分发挥，但也存在多头管理、权力交叉、专业化不足等缺陷和问题，亟待进行改革或重构。

（一）交通警察执法行为与执法体制

执法是人民警察依法行使管理职权、履行职责、实施法律的活动。交通警察执法行为则是交通警察依法行使道路交通管理权力，维护道路交通秩序，保护道路交通参与者人身和财产安全的活动。《人民警察法》将人民警察定位为武装性质的治安行政和刑事司法力量，交通警察同样承担着行政和刑事的双重职责。除日常的道路交通安全管理职责，从行政和刑事执法的角度，交通警察还承担着相关行政许可的核发与监管、道路交通安全违法行为的处罚、道路交通事故处理以及交通肇事罪、危险驾驶罪等的侦查职责。为了保证交通警察执法的正当性和规范性，我国已经逐步建立了与上述职能相适应的执法体制，但同时也应看到，作为新中国成立初期形成的道路交通管理体制的延续，现行体制下道路交通管理领域在一定程度上存在的权力交叉、多头管理、职责不清等问题并没有得到切实有效的解决，《道路交通安全法》《公路法》等相关法律虽已几经修订，但是道路交通管理权力的实施依然存在职能交叉等问题。

（二）交通警察执法体制的确立及演变

交通警察执法体制是由交通警察的法定职责决定的，是道路交通管理体制的重要组成部分。

1. 现行交通警察执法体制的形成

现行交通警察执法体制是当前道路交通管理体制的重要组成部分。这一体制肇始于20世纪国务院对交通管理工作的分工：中央及大行政区直属市的车辆行驶，市内的由市政府管理，长途汽车由公路机关管理，省及下属城市的车辆管理由省公路机关办理。① 这是我国对道路交通管理的最初分工。其后随着道路交通的发展，公安部和交通部于1972年共同制定了《城市和公路交通管理规则（试行）》，基本形成了道路交通由两家共管的基本格局，一直持续到20世纪80年代初。其间由于国内行政区划的变化，

---

① 参见政务院通过的《关于一九五〇年公路工作的决定》。

公安机关负责交通管理的城市上升为 39 个，其余地区交通管理工作则由交通部门负责。改革开放后，随着农村经济的发展，农用拖拉机的数量迅速增加，上路行驶的拖拉机由当地农机监理部门负责管理。至此交通、公安、农业部门多家共管道路交通的局面初步形成。

随着城乡机动车数量的迅速增长，交通事故死亡人数也大幅上升，为了减少交通事故，国务院于 1986 年下发了《关于改革道路交通管理体制的通知》（国发〔1986〕94 号）。该通知指出，鉴于"我国的城乡道路标准低、质量差、人车混杂，交通管理又分别由公安、交通、农业（农机）部门负责，机构重叠，政出多门，互相扯皮。这种多头管理的体制，在城乡机动车辆大幅度增长的情况下，已愈来愈不适应我国对外实行开放、对内搞活经济的需要，亟待加以改革。为此，国务院决定，全国城乡道路交通由公安机关负责统一管理"。据此，原交通部门承担的交通监理职能成建制地移交公安部门，道路交通管理职能从交通部转移到公安部，正式奠定了我国现行道路交通管理体制的基础。

伴随高速公路的发展，1992 年 3 月，国务院办公厅发布了《关于交通部门在道路上设置检查站及高速公路管理问题的通知》（国办发〔1992〕16 号），规定"在高速公路管理中，公路及公路设施的修建、养护和路政、运政管理及稽征等，由交通部门负责；交通管理（维护交通秩序、保障交通安全和畅通等）由公安部门负责"。同时强调"公安、交通两部门要相互支持，大力协同，把高速公路管好"。2002 年，国务院下发《关于进一步推进相对集中行政处罚权工作的决定》（国发〔2002〕17 号），根据这一规定，各地开始着手研究综合执法的组织实施等问题。随着高速公路综合执法改革与试点的推进，高速公路执法形成了公安部门负责，公安部门与交通部门共同负责，或由交通部门统一行使高速公路上交通安全、运政、路政及规费稽查四项管理职能的三种模式。

2004 年《道路交通安全法》颁行，进一步通过法律赋予了公安机关交通管理部门道路交通安全管理主体的地位并明确了交通警察的权力。其中交通警察的法定职责包括制定部门规章（公安部），实施行政许可、行政强制、行政处罚，交通事故处理，宣传教育，道路交通秩序管理，交通设施管理等，正式开启了我国道路交通安全管理权力法治化的进程。

2. 交通警察执法体制的构成

从公安机关交通管理部门行使道路交通安全管理权力，履行保障道路交通安全畅通的法定职责的角度，交通警察的执法行为主要可以分为机动车登记管理、机动车驾驶证申领和使用管理、道路通行秩序管理、道路交通安全违法行为处理、道路交通事故处理等，包括行政执法和刑事执法两部分。基于此，我国交通警察执法体制的构成可从以下几方面来论述。

（1）交通警察机构设置①

我国现行法律中涉及对道路交通执法权划分的法律规范性文件主要包括《道路交通安全法》②、《公路法》③ 和《城市道路管理条例》④。据此对道路交通管理权力做了如下划分，见表1。

表1　相关法律规范性文件对道路交通执法权的划分

规范性文件名称	条款	权力分配	
《道路交通安全法》	第5条	公安部门	道路交通安全管理
		交通管理部门	根据各自的职责，负责有关道路交通工作
		城市建设管理部门	
《公路法》	第8条	交通主管部门	公路管理
《城市道路管理条例》	第6条	城市建设主管部门	城市道路管理

① 根据本文的内容，这里涉及的机构设置仅仅包括实施外部行政行为、参与道路交通执法、具有执法主体资格的组织机构。

② 《道路交通安全法》第5条规定："国务院公安部门负责全国道路交通安全管理工作。县级以上地方各级人民政府公安机关交通管理部门负责本行政区域内的道路交通安全管理工作。县级以上各级人民政府交通、建设管理部门依据各自职责，负责有关的道路交通工作。"

③ 《公路法》第8条规定："国务院交通主管部门主管全国公路工作。县级以上地方人民政府交通主管部门主管本行政区域内的公路工作；但是，县级以上地方人民政府交通主管部门对国道、省道的管理、监督职责，由省、自治区、直辖市人民政府确定。乡、民族乡、镇人民政府负责本行政区域内的乡道的建设和养护工作。县级以上地方人民政府交通主管部门可以决定由公路管理机构依照本法规定行使公路行政管理职责。"

④ 《城市道路管理条例》第6条规定："国务院建设行政主管部门主管全国城市道路管理工作。省、自治区人民政府城市建设行政主管部门主管本行政区域内的城市道路管理工作。县级以上城市人民政府市政工程行政主管部门主管本行政区域内的城市道路管理工作。"

　　依照《道路交通安全法》的规定，县级地方人民政府公安机关交通管理部门是各地的道路交通管理主体。从全国范围来看，为保证有效行使道路交通安全管理权力，履行行政执法和刑事司法职责，目前交通警察机构的内部设置基本上是一致的（见图1），但也有部分地区对此进行了一定的改革，如福建省（见图2）。

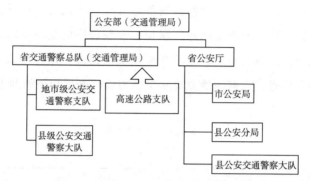

图 1　公安机关交通管理部门基本构架

　　注：此系目前交通警察执法机构的基本设置，有两点需要说明：一是省、市级交通警察总、支队分别是各地省、市级公安机关的内设机构；二是县级交通警察大队的设置有两种情形，一种隶属于地市级交通警察支队，另一种隶属于当地县公安分局。

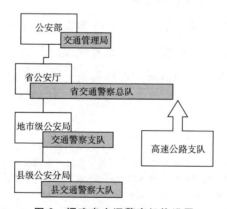

图 2　福建省交通警察机构设置

　　注：福建省的机构设置核心在于各地市、县级交通警察支队、大队分别隶属于同级的公安机关，属于其内设机构，上一级交通警察部门只对其拥有业务指导权力。

　　资料来源：《福建省人民政府关于调整全省公安机关交通警察管理体制的批复》（闽政文〔2004〕336号）。

（2）交通警察内部机构的职能配置

虽然地方交通管理部门内部机构设置不尽相同，但其法定职责是一致的。①《道路交通安全法》规定，交通警察承担车辆驾驶人管理、秩序管理、交通违法行为处理、道路交通事故处理、道路交通刑事犯罪的立案侦查职责，其具体机构设置②见图3。从具体分工来讲，车辆和驾驶人管理主要由各地车辆管理所承担，道路交通秩序管理、违法行为以及适用简易程序处理的交通事故主要由秩序部门承担，一般程序的交通事故由交通事故处理部门处理，道路交通刑事犯罪则根据实际情况，由秩序或者事故处理部门分别负责侦查，也有的地方成立单独的部门办理相关的刑事案件。③

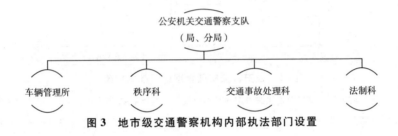

图3　地市级交通警察机构内部执法部门设置

（3）交通警察执法权限的划分

根据我国现行法律法规的规定，交通警察执法按照属地管辖原则确定地域执法权，即县级以上公安机关交通管理部门负责本辖区内的道路交通执法工作。在交通警察部门内部，违法行为处理和交通事故处理执法权的具体划分见表2。

---

① 我国道路交通安全法律体系是由中央和地方法规两部分构成，一般各地都有由地方人民代表大会和其常务委员会制定的《道路交通安全法》实施细则或者道路交通安全管理条例，因此不同地区的交通警察具体履行的职责，可能略有不同。本文出于研究的便利，仅在国家法层面对交通警察内部机构的职能配置进行分析。

② 交通警察执法中，基层的执法主体是交通警察大队，因此这里选择支队一级进行描述，其他各级别的交通管理部门内部执法机构的设置基本相同；机构中各交通管理部门的名称会根据各地具体情形和规定略有不同，从履行执法职责的角度，各地交通管理部门均有承担上述职责的机构，或者同一个机构承担着不同的职责，或者法制审核的职责分别有对应的业务处承担。例如，公安部交通管理局没有设置法制处，其与执法相关的职能分别由各个业务处室承担。

③ 各地交通管理部门的机构设置不完全相同，如有的地方法制与宣传合并为法宣科，很多地方还设有科技科（处）等职能部门。

表 2　道路交通违法行为和交通事故处理执法权限划分

制裁措施或者交通事故处理	权限分配	说明
警告、200 元以下罚款处罚	执勤的交通警察可以当场处罚或者接受处理的交通警察适用简易程序处罚	根据目前交通警察执法的实际情况，除适用简易程序对违法行为进行处罚外，其他处罚由大队法制员或者支队法制科进行审核
罚款、暂扣机动车驾驶证	县级交通警察大队	
吊销机动车驾驶证	地市级交通警察支队	
行政拘留	县级以上公安机关	
撤销机动车驾驶证	交通警察支队审批	
交通事故处理	交通警察大队	实践中，路上执勤民警是否处理轻微交通事故、是否有特定人员处理亡人事故以及事故处理部门内部的调查、交通事故认定和损害赔偿调解岗位的设置情况，均存在不同程度的差异

综上所述，我国的道路交通执法体制历经多家共管、逐步完善到基本确立，最终形成了目前以公安为主，交通、农业、城市建设等部门配合，各司其职、各负其责的道路交通管理体制。道路交通安全执法权集中于公安机关交通管理部门，逐步形成了事权与管理权分开，事权与人事权、财权脱离等多头管理的局面。近年来，不断完善的道路交通条件、人们对道路交通需求的变化等都对道路交通管理提出了新的要求和挑战；而互联网技术的发展、公安改革的实施也为交通警察执法体制的改革提供了技术支持和政策基础。

二　当前关于交通警察执法体制改革的辩诘

随着道路交通的快速发展以及人们道路通行需求的日趋增多，无论是社会公众还是管理者，对交通管理职责划分、体制改革、权限分配等问题的争论和改革尝试从未停止过。

（一）综合执法与各司其职之辩

综合执法是基于道路属性确定的属地管辖，它与一般属地管辖的区别之处在于其打破了通常意义上的行政区划，而以道路为范围确定某条道路上的综合执法机构，如重庆的高速公路行政执法模式①、福建等地高速支队的垂直管理以及交巡警统一机构的设立；各司其职则是严格依照法律法规对交通部门以及警察内部职责的划分，严格依照各自权限履行法定职责的模式。重庆高速公路的执法体制构建于 2001 年，是目前仅有的将高速公路通行与安全管理职能合并的管理模式；至于交通警察与巡逻警察队伍的分分合合，也是近年来交通警察执法体制变革实验的具体表现。

（二）垂直管理与属地管辖之争

这是对交通警察机构归属及相应权限的规定。目前各地的高速公路（总）支队和部分县级交通警察大队选择垂直管理的机构设置，即交通警察大队直接隶属于上级交通警察支队，高速公路内部各级机构也基本实行垂直管理；属地管辖则是指交通警察大队隶属于所在地的公安（分）局。垂直管理便于交通警察执法的业务办理，便于上级对下级执法的监督，不足之处在于需要部门协作的执法活动程序相对复杂；属地管辖则有利于辖区范围内各警种之间的配合，易于形成合力，共同维护辖区内的公共秩序和安全，不足之处则在于上级业务部门对下级的指导和监督相对欠缺。

（三）统一归口与精细分工之治

作为对公安体制以及以审判为中心的刑事诉讼改革的回应，公安部实施刑事案件办理由法制部门"统一审核、统一出口"的制度，即市、县两级公安机关办理的刑事案件，统一由同级法制部门进行审核，并与检察机关对接，提请逮捕、移送起诉等。公安机关交通管理部门负责侦办道路交通犯罪案件，包括交通肇事罪和危险驾驶罪，虽然案件侦办体制各地存在一定差别，但基本上都是由具有管辖权的公安机关交通管理部门管辖，只是侦查的主体不尽相同，有的是以当地公安机关的名义办理，有的则是以当地交通管理部门的名义直接办理。统一归口管理便于公安机关法制部门从整体的角度对与交通相关的刑事案件进行审核把关，提高案件的侦办水平；精细分工则是针对道路交通安全的特殊性，交通警察更了解交通类案件的特点、要求，更容易发现案件线索并侦破案件。

---

① 参见《重庆市人民政府关于加强高速公路管理的通告》（渝府发〔2001〕25 号）。

本文无意对各地的交通警察执法体制改革置评，无论改革成功与否，都是公安交管部门对当前社会公众需求日趋增多及道路交通快速发展局面的回应。上述各种制度性的尝试，一方面是自上而下的体制变革，另一方面则是基于地区差异和不同道路交通条件自下而上所做的探索，无论结果如何，这些改革本身都值得肯定。

三 交通警察执法体制改革的理论依据与现实基础

交通警察执法体制改革是警务体制改革的一部分，两者之间是局部与整体的关系。警务体制改革决定着交通警察执法体制改革的方向与定位，交通警察执法体制的改革又从局部促进或者影响警务体制改革的进程。本文以目前在公共管理领域影响较大的"整体治理理论"为依据，以目前我国道路交通管理现状及社会需求为基础，结合正在进行中的公安体制改革，提出交通警察执法体制改革的对策建议。

（一）交通警察执法体制改革的理论选择

自20世纪90年代中后期开始，西方主要国家在公共管理领域掀起了一场新的社会管理变革，即学者们所描述的整体政府（whole of government）改革运动，形成了一套新的"整体治理理论"体系。"整体治理理论"体现了一个以合作为核心理念的整体治理模式，旨在实现全球与国家层面的整合、治理功能的整合以及公私部门之间的整合。① 就理论渊源而言，一般认为整体治理理论源于对新公共管理的反思和修正。新公共管理的市场化、分散化和碎片化管理方式由于难以从根本上解决复杂的社会问题而陷入了公共管理困境。整体性治理的基本要义是以满足公民需求为主导治理理念，以信息技术为治理手段，以协调、整合和责任为治理策略，实现治理层级、功能和公私部门的整合及碎片化的责任机制和信息系统的整合，充分体现包容性和整合性的整体型政府组织运作模式。② 这一问题在交通警察执法的道路交通安全领域表现得非常明显，以破解当前"电动自行车"治理难题为例，国务

① 曾维和：《当代西方政府治理的理论化系谱——整体政府改革时代政府治理模式创新解析及启示》，《管理学研究》2010年第8期。
② 李荣娟、田仕兵：《整体性治理视角下的大部制改革完善探析》，《社会主义研究》2011年第3期。

院 2012 年就发布了《关于加强道路交通安全工作的意见》（国发〔2012〕30 号）对省级人民政府、质监部门、工业和信息化部门、工商部门和公安交通管理部门各自的职责分别做出了明确规定，而对作为交通工具的电动自行车的管理，则需要从生产、销售、使用等各个环节协调进行，只有各职能部门职责分工之间有充分良好的衔接，才能实现电动自行车综合管理的良性循环。这恰恰说明了将交通警察的执法置于整体政府的治理理论，契合当前大部制的行政体制改革。针对我国当前正在进行的警务改革特别是交通警察执法体制改革而言，这一理论无疑有着重要的启发意义和较强的参考借鉴价值。在治理理念上，应当考虑将中国的道路交通纳入国际道路交通大环境中予以考虑，例如道路的标准、车辆的安全标准、交通信号的统一等；治理功能的整合则主要体现在各级人民政府道路交通安全管理主体职责的具体落实，以及各级各地公安机关与交通管理部门，公安交通管理部门与其他道路交通管理部门（公路部门、城市建设部门）、保险机构等职责权限的配置整合；公私部门的整合与当前政府购买服务相结合，包括道路交通中涉及的技术性、服务性职能以及作为警力重要补充的公安交通管理部门的文职及雇员制度的具体设计等。

（二）交通警察执法体制改革与重构的现实基础

从 1986 年国务院明确全国道路交通管理工作分工到《道路交通安全法》实施 14 年来，我国道路、车辆、驾驶人等的状况发生了巨大变化，根据公安部交管局统计，截至 2017 年 3 月底，全国机动车保有量首次突破 3 亿辆，其中汽车达 2 亿辆；机动车驾驶人超 3.64 亿人，其中汽车驾驶人 3.2 亿人。[①] 2015 年全国公路里程 457.73 万公里，其中高速公路里程 12.35 万公里。[②] 首先，这些变化使社会对道路交通管理体制以及交通警察的执法体制等方面的改革提出了新的要求，这也是探讨交通警察执法体制改革与重构的前提和基础；其次，交通警察执法体制的改革与重构应当体现依法治国的理念和当前行政管理理论的发展，充分、科学地考虑各行政

---

① 数据来源：http://jgzx.122.cn/c/2017-04-18/761126.shtml（最后访问日期：2017 年 6 月 16 日）。

② 数据来源：http://data.stats.gov.cn/easyquery.htm? cn = C01&zb = A0G02&sj = 2015（最后访问日期：2017 年 6 月 16 日）。

主体职责的界定；同时还应充分考虑"以人为本"、"方便群众"与"公共安全"三者之间的平衡。

一是鉴于道路设计规划、交通控制以及车辆技术的专业性，由专业的道路和汽车工程技术人员提供专业社会公共服务以及产品，是解决我国目前道路交通拥堵加剧问题以及提供高性能、高安全性车辆的有效办法。虽然对于专业化的认识不尽相同，但道路的设计规划及交通控制无疑是专业性较强的领域。交通工程和汽车工程目前是相对成熟的专业，就保障道路和车辆本身安全性能而言，无疑需要具有相对较高的专业知识水平。目前公共管理的一个趋势就是将大量非政治化决策托付给相关领域的专家，让管理专家进行管理，从而保障公共产品和公共服务的质量。

二是车辆登记、机动车驾驶人管理等业务的公共服务性与公安机关人民警察作为治安行政和刑事司法力量[①]的基本定位不够匹配。车辆和驾驶人管理的相关业务属于行政许可范畴。目前，除带有营运性质的需要审核相应资质的车辆、驾驶人相关的行政许可由交通运输部门负责外，带有公共服务性质的车辆登记和驾驶证行政许可由公安机关负责实施。在涉及与机动车性能相关的各种检验问题上，一直是部门权力交叉，机动车的重复检验等问题长期没有得到解决。

三是非执法性职能不利于警察集中力量预防、制止和惩治违法犯罪活动。依据相关法律规定，警察主要承担预防、制止和惩治违法犯罪活动，维护国家安全，维护社会治安秩序的职责。[②] 据此，在道路交通安全领域，警察的职责定位应当是道路交通执法，非执法性服务职能可由其他行政机关实施。这样既可以保证警察打击道路交通违法犯罪的专业性，提高执法

---

① 《人民警察法》第 2 条规定："人民警察的任务是维护国家安全，维护社会治安秩序，保护公民的人身安全、人身自由和合法财产，保护公共财产，预防、制止和惩治违法犯罪活动。"《公安机关组织管理条例》第 2 条规定："公安机关是人民民主专政的重要工具，人民警察是武装性质的国家治安行政力量和刑事司法力量，承担依法预防、制止和惩治违法犯罪活动，保护人民，服务经济社会发展，维护国家安全，维护社会治安秩序的职责。"

② 在《道路交通安全法》制定前，1988 年制定的《道路交通管理条例》是当时《治安管理处罚条例》关于道路交通管理的实施细则；2004 年《道路交通安全法》实施，关于道路交通与社会治安均由全国人大常委会立法予以规制。从《人民警察法》对警察法定职责的规范来看，维护道路交通秩序，保证道路交通安全依然是人民警察的法定职责。

能力，树立执法权威；同时也可以缓解警力严重不足的状况，有利于警察维护社会治安秩序、打击违法犯罪职能的履行。

四 我国交通警察执法体制改革的建议

自 1986 年以公安为主导的道路交通安全管理体制确立至今，其制度优势已得到充分发挥。目前，通过对道路交通进行精细化、专业化、高效能管理，以提高道路使用效率，已成为社会共识。2015 年中央审议通过的《关于全面深化公安改革若干重大问题的框架意见》及相关改革方案，要求"完善与推进国家治理体系和治理能力现代化、建设与中国特色社会主义法治体系相适应的现代警务运行机制和执法权力运行机制，建立符合公安机关性质任务的公安机关管理体制，建立体现人民警察职业特点、有别于其他公务员的人民警察管理制度"。[①] 这为交通警察执法体制改革提供了契机，通过分析公众的道路交通需求、警察的职责定位以及道路交通管理职责的不同属性，本文认为可以从如下几个方面进行相应的改革。

（一）厘清权力边界、理顺内部关系、明确人员职责

这应该是交通警察执法体制改革的主要内容，具体而言，包括如下几个方面。

首先，明确执法机关定位，厘清交通管理权力边界。从保障交通安全的角度，可以将道路交通安全管理分为源头管理和危害处置（危害即将发生时、危害发生中以及危害发生后的处置）两类情形；从我国警察的法定职责定位来看，警力应当主要放在危害即将发生时的防止、发生时的处置以及相应的责任追究上。因此，建议重新划分公安、交通、城市建设、农业、保险、工信等相关部门在公共道路交通管理方面的职责，将一般的源头管理，如机动车登记、检验，驾驶资格考试，道路交通设施的设置与管理等职责分别划归相应的非警务管理部门，而让交通警察专门承担维护道路通行秩序、处理交通违法行为、交通事故现场处置和原因认定、道路交

---

① 《〈关于全面深化公安改革若干重大问题的框架意见〉及相关改革方案已经中央审议通过》，载新华网，http://www.xinhuanet.com/legal/2015-02/15/c_1114379121.htm（最后访问日期：2017 年 9 月 29 日）。

通犯罪侦查等方面的职责。

其次，理顺公安机关内部关系，合力打击道路交通违法犯罪。对交通警察而言，多年来业务的相对独立导致其在警察队伍中处于相对边缘化的状态，使其在执法理念、执法权限、管理体制等方面也产生了许多问题。为此，在改革中，可结合公共管理学中"扁平型"结构理论①，尽快完成交通警察属地管辖的内部机制改造，将交通警察机构纳入同级公安机关，除法律明确授权外，以同级公安机关的名义执法。这样既可以保证警察权力的统一性，也可以解决当前交通警察执法权限的问题，如执法主体资格、行政拘留的裁决权、行政强制措施的种类和适用等法律问题，便于充分发挥互联网时代大数据的作用，使不同警种间真正能够实现信息、资源共享，建立以情报信息为主导、动态勤务为依托、警务合作为支撑、专业规范为特征的现代警务运行机制。在机构设置、警力配置和执法方式上，应适应不同道路的交通特点。例如，在城市道路上，警力相对充足却容易发生交通拥堵，应注重预防；在一般公路上，则应加强交通监控和巡逻，及时发现危害因素与风险，制止违法行为以保证交通安全。

同时，通过建立公安机关文员制度，充实基层警察执法力量。《公安机关组织管理条例》第 22 条规定："公安机关根据工作需要，经中央公务员主管部门或者省、自治区、直辖市公务员主管部门批准，可以对专业性较强的职位和辅助性职位实行聘任制。"因此根据目前交通警察执法的具体需要，可以将文职岗位（非执法）分为技术保障、辅助管理和行政事务三大类。② 公安机关文员的聘任可以采取市场化和契约化方式，由用人的公安机关自行聘用。为此，应当由国务院③制定相应的行政法规，从公安文员的权利、职责、待遇、招录、奖惩、辞退等方面做出具体规定；各地则可

---

① 该理论主张在管理过程中通过减少中间层次环节，实现上下信息传输迅速快捷，从而有利于管理者可以较快地根据环境变化做出相应的反应和决策，使下层管理者拥有较大管理权限。

② 郭建成：《对我国实行公安文职雇员制度的研究和探讨》，《贵州警官职业学院学报》2006年第 1 期。

③ 之所以考虑将制定法规定的级别选在国务院，一是因为公安文员的使用单位为各级公安机关，公安文员属于行政雇员；二是作为基本法的《人民警察法》应当对公安文员做出基本规定。

结合当地实际从经费总量的角度来控制用人单位聘用人数和岗位设置。

（二）地方试点、逐步推开、同步全局、协调发展

这是交通警察执法体制改革的路径选择。现行交通警察体制构架和执法机制已运行多年，在许多方面已经形成了"牵一发而动全身"的态势，因此在选择执法体制改革路径时，应当由点及面，充分总结试点过程中的经验和教训，并根据各地不同的道路交通条件进行修正推广，同时要与公安体制改革的步调相一致以保证改革过程中部分与整体的协调；在法律建设层面，要注意将《道路交通安全法》等道路交通专门法律法规的修订与正在进行的《人民警察法》《治安管理处罚法》等法律法规的修订相结合，通过调整警察的法定职责实现对交通警察职责的重新界定。

"不要在任何领域等待"，"尽量保持彼此的协调"，任何一个阶段，改革者都必须防止不协调的发生，并努力避免"瓶颈"和"过激"，以达到最大可能的协调，这将最小化体制转轨所需的总时间。① 道路交通关系到国计民生，关系到民众生活的方方面面，交通警察执法体制的重构一方面需要纳入公安体制改革的统一规划中，同时还要看到道路交通与社会经济、政治发展的关联性；另一方面还要考虑道路交通的国际性，以及打击网络违法犯罪行为的特殊性，真正建立适应我国道路交通管理、具有自我发展与完善能力的交通警察执法体制。

Research on the Reform of Law Enforcement System of Traffic Police

Li Rui ，*Lou Guofang*

Abstract：Against the overall backdrop of public security system reform and the theory of Holistic Governance, we need to re-orientate the responsibilities of

---

① 樊纲、胡永泰：《"循序渐进"还是"平行推进"？——论体制转轨最优路径的理论与政策》，《经济研究》2005年第1期。

traffic police and reset up a new operation mechanism. By reintegrating the functions of maintain traffic security maintenance and criminal investigation, a new mechanism should be established in road traffic department. It means that unifying the duties of the traffic police, defining structure of the traffic police department, separating the public service from the traffic police and establishing a civilian and employee system of the traffic police. In order to ensuring the smooth and coordinated development of reform, we should be coordinate with the overall framework of national public security reform to avoid the "bottleneck" and "excesses".

Keywords:Traffic Police; Law Enforcement System; Basic Structure; Balance of Interests

传统文化向现代法治的创造性转化

——基于道歉入法的比较分析

李　晶*

摘　要： 赔礼道歉在现代法治中以法律责任承担方式的形式出现，受到很多质疑，不仅理论上存在道德和法律的界限问题，而且实践上存在执行难的问题。但是通过纵向的历史比较发现，赔礼道歉作为中国礼法文化的历史传承，自古便有主动服礼和强制服礼的传统，而且传统法治观念依然存在，对于赔礼道歉的诉求依然强烈。另外，通过横向的不同国家、不同文化之间的比较发现，文化背景和社会氛围的不同决定了道歉入法方式的差异。将赔礼道歉纳入法律范围是我国传统文化向现代法治的一项创造性转化成果，符合现代法治理念，能够被现代法律体系所包容，应予以保留。

关键词： 传统文化；创造性转化；赔礼道歉；比较分析

一　道歉入法问题概述

2015 年，邱少云之弟邱少华对于邱少云烈士形象受损一事，将孙杰和加多宝公司以侵犯邱少云人格利益为由，起诉至北京市大兴区人民法院，请求判令二被告立即停止侵害、消除影响、赔礼道歉，赔偿精神损失费 1 元。法院最终也支持了邱少华的诉讼请求，判决两个被告于判决生效之日起 3 日内公开发布赔礼道歉公告，向原告邱少华赔礼道歉，消除影响，该公告须连续刊登 5 日；两个被告连带赔偿原告邱少华精神损害抚慰金 1 元，于判决生效后 3 日内履行。该案原告邱少华的诉讼请求由两部分构成，1 元的精神损害抚慰金以及要求孙杰和加多宝公司停止侵害、消除影响、赔礼道歉。在这两个诉讼请求中，对于邱少华而言后者显然是更为重要的诉讼请求。抛开公众因素，孙杰、加多宝公司对于邱少云人格的贬损和侮

---

*　李晶，北京师范大学法学院法学硕士。

辱，对邱少云烈士的家属邱少华而言，受到的更多的是情感和精神方面的伤害。邱少华只提出 1 元的金钱赔偿，说明他并不在乎财产性赔偿，比起金钱赔偿，赔礼道歉在该案中是更为合适的救济方式。

目前赔礼道歉在司法实践中并不鲜见，关于赔礼道歉是否应该入法的争论也从未停息，尤其是在立法过程中对于是否将赔礼道歉这一带有道德色彩的因素纳入法律领域，引发了热烈的讨论。近年来，美国、加拿大和我国香港地区相继开始了道歉入法的过程，又再次引起了道歉该以何种形式入法的讨论。赔礼道歉来源于中华传统"礼"的文化，具有深远的历史，让这项古老的传统文化理念在现代法律制度中找到合适的位置对于传统文化的继承和现代法治社会的建设都具有重要的意义。

作为一种日常生活用语，道歉无处不在。因为道歉对于社会和谐和个人生活和顺来说是如此普遍和如此重要，所以道歉可以服务于许多不同的社会功能。首先，道歉往往起到缓和社会关系的作用，修补过错方和受害方彼此之间的关系。有效的道歉让受害者或受害者的家属感受到心灵的安慰，例如，在前述邱少云烈士形象受损一案中，原告邱少华受到了情感和心灵上的伤害，通过被告的有效道歉行为，恢复邱少云烈士的形象，使受害者家属的心理伤害受到弥补。[①] 其次，道歉可以作为解决纠纷的一种方式，过错方即便未能认识到自身的问题，但是仍然可以选择通过道歉平息双方之间的纠纷，达到解决社会纠纷的作用。另外，对于过错方而言，一个成功的道歉也会恢复过错方的社会地位，使之重新成为一个值得信任的人，在互联网和新媒体高度发达的今天，道歉的作用更加明显，公众人物常常通过公开道歉重塑个人形象，得到社会各界的谅解。

在立法层面，目前我国有 13 部法律中出现了"赔礼道歉"，[②] 从道歉入法

[①] 参见 Cohen, J. R., *The Culture of Legal Denial*, Social Science Electronic Publishing, 2005。

[②] 《中华人民共和国刑法》第 37 条、《中华人民共和国刑事诉讼法（2018 修正）》第 288 条；《中华人民共和国公务员法（2018 修订）》第 110 条、《中华人民共和国法官法（2019 修订）》第 65 条、《中华人民共和国检察官法（2019 年修订）》第 66 条；《中华人民共和国治安管理处罚法（2012 修正）》第 117 条、《中华人民共和国国家赔偿法（2012 修正）》第 35 条；《中华人民共和国民法总则》第 179 条、《中华人民共和国民法通则（2009 修正）》第 120 条和第 134 条、《中华人民共和国侵权责任法》第 15 条、《中华人民共和国著作权法（2010 修正）》第 47 条和第 48 条、《中华人民 （转下页注）

的类型上看，可以分为四种。首先是刑事法律中，《刑法》将赔礼道歉作为一种非刑罚性处置措施，而《刑事诉讼法》中，赔礼道歉是一种当事人双方和解的形式；在《公务员法》、《法官法》和《检察官法》中，赔礼道歉是对公务员、法官和检察官的人事处理出现错误时的职业保障；在《治安管理处罚法》和《国家赔偿法》中，赔礼道歉是国家机关工作人员侵害公民权利时的责任承担方式；而在《民法通则》、《民法总则》、《侵权责任法》、《著作权法》、《食品安全法》和《消费者权益保护法》中，赔礼道歉作为一种民事责任承担方式来规定。总体上看，在我国道歉入法的形式主要是作为责任承担方式。

将赔礼道歉作为一种责任的承担方式，尤其是民事责任的承担方式，这意味着法院可以在判决书中直接宣判被告向原告道歉，在原告不履行判决时强制执行。对于当事人主动道歉的情形，赔礼道歉能够缓和当事人之间的矛盾。但是一旦当事人拒绝赔礼道歉，就必须强制被告赔礼道歉以达到执行判决的目的。目前，强制赔礼道歉受到了学界的很多质疑，有人认为从理论上来说，赔礼道歉属于道德范畴，不应该纳入法律的范畴；也有人认为从实践上来说，强制赔礼道歉的执行问题比较棘手，如果当事人在判决之后不主动道歉，强制执行有损当事人的人格尊严，不强制执行使得判决得不到有效执行，有违法律和司法的权威，甚至有违反宪法的可能性。[①] 所以判决赔礼道歉可能会陷入强制执行两难的境地。尽管赔礼道歉受到很多的质疑仍有待解决，但是从目前的趋势上来看，赔礼道歉的适用范围是呈扩大趋势的，已经有人建议在环境侵权责任中适用赔礼道歉。[②] 而且在《民法典》的制

（接上页注②）共和国食品安全法（2018 修正）》第 141 条、《中华人民共和国消费者权益保护法（2013 修正）》第 50 条。

[①] 参见何玲龙、姚德祥《不宜判决"赔礼道歉"》，《法学杂志》1994 年第 1 期；韩大元《韩国宪法法院关于赔礼道歉广告处分违宪的判决》，载王利明主编《判解研究》（第 1 辑），人民法院出版社，2002，第 199~201 页；姚辉、段睿《"赔礼道歉"的异化与回归》，《中国人民大学学报》2012 年第 2 期；葛云松《民法上的赔礼道歉责任及其强制执行》，《法学研究》2011 年第 2 期；吴小兵《赔礼道歉的合理性研究》，《清华法学》2010 年第 6 期；杜文勇《认真对待"良心自由"》，《河北法学》2010 年第 5 期；周友军《我国侵权责任形式的反思》，《法学杂志》2009 年第 3 期；柳经纬《我国民法典应设立债法总则的几个问题》，《中国法学》2007 年第 4 期；冀宗儒《论赔礼道歉作为民事救济的局限性》，《人民司法》2005 年第 5 期。

[②] 参见唐芒花《赔礼道歉在环境侵权责任纠纷中的适用》，《学术论坛》2016 年第 8 期。

定过程中，已经出台的《民法总则》依然保留了赔礼道歉的民事责任承担方式，可见，目前赔礼道歉在法律上的地位十分稳固。

我国的法治建设已经取得了一定的成就，近几年对过去的一些错案进行了平反，① 未来，错捕、错押、错拘仍可能发生，虽然金钱赔偿能补偿受害者所受到的经济损失，但是错案对受害者及其家属的心灵创伤是很难用金钱来弥补的，虽然心灵创伤也并非赔礼道歉能够解决的，但是赔偿义务机关若能对受害人及其家属进行赔礼道歉，仍能对受害者心灵上的创伤进行抚慰，并且通过赔偿义务机关主动道歉，国家机关的公正形象得到重塑，从而使国家赔偿更加全面和有效。②

除了在立法上，道歉以法律责任形式进入法律，在调解与和解制度中，赔礼道歉也有十分重要的作用。③ 与诉讼相比，调解与和解都是熟人之间人气极高的纠纷解决机制，发挥着稳定社会秩序的关键作用。在调解中，双方当事人往往不希望最终用法律强制的手段解决问题，而是在调解过程中，调解人员"晓之以情，动之以法"，以情与法结合的方式疏通双方当事人的矛盾，往往自知理亏的一方当事人向另一方赔礼道歉后，另一方当事人一般也会有所退让，很多纠纷也就迎刃而解。甚至在很多诉讼中，一方当事人并不真的希望获得金钱赔偿，而是抱着"不蒸馒头争口气"的态度走上法庭的，一旦对方"服软"，双方很容易达成和解。

目前我国的道歉入法主要存在两种形式，一种是立法上将赔礼道歉作为法律责任的承担方式，另一种是在调解与和解制度中运用赔礼道歉解决当事人的纠纷。近年来，关于将传统文化的合理要素吸收进现代法治的讨论一直没有停息，关于如何进行转化的问题却极少有学者进行研究。本文以道歉入法为切入点，将从纵向和横向两个方面对道歉入法进行比较，纵向上从历史的角度对道歉入法（入礼）进行追溯，横向上将我国赔礼道歉

---

① 例如 2005 年佘祥林案、2010 年赵作海案、2013 年浙江叔侄案、2013 年于英生案、2014 年张光祥案、2014 年念斌案、2014 年呼格吉勒图案、2016 年聂树斌案等。
② 参见李喜莲、孙晶《"秋菊"式诉求的回应——论国家赔偿中赔礼道歉责任的司法适用》，《法律科学》2014 年第 5 期。
③ 参见黄忠《一个被遗忘的"东方经验"——再论赔礼道歉的法律化》，《政法论坛》2015 年第 4 期；郝维华《加拿大—中国道歉法的比较分析》，《比较法研究》2011 年第 6 期。

责任承担制度与普通法系国家和地区的提倡和保护道歉制度进行对比。

二 纵向比较——历史文化的继承

从历史的角度进行观察，我国的道歉文化由来已久。在中国古代的很长时期里，儒家思想在意识形态领域是具有统治地位的，儒家崇尚礼法合一，"尚德不尚刑"的法治理念，以"礼"的要求作为行为规范。比起道歉，在我国更多地使用"赔礼道歉"这个词，而"赔礼道歉"这个词语本身就体现了我国礼制的文化背景，道歉是由于违反了"礼"的要求，为赔"礼"而道歉。春秋战国时期思想文化百家争鸣，而后秦朝依靠法家的思想统一了六国，法家思想也由此占据了统治地位。汉朝中期以后，儒家思想成为统治者所采纳的主流价值观，中国古代虽然有《唐律》、《宋刑统》、《大明律》以及《大清律例》等成文律法，但是儒家之"礼"仍是中国传统法的精神所在，① 无论是法律价值还是法律制度，"礼"的观念贯穿始终。② 因而，在解决社会矛盾纠纷中，律法的作用和礼法的作用共同发挥着作用。与刚性的律法相比，礼法更加柔和与宽容，既有主动服礼，也有强制服礼。

"礼并不是靠一个外在的权力来推行的，而是从教化中养成了个人的敬畏之感。使人服膺；人服礼是主动的。"③ 中国人有"息讼"的历史传统，④ 主动服礼能够最大限度地息讼，赔礼道歉是主动服礼的方式之一，在息讼上发挥了巨大的作用。以和为贵的文化理念使赔礼道歉一直以来充满了和谐因素，主动服礼不仅意味着主动遵守礼法规范，而且意味着一个人在出现违背礼法之事时，无须强制即做出让步、赔偿或者道歉。这种心理观念和在调解中意识到自己的错误主动做出道歉表示以求得和解是相一致的。例如，在宋朝的"吕陶服罪"案例中就出现了当事人主动服礼的情况。"吕陶调铜梁令，民庞氏姊妹三人冒隐幼弟田。弟壮，诉官不得直，

---

① 参见曾宪义、马小红《中国传统法的结构与基本概念辨正——兼论古代礼与法的关系》，《中国社会科学》2003 年第 5 期。
② 参见马小红《中华法系中"礼""律"关系之辨正——质疑中国法律史研究中的某些"定论"》，《法学研究》2014 年第 1 期。
③ 参见费孝通《乡土中国》，人民出版社，2008，第 63 页。
④ 参见胡旭晟、夏新华《中国调解传统研究——一种文化的透视》，《河南省政法管理干部学院学报》2000 年第 4 期。

贫至佣奴于人，及是又诉。陶一问，三人服罪。弟泣拜，愿以田半作佛事以报。陶晓之曰：三姊皆汝同气，方汝幼时，适为汝主之尔。不然亦为他人所欺。与其捐半供佛，曷若遗姊，复为兄弟，顾不美乎？弟又拜而听命。"① 此案中，庞氏三姐妹一看到事情进入了诉讼中，便主动服礼，以求谅解，吕陶从中调和，顺利地解决了亲戚之间的田地纠纷，这是中国古代主动服礼的典型表现。主动服礼往往代表着过错方主动化解纠纷的愿望，认识到自己的行为可能发生诉讼上的不利后果，为了避免这种后果，主动服礼道歉，从而达到息讼的目的。

　　而被动强制服礼的情况主要发生在家族内部。在礼治之下，族长具有很大的权力，对于一般的纠纷解决也发挥着很大的作用，② 法律赋予了族长对子孙族人的惩罚权，③ "族长实无异于奉行宗族法律（家法）的法官，为族法的执行者。他可以根据自己的意志判断是非曲直，酌定处罚，他的话在族中即命令即法律，他可以使令赔偿损害，以及服礼道歉之类。"④ 族长的惩罚权的其中一项便是服礼道歉，甚至有学者认为"服礼的主要实现途径便是：道歉"⑤。这也体现了在中国古代，道歉是破坏礼制后服礼、赔礼的一种表现，族长可以责令服礼道歉即意味着服礼道歉是一种民间纠纷解决的责任承担方式。强制服礼赔偿的案例在中国古代并不鲜见。例如，《驳案新编》中有一例，"……刘彩文偷窃族人刘章耕牛一头，为事主所悉。将刘彩文拉投族众。族长刘宾以做贼有犯族禁，倡言罚银八十两，置酒谢族，免其送官究治"。这一例中，"置酒谢族"其实就是服礼道歉的表现之一，通过摆酒席的方式向族人表达歉意。族长通过"家法"判决的方式使赔礼道歉成为一种责任承担方式。甚至置酒请茶等形式在今天依然被视为赔礼道歉的方式之一。早在 2007 年，泰州市中级人民法院曾出台了《关于民事审判运用善良习俗的若干意见》的文件，将请茶、敬酒、挂红等方式引入赔礼道歉的民事审判工作中。

① 参见桂万荣（撰）、吴讷（删补）《棠阴比事续编（补编）》，中华书局，1985，第 4 页。
② 参见史凤仪《中国古代的家族与身分》，社会科学文献出版社，1999，第 55~58 页。
③ 参见张文胜《宗法思想与中国传统伦理化法律》，《江淮论坛》2004 年第 3 期。
④ 瞿同祖：《法律在中国社会中的作用——历史的考察》，《中外法学》1998 年第 4 期。
⑤ 参见郝维华《加拿大—中国道歉法的比较分析》，《比较法研究》2011 年第 6 期。

在传统礼制文化下，服礼道歉有主动也有强制，这两种形式的服礼道歉延续至今日，已经发生了转化。主动的服礼道歉在和解与调解制度中得以延续下来，而强制的服礼道歉也演变成了赔礼道歉的法律责任承担方式。目前社会处于转型期，各种思想观念交错纵横，有人认为守礼是一种愚昧的表现，也有人坚持回归传统文化，唤醒守礼观念。赔礼道歉在我国法治社会下的两种表现形式恰恰符合不同的人对道歉的不同需求。

首先，虽然从道歉在日常生活中的应用来看，道歉更多的是一种道德责任。但是不能否认，在现代生活中，有时道歉是一种缓和社会矛盾的手段。当事人尽管并不认为自己的行为有错，依然会选择通过道歉的方式解决自己面临的困境。笔者认为，不应将道歉仅仅视为道德上伤害者发自良心的表达愧疚之意，非出自本意的功利性道歉也应当被视为一种处理问题的方式，至少在法律上应当认可功利性道歉的心理效应和社会效应。其次，对于公开道歉来说，它的社会功能在一定程度上能够起到消除影响的效果。对于一些社会影响比较广泛的案件，当事人之间的道歉对于舆论有引导作用，能够消除对于被害人及其家属的一些不良影响，对社会大众也有一定的教育意义。另外，赔礼道歉不仅仅能够发挥消除影响的效果，对于受害人心灵的抚慰作用也不可以忽视。对于很多提起诉讼的当事人来说，赔礼道歉是一项独立的诉讼请求。正如前文中邱少华诉孙杰、加多宝公司侵害邱少云人格权一案中，金钱赔偿的作用要远远低于赔礼道歉的作用。党的十九大报告明确指出"坚持依法治国和以德治国相结合"，"提高全民族法治素养和道德素质"，让法治与德治相互补充。让赔礼道歉入法，作为一种法律责任的承担方式未尝不是社会主义精神文明建设的一种表现。

三　横向比较——不同文明的碰撞

自从 1986 年 John Haley 写下在美国产生深远影响的《道歉的含义：日本和美国的道歉与文化》一篇文章之后，美国逐渐开始吸收道歉进入法律，用法律的形式鼓励和保护道歉。虽然各州的规定在保护程度上不尽相同，但是目前美国已有 35 个州通过了各自的道歉保护法案。[1] 2006 年加拿

---

① 参见王丽莎《美国医师道歉制度及其对证据法的影响》，《证据科学》2014 年第 6 期。

大不列颠哥伦比亚省议会以成文法专门通过了"道歉法案",2007 年萨斯喀彻温省也在新制定的《证据修订法案》中就道歉的效力专项立法,① 目前加拿大 10 个省、3 个地区中已有 8 个省、1 个地区相继通过了"道歉法"(已通过"道歉法"的地区都是普通法系的地区)。2017 年 7 月 13 日中国香港地区"立法会"通过道歉法条例草案,并于 2017 年 7 月 20 日在香港特别行政区政府宪报刊出,名为第 631 章《道歉条例》,该条例已于 2017 年 12 月 1 日起实施,是亚洲地区通过的首项道歉法例。② 美国、加拿大都属于普通法系,香港是我国的一部分,但是从法系上来看,仍然属于普通法系,普通法系历来有判例法的传统,但是在吸收道歉入法的问题上,一致地采取了通过成文法的方式,可见"道歉法"的独特性。本文将重点以美国为例,在横向上从文化背景、规则制定以及社会实效三个方面对我国和美国在道歉入法上的异同进行比较。

在文化背景方面,有关道歉的保护出台之前,美国的文化并不鼓励道歉,甚至律师会警告他的当事人不要道歉,否则会产生不利的后果。③ 原因在于相比较于集体和谐,美国人更看重个人的地位。④ 担心道歉被作为法庭上的证据使用。⑤ 尤其是在医疗领域,如果由于医生操作失误导致医疗事故的发生,医生几乎不会道歉,因为医生们认为道歉会被视为承认自己的行为是错误的,将会面临被起诉的局面,但恰恰是无论医生是否在医疗事故中有责任,都不会向受到伤害的病人或者病人家属道歉的做法,反而激化了医生和病人或病人家属之间的矛盾,往往最后的结果是诉诸法庭

---

① 参见孙玺淳《借鉴和引入加拿大道歉法案的可行性研究》,硕士学位论文,中国社会科学院研究生院,2014。

② 参见《亚洲首例!香港通过道歉法条例草案》,载搜狐网,http://www.sohu.com/a/162210438_162522(最后访问日期:2018 年 1 月 15 日);张庆波《香港出台道歉法例》,《人民日报》2017 年 7 月 14 日,第 13 版。

③ 参见 Lucinda Jesson, Knapp, P. B., "My Lawyer Told Me to Say I'm Sorry: Lawyers, Doctors, and Medical Apologies", 467 (2) *Social Science Electronic Publishing*, 2009, pp. 376-382。

④ 参见 Wagatsuma, H., Rosett, A., "The Implications of Apology: Law and Culture in Japan and the United States", 20 (4) *Law & Society Review*, 1986, pp. 461-498。

⑤ 参见 Robbennolt, J. K., "Apologies and Legal Settlement: An Empirical Examination", 102 (3) *Social Science Electronic Publishing*, 2003, pp. 460-516。

解决纠纷。① 从文化背景上来看，美国和我国的道歉历史文化极为不同，我国自古以来便鼓励通过道歉、调解解决人们之间的纠纷，尽量减少当事人之间的矛盾，而美国从不鼓励道歉到提倡道歉的转变值得我们深思是否应当充分发挥道歉的作用。从对比的角度来看，我国的赔礼道歉有着更加深厚的历史渊源，更加应当保留在这种文化背景之下的赔礼道歉。

在规则制定方面，正如前所述，医疗领域中医生坚决不道歉的做法导致了医患关系的严重破裂，所以美国的道歉入法缘起于医疗领域中的道歉。在意识到医患关系的严重问题之后，有一些州的州立法机构和法院试图鼓励医生通过道歉承认自己的错误，甚至在医疗事故诉讼中承认错误。② 亚利桑那州、科罗拉多州、康涅狄格州和爱达荷州等36个州已经通过修正案在证据内容中加入有关道歉的条款，在医疗健康的民事诉讼或者仲裁程序中，任何表示道歉、责任、同情、怜悯的语言或行为，不能作为承认责任的证据或作为拒绝利益的证据。③ 美国在引入道歉规则上是学习其他国家的成果，在道歉入法的前期，学习的主要内容集中在证据豁免方面，学习的对象主要是日本，④ 但是近几年有美国学者倡议学习中国引入赔礼道歉作为民事责任的经验。⑤ 所以，在规则方面，从道歉的时间上来看，美国的"道歉法"规制的对象是诉讼前的道歉，而我国在立法上规定的道歉是在诉讼之后；从道歉的意愿上来看，美国的"道歉法"并非强制的，而是寄希望于当事人自愿的道歉，将道歉作为减少诉讼的一种方式，

① 参见 Lucinda Jesson, Knapp, P. B., "My Lawyer Told Me to Say I'm Sorry: Lawyers, Doctors, and Medical Apologies", 467 (2) *Social Science Electronic Publishing*, 2009, pp. 376–382。

② Zisk N. L. A. Physician's Apology: An Argument Against Statutory Protection, Vol. XVIII: iii, *Richmond Journal of Law and The Public Interest*, 2015, pp. 369–392.

③ 《亚利桑那州修订法规》（Arizona Revised Statutes）第12章第1265条，ARIZ. REV. STAT. ANN. § 12–2605 (2017)；《西部的科罗拉多州修订法规》（West's Colorado Revised Statutes）第13篇第25章第135条，COLO. REB. STAT. ANN. § 13–25–135 (West 2014)；《康涅狄格普通法律》（Connecticut General Statutes）第52篇第184d条，CONN. GEN. STAT. ANN. § 52–184d (West 2015)；《西部的爱达荷州法典》（West's Idaho Code）第9章第207条，IDAHO CODE ANN. § 9–207 (West 2014)；等等。

④ 参见 Bolstad, M., "Learning from Japan: The Case for Increased Use of Apology in Mediation", (48) *Cleveland State Law Review*, 2000, pp. 369–392。

⑤ 参见 Nguyen, X. T., "Apologies as Intellectual Property Remedies: Lessons from China", (44) *Connecticut Law Review*, 2012, p. 883。

而我国在法律责任设计上存在强制赔礼道歉的情况；从道歉与证据的关系上来看，美国主要希望切断道歉作为证据的可能性，从而鼓励过错方道歉，虽然我国赔礼道歉规定于法律责任中，但是如果在诉讼前道歉，我国也是承认道歉的证据豁免的，在《最高人民法院关于民事诉讼证据的若干规定》第 67 条中规定，当事人为达成调解协议或者和解的目的做出妥协所涉及的对案件事实的认可，不得在其后的诉讼中作为对其不利的证据。

在社会实效方面，虽然美国有学者研究，法官见多了不真诚的表演性的道歉，所以，向法官道歉并不会对法官的裁判产生过多的影响。[①] 但是无论道歉是否真诚，对于受害方来说，过错方道歉也能对双方的关系产生缓和的效果，[②] 而且在医疗领域道歉确实起到了减少诉讼的作用。康奈尔大学和休斯敦大学的学者通过对当时 35 所已经通过"道歉法"的州医院在司法过程中使用道歉情况的调查，发现道歉的使用加快了医疗纠纷案件的结案速度，节省了处理案件的时间。在这些州，医疗事故的总数下降了，最严重的医疗过错案件在有"道歉法"的州也得到了解决。[③] 相比之下，我国的赔礼道歉法律责任在执行上存在一定的难度，而且也有很多拒不执行赔礼道歉判决的例子，[④] 但是法院也仍在想办法解决这一难题，而且已经找到了相对合适的解决方案，即如果当事人不主动执行，法院将强行以侵害人名义登报向受害人道歉，所产生的费用由侵害人承担，另外各地也可以利用当地的风俗选择更为合适的执行方式，如前面提到的江苏省泰州市中级人民法院曾出台《关于民事审判运用善良习俗的若干意见》，

---

① 参见 Rachlinski, J. J., Guthrie, C., "Wistrich A. J. Contrition in the Courtroom: Do Apologies Affect Adjudication?", 98 (5) *Ssrn Electronic Journal*, 2013, pp. 1189-1243。

② 参见 Mungan, M. C., "Don't Say You're Sorry Unless You Mean It: Pricing Apologies to Achieve Credibility", 32 (1) *International Review of Law & Economics*, 2012, pp. 178-187。

③ 参见 Samuel, D., Hodge, Jr., "Is it Unrealistic to Expect a Doctor to Apologize for an Unforeseen Medical Complication? —a Primer on Apologies Laws", *Pennsylvania Bar Association Quarterly*, 2011, pp. 93-110。

④ 例如，在李谷一诉《声屏周报》记者汤生午一案中，在法院判决由《声屏周报》向李谷一登报道歉之后，《声屏周报》的法定代表人王根礼擅自修改经法院核准同意的道歉文章；在庄宇诉郭敬明《梦里花落知多少》抄袭其《圈里圈外》一案中，郭敬明拒不赔礼道歉。

其中以请茶酒、放鞭炮等方式进行赔礼道歉，民众更乐于接受。①

综上所述，美国道歉入法的文化背景与我国是不同的，美国的法律文化中有更多的自由主义，如果强行将赔礼道歉引入法律责任中，可能会引起当事人强烈的反抗情绪，不仅不能达到缓和社会矛盾的作用，反而可能激化社会矛盾，所以不强制当事人道歉，而是选择比较温和的方式在法律中提倡和保护道歉。相比之下，我国有礼制之下多年的传统理念文化的积淀，赔礼道歉的社会接受度更高，选择以法律责任的方式将道歉入法并无不可。

四　赔礼道歉的创造性转化

近年来，对传统法律文化进行创造性转化的呼声很高，也积累了很多相关研究，基本上解决了传统法律文化进行创造性转化的价值问题和原则问题。近现代中国处于激烈的变革之中，传统法律文化与西方法律文化发生了激烈的冲突，在新的法律文化的产生发展过程中，必须对中国传统法律文化进行创造性转换，使其能够在现代法治建设中焕发新的生命力。② 传统法律文化的转化要遵守取其精华、去其糟粕的原则，不是所有的法律文化都能进行现代转化，对于其中不符合现代法治内容的部分应当予以剔除。例如，传统文化中"三纲"（君为臣纲、父为子纲、夫为妻纲）的等级制度已经不符合现代社会平等、独立、自由的精神，与现代文明相悖，应当进行批判抛弃。③ 但是现有的研究对传统文化的创造性转化上，仍然有很多未能解决的问题。首先，什么样的传统法律文化是可以向现代法治进行转化的，即可以进行转化的传统法律文化的标准问题。其次，如何对传统法律文化进行转化以使现代法律体系能够将其包含。

笔者认为，判断该传统法律文化是否能够进行创造性转化而使其成为现代法治的一部分，需要符合如下标准。第一，该传统法律文化应当能够

---

① 《法院刊登判决书 强制执行赔礼道歉实为"老大难"问题》，【法宝引证码】CLI. CR. 12992879，载"北大法宝数据库"网，http://www.pkulaw.cn/case/pal_211106232662 92079.html? match=Exact（最后访问日期：2020年1月19日）。

② 夏锦文：《中国法律文化的传统及其转型》，《南京社会科学》1997年第9期。

③ 郗戈、董彪：《传统文化的现代转化：模式、机制与路径》，《学习与探索》2017年第3期。

与现实生活相融合。法律文化应当来源于社会生活，而不能要求社会生活迁就法律文化，一项法律文化如果已经脱离了现实生活，则失去了生存的土壤。例如，传统的宗法制度下，族长的权威发挥了关键的作用，族长作为社会治理的关键人物，在今天的社会现实中已经消失了，传统的乡村治理文化自然应当进行调整变革。第二，该传统法律文化应当能够与现代法治理念相容。如前所述，不符合平等、自由、独立等现代法治精神的内容不能为现代法律所吸收。在传统法律体系中，严格的等级制度是社会结构的重要内容，但是这显然与现代法律理念相违背，"君君臣臣"的法律文化已经受到了众多的批判。第三，该传统法律文化应当能够被现代法律体系所吸收。法律体系是法治的外在形式，传统法律文化只有能够被法律体系所吸收，才有可能发挥作用。而传统法律文化所实现的创造性转化在一定程度上也可以理解为使其能够找到在法律体系中的合理位置，这也是前述第二个问题，如何实现创造性转化的重要内容。例如，从调解制度发展完善的过程可以看出，一项传统法律制度融入现代法律体系需要不断地进行调整，在诉讼过程中进行调解必须既满足不影响正常的诉讼过程的要求，又能够发挥息讼的作用。第四，该传统法律文化入法之后应当能够发挥合理的社会效益。一项法律文化如果能够进行合理的转化，自然应当能够发挥积极的社会效果。仍以调解为例，在我国法律纠纷解决机制中，调解发挥了不可替代的作用，极大地缓解了社会矛盾，解决了纠纷。

以赔礼道歉为例，赔礼道歉作为一项传统法律文化的内容，要想纳入现代法治，需要符合四个标准。第一，赔礼道歉能够与现代生活相融合。赔礼道歉在日常生活中应用的范围非常广泛，小到个人交往，大到国家之间，都会出现赔礼道歉的情况。赔礼道歉已经深深地嵌入人们的日常交往之中，是现代生活不可或缺的一部分。第二，赔礼道歉能够与现代法治理念相容。赔礼道歉具有区别于金钱赔偿的独特社会功能，在人格权领域中可以广泛使用，这也是值得倡导的价值观念。人格尊严是法律所保护的范围，当过错方的行为对受害方的人格尊严造成伤害时，可以通过财产赔偿的方式进行救济，但是财产赔偿不能弥补所有的伤害，对有些受害方而言，财产赔偿的意义和价值远远不能弥补其人格尊严所受到的伤害，在这样的情况下，很多受害方提出由过错方进行赔礼道歉的要求，即便过错方的赔礼道歉并非出于真心，但是仍可以使受害方的社会评价得到恢复。第三，赔礼道歉能够被现代法律体系所吸收。如前所述，目前赔礼道歉在我国的法律体系中主要有两种存在形式，一种是将赔礼道歉作为法律责任的承担方式，另一种则运用于调解与和解制度中。后者的争议相对较少，基本得到学界和实务界的普遍赞同。将赔礼道歉作为责任承担方式目前仍面临一定的争议，仍需进一步的系统研究，但是在《民法典》的制定过程中，赔礼道歉并未受到影响，也可以看出，立法者基本上已经接受了目前赔礼道歉在法律体系中的位置。第四，赔礼道歉入法后能够发挥合理的社会效益。从目前赔礼道歉入法的状况来看，虽然存在法院强制赔礼道歉的情况，但是通过这种强制方式也基本能满足当事人双方的要求。另外，调解中的赔礼道歉更是发挥了重要的作用，而且取得了良好的社会效果。

五　结论

随着市场经济的迅速发展，金钱赔偿是民事领域，特别是侵权责任中应用最广泛、最频繁的一种赔偿方式，[①] 有很多当事人宁愿多付出一些金钱上的代价，也不肯说一句"对不起"。但同时，也有很多人不在意是否获得金钱上的赔偿，只希望获得对方的道歉。在传统法治观念与现代法治观念产生冲突的时候，使两种法治理念合理地体现在立法和司法中对于法治建设具有重要的意义。

《秋菊打官司》是一部备受法律人关注的电影，电影中的女主人公秋菊本意并非想用法律的武器获得赔偿或者惩治村长，她的目的在于获得村长的道歉，即所谓的讨要说法。秋菊打官司事件说明了传统文化观念在人们的日常生活中依然存在，尽管近代以来，中国与西方的交流日益频繁，西方的法治理念通过各种形式走进中国人的生活，尤其是自由、平等、人权等理念更是今天中国法律的基础，但是我们并不能因此否认传统中华文

---

① 参见程啸《侵权责任法》，法律出版社，2015，第 670 页。

化和传统法治理念对今天的中国人仍然产生着影响。正如秋菊的这些诉求在今天的社会中仍然存在，传统的法治理念也已经成为中国人思想中不可磨灭的一部分，在构建中国特色社会主义法治社会时也需要遵循人们的传统生活观念和传统法治理念。

传统文化中的内容并不是所有的都适合现代法治理念，对于其中不符合基本人权要求的部分要勇于抛弃，而如赔礼道歉等优秀的传统法治文化应当予以创造性转化，使其作为现代法治的一部分继续存在。判断一项传统法律文化是否应当进行创造性转化，应当评价其是否能够与现代生活相融合、与现代法治理念相容、被现代法律体系所吸收以及入法后是否能够发挥合理的社会效益。将传统文化中符合现代法治理念的因素融入法治建设，有利于更好地推动法治建设。

Creative Transformation from Traditional Culture to Modern Rule of Law

—A Comparative Analysis Based on the Introduction of Apology into Law

Li Jing

Abstract：Apology appears in the form of legal liability in the modern rule of law, which has been questioned by many people. There are not only the problem of moral and legal boundaries in theory, but also the problem of difficult implementation in practice. However, through a longitudinal historical comparison, it is found that apology, as a historical heritage of Chinese etiquette and law culture, has an active courtesy and compulsory courtesy since ancient times, and the traditional concept of rule of law still exists, and the appeal for apology is still strong. In addition, by comparing different countries and cultures horizontally, different cultural backgrounds and social atmosphere determine the differences of the way that apologies are incorporated into the law. Including apology in the scope of law is a creative transformation from traditional culture to modern rule of law in China. It conforms to the concept of modern rule of law and can be contained by modern legal system. It should be retained.

Keywords: Traditional Culture; Creative Transformation; Apology; Comparative Analysis

性别结构演化：社会治理需求与女性执法参与

马钰淇 *

摘　要：警察性别结构由一元导向向多元化的演进是一个良性进程，然而以 2018 年湖北、上海等 6 地招警职位表为样本，可以发现我国警察性别结构仍不合理，具体表现为女性专岗数量设置不足，女警警种安排不科学，如此既与国家"保障妇女基本权益"的政策呼吁相悖，亦与女性关联犯罪增多而导致的女警需求量扩大的现实情形不匹配，其中"女性不宜于警察职业"的谬见是为根本原因。通过对上述 6 地招警条件的分析得出，现代入警的技术和学历要求更高，而体能条件则可忽略。对职业性别成见根源的彻底击破，利于警察性别结构的进一步优化，女警岗位的合理配置将成为警务活动质量的新增长点。

关键词：性别结构；女警；警务质量；社会治理；新增长点

自 1829 年罗伯特·比尔建立新式警察以来，作为公共安全产品的最主要来源，警务活动备受各界关注。在经历多次警务革命后，社区警务模式被兜售至世界各地，现代警务任务除去传统的侦控犯罪以维护公民基本权利外，另有向社区提供基础性安全产品的职责，其中包括提供安全咨询、救助与保护弱势群体、应对酗酒者及精神障碍人员等。虽然现代警察部门由"管理角色"转型为"服务角色"，警务活动辐射面不断扩大，但工作量的增多并没有带来质量上的显著提升，一线执法岗位性别结构失调是其主要原因。

与男性警察相比，女警具备天然的亲和力与耐心，对环境的高敏感度使得女性在面对受害者时，更利于其"创伤"的修复，尤其是在询问女性受害人时，女警对案情信息的收集效率显然更高。当然，在调解纠纷或提

---

* 马钰淇，河南警察学院治安系讲师。

供指导性意见过程中，性别的差异性会对服务结果的可接受度产生影响，正因如此，20世纪70年代的英国出现了由3名女性自发组成的慈善援助服务机构（受害者援助、强奸危机援助和妇女援助）。[①] 而我国2016年调解婚姻家庭纠纷达到175万件，[②] 公安机关立案的强奸刑事案件高达27767起，[③] 遭受家庭虐待或性暴力的女性逐年增多，关注女性群体的民间援助组织却并未对应成立，由此，女警成为国家关爱女性，保障其基本权利的重要窗口。反观当下警察部门的性别结构，女性警察比例偏低，甚至大部分被安排在户籍岗位，难以发挥她们在立体化社会治安治理体系中的性别优势，鉴于此，有必要对"女性与警务质量"间的关系展开基础性论证。

一 警察部门性别结构的历史嬗递

从古罗马时期奥古斯都组建以自由人为成员的消防大队始，由于这支队伍不仅负责消防灭火工作，同时身兼捕盗、夜巡等数职，甚至还要守卫如公共澡堂这样容易引发盗窃的重点场所，因此消防员的选拔对性别进行了严格限制。[④] 476年罗马人退出历史舞台后，西方进入了盎格鲁—撒克逊时期，但为了增强对区域治安的控制，撒克逊的统治者将警务职责悉数委于体能更充沛的男性。[⑤] 从10世纪起，阿尔弗雷德大帝为了确保民众参与到基层公共安全的维护中来，西方开始推行十户联保制度，按照该制度要求，十户长皆由德高望重的男性担任。于此之后，诺曼人于1066年征服英

---

① 〔英〕尼古拉斯·布莱顿：《警务心理学》，郭薇译，知识产权出版社，2014，第150页。

② 此项数据来自国家统计局对"调解婚姻家庭纠纷"这一指标的统计，载国家统计局网站，http：//data. stats. gov. cn/easyquery. htm？cn＝C01&zb＝A0S09&sj＝2016（最后访问日期：2018年1月3日）。

③ 此项数据来自国家统计局对"强奸刑事案件"这一指标的统计，载国家统计局网站，http：//data. stats. gov. cn/search. htm？s＝% E5% BC% BA% E5% A5% B8（最后访问日期：2018年1月9日）。

④ Sullivan, J. L., *Introduction to Police Science* (3rd ed.), New York：McGraw–Hill, 1997, p. 34.

⑤ Palmiotto, M., *Community Policing：A Policing Strategy for the 21st Century*, Gaithers–burg, Md：Aspen, 1999, p. 3.

国，为了更好地实现基层社会的治理，1233 年诺曼政府颁布法令要求任一村庄最少需有 4 名男性负责夜间巡逻。1242 年，村庄的公共安全问题引起了亨利三世的重视，他要求每一村庄在内部推选出 2 名男性村警以确保村庄的安全。17、18 世纪的西方警察史是治安治理专业化的过渡期，西方各国政府为维护社会秩序，一方面实行私人化警务模式，将部分身体条件优越的男性公民训练成半专业的反扒队员和密探；另一方面也任命更多的治安官助理，当然这些职位遴选均禁止女性报名。① 19 世纪是西方女性警察的萌芽时期，为方便对女性犯人关押，部分警队开始雇用女性看管员，但真正意义上的女警直到 1914 年才正式出现，② 其原因在于当时第一次世界大战爆发，西方男性多被征调至前线，为应对国内复杂的治安形势以及多发的女性犯罪，女子参警成为弥补警力不足、提升警务质量的重要法宝。事实证明，无论是在疏导女性犯人的工作中，还是对儿童、妇女、老年人所开展的救护等多类服务型警务活动中，女性警员的加入使得警务活动质量得到显著提升。③ 当然，这一招警渠道给警察队伍的性别结构也带来了巨大改变。作为女警的发源地，英国女性警察的人数从初始的 50 名逐步上升至 3000 余名，与此同时，1915 年美国招聘女警的城市就已达到 25 个，随后挪威、荷兰等 20 多个国家纷纷仿效。由此可见，西方警察部门性别结构在 1914 年之前是单一制的，由于体能差异，性别是警察招聘限制条件之一，女性参警的渠道被政府彻底封堵。④ 而在 1914 年后，随着女性在特殊警务方面表现出的积极状态，女子警察数量不断增多，以法国为例，2005 年该国警务系统女性比例更是达到 22.08%，西方警察部门的整体性别结构自 1914 年后呈现出复合制特征。⑤

---

① Kelling, G. L. and Stewart James, K., "The Evolution of Contemporary Policing", in William A. Geller (ed.), (5-6) *Local Government Policing Management*, Washington D. C., International City Management Association, 1991.

② 〔英〕彼得·乔伊斯：《警务发展与当代实践》，曹志建译，知识产权出版社，2015，第 171 页。

③ 韩延龙、苏亦工：《中国近代警察史》（下册），社会科学文献出版社，2000，第 677 页。

④ 关兴：《英国古代的警察制度》，载北京法院网，http://bjgy.chinacourt.org/article/detail/2011/03/id/880754.shtml（最后访问日期：2018 年 1 月 20 日）。

⑤ 参见《法国女警比例不断上升》，《人民日报（海外版）》，载人民网，http://www.people.com.cn/GB/paper39/14500/1289476.html（最后访问日期：2018 年 1 月 20 日）。

我国与西方在警察发展历程方面具有一定程度的重叠，我国古代警察同样是一个只面向男性的职业。在 1927 年前，行使警察职责的执法人员多称为"捕快"、"衙役"或者"巡捕"等，女性始终是被排除在警界之外的。[①] 20 世纪 30 年代初，随着男女社交的逐渐公开，部分妇女受到犯罪分子的利用，为应对繁复的犯罪情势，响应国际联盟禁止贩卖妇孺委员会的两次决议倡导，国内开始增设女子警察，1933 年江苏省政府、湖北汉口、河北省、浙江省参照《首都警察厅试办女警暂行办法》招收女性警察。据此，1927 年之前，我国警察部门性别结构呈现单一制特征，而此后则转变为复合制性别结构。从警察部门性别结构的嬗递历史来看，虽然我国的调整时间与西方相比较晚，在招警制度改革上具有"西学东渐"的色彩，但发展历程却保持了基本同步，均呈现出了由"单一制"转为"复合制"的总体特征。

二 我国当代警察性别结构难题

作为一种积极变化，警察部门性别结构的调整既彰显了警察文化的多样性，也打破了以往警察职业性别垄断的旧格局，但复合制警察性别结构的到来真的就意味着职业性别成见的彻底破灭吗？诚如部分学者所言："女警的出现虽然是一种社会新现象，但现象并不等同于气象，女子警察的出现只能说是具有较高的历史价值以及象征性意义。"[②] 在当下中国，招警考试是国家选拔警务人才的重要渠道，报名条件则是反映参警标准的主要指标，作为体现警察部门性别结构的上游现象，对招警门槛的实证分析，无疑可以找出我国警察性别结构难题。

2018 年全国各省招警简章于 4 月 8 日至 14 日陆续在官方网站公布，本文随机抽取湖北、上海、广东、湖南、浙江以及福建 6 个地区的招警职位表作为基础样本。2018 年湖北省招警职位总数为 249 个，男性专岗 203 个，女性专岗 28 个，不限性别岗位 18 个；[③] 上海市招警职位总数为 65 个，

---

① 黄霞、李德彪：《简述近代中国女子警察的发展》，《四川警察学院学报》2006 年第 4 期。
② 孙静：《近代中国社会转型与警政改革视阈下的女子警察》，《妇女研究论丛》2014 年第 3 期。
③ 参见湖北省人事考试网，http://www.hbsrsksy.cn（最后访问日期：2018 年 2 月 1 日）。

男性专岗 54 个，女性专岗 10 个，不限性别岗位 1 个；① 广东省招警职位总数为 503 个，男性专岗 299 个，女性专岗 69 个，不限性别岗位 135 个；② 湖南省招警职位总数 335 个，男性专岗 229 个，女性专岗 47 个，不限性别岗位 59 个；③ 浙江省招警职位总数为 35 个，男性专岗 25 个，女性专岗 5 个，不限性别岗位 5 个；④ 福建省招警职位总数为 198 个，男性专岗为 122 个，女性专岗为 13 个，不限性别岗位为 63 个⑤。由于政府人事部门墨守成规地认为，警务活动时常面对违法犯罪人员，因此在招警考试不限性别岗位的第二轮复试中，实际已经设置了"透明天花板"，女性报考人员即使进入面试，在同等条件下，警察部门也更倾向于拥有所谓"即战力"的男性考生，其根本原因是：在警务管理人员看来，男性抗压能力更强，能更快适应长期的加班以及 24 小时工作制，所以在统计上述 6 个地区女性优势岗位所占招警职位总数的比例时，是不能将不限性别岗位数"折半"纳入加以计算的。2018 年以上 6 地招警女性优势岗位比例分别为 11%、15%、14%、14%、14%、7%（见表 1）。从这项数据可以发现，女性在招警考试中并不占有性别优势，相反因为女性专岗设置数量的偏少，使得多数有参警意向的女性望而却步。我国招警考试职位设置的男性倾向化严重，无论是从男性专岗数，抑或是从不限性别岗位中"透明天花板"的设置而言，最终脱颖而出被拟录用的女性警察比例实际难以达到 20%，相对妇女劳动力已经占我国农村劳动力 60% 以上的比例而言，⑥ 各地招警考试中女性优势岗设置比例显然不足。

另外，警察性别结构的不平衡使得男性警员数量过于庞大，警察文

① 参见上海市公务员局网，http：//www. shacs. gov. cn/CivilServants/CivilServants（最后访问日期：2018 年 2 月 1 日）。

② 参见广东人事考试网，http：//rsks. gd. gov. cn/（最后访问日期：2018 年 2 月 1 日）。

③ 参见湖南人事考试网，http：//www. hunanpta. com/（最后访问日期：2018 年 2 月 1 日）。

④ 参见浙江省公务员考试录用网，http：//gwy. zjhrss. gov. cn/（最后访问日期：2018 年 2 月 1 日）。

⑤ 参见福建省公务员考试录用网，http：//www. fjkl. gov. cn/（最后访问日期：2018 年 2 月 1 日）。

⑥ 参见《全国妇联"巾帼脱贫行动"助 60.8 万贫困妇女创业增收》，载中国政府网，http：//www. gov. cn/xinwen/2016-10/17/content_ 5120262. htm（最后访问日期：2018 年 2 月 5 日）。

化依然具有较强烈的男性化色彩，从而导致警察机关基础设施和警务装备设计的"性别化"。其一，在多数基层警务辖区并没有设立专门的女警工作室和休息室，既给女警更换执勤服带来不便，也可能造成男性警察为及时出警，而不得不在女警同事面前更换警服的无奈局面。当然，这种隐形的侵扰情形在美国同样存在，甚至被露西·杜瓦里以自传形式刊载于全美女警第一杂志。[①] 其二，鉴于男女身体结构的差异，一些特殊防身警务装备应当根据性别不同施以差异化设计，而当前部分警务设备对女性警察似乎并不友好，例如嵌入钢板以增强防弹能力的防弹衣，对于男性警察来讲，这些统一设计的产品不会对身体造成过大负担，但却会给参加警务活动的女警身体带来轻微伤害。其三，警务交通工具被贴上"男性专属"标签，即使女性警员需要紧急出警，仍然无法自主驾驶，警车间接成为男性警察宣示"性别霸权"的标志物。从招警考试中女性优势职位的安排，到警察机关办公场所的规划，再到警务装备的设计与警务交通工具的使用，不难看出我国警察性别结构难题是复杂且多元的。

表1　湖北、上海、广东、湖南、浙江、福建6地招警性别结构

单位：个，%

样本地区	招警职位数	男性专岗	女性专岗	不限性别岗	女性优势岗比例
湖北省	249	203	28	18	11
上海市	65	54	10	1	15
广东省	503	299	69	135	14
湖南省	335	229	47	59	14
浙江省	35	25	5	5	14
福建省	198	122	13	63	7

三　职业性别成见下的执法危机

在现代警务管理者中总会存在传统派或者守旧派，他们普遍认为，

[①] Tamar Husansky and Pat Sparling, *Working Vice：The True Story of Lt., Lucy—America's First Women Vice Squad Chief*, New York：Harper Paperbacks, 1993.

对强大体能的需求是男性警察更多的主要原因，如果招聘过量的女性警察可能会降低警务行动效率，更重要的一点是，招聘女警仅是为了彰显警察部门尊重女性的参警意愿，但女警如果参与到街面执法、刑事侦查、抓捕行动等需要直面违法犯罪嫌疑人的警务活动中，会给当事民警带来一定风险。为了降低危险发生概率，如今我国女警多被安排在户籍岗、文员岗、宣传岗等文职岗位，甚至在地方派出所也鲜有女性警察，各省招警职位表中对岗位性质均有详细的呈现。沿用上述 6 地招警岗位分析样本，从职位描述中可以发现，湖北省女性专岗明确描述为治安、巡逻、侦查岗的仅有 2 个；上海市女性专岗描述为侦查工作的仅有 1 个；广东省女性专岗描述为一线执法工作的岗位全部限于男性，女性专岗基本描述为财务管理、新闻传播、外文翻译、文书写作、警务保障、公共关系处理、档案管理等；湖南省女性专岗描述为基层勤务执法的只有 15 个，其他主要从事机关文字及财务工作；浙江省女性专岗从专业限制来看，执法类岗位为 1 个，其余 4 个分别为技术类、财务类、文书处理类；福建省女性专岗通过对分配去向的分析，基层执法类岗位有 6 个，工作地点为女子监狱和女子戒毒所，其他皆为综合管理岗。女性专岗样本数据总数为 172 个，其中一线执法岗位数为 25 个，占比 15%，文职类岗位数为 147 个，占比 85%。两类数据显示：隐形的职业性别成见仍然存在，具体表现在女性警务岗位性质方面，虽然警察部门原则上接受女性，但对女警参与一线执法仍有所偏见（见图 1）。

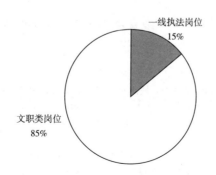

图 1　湖北、上海等 6 地女警专岗职位性质整体结构

当下女性关联型警情多发，主要表现在以下三个方面。

其一，我国妇联抽样数据显示，每年约 40 万个离婚或者解体的家庭中，家庭暴力原因占 25%，妇女作为家暴受害方的占样本总数的 90%。[1]

其二，我国现阶段犯罪问题调查统计表明，侵犯妇女权益的犯罪数量约占刑事案件总数的 1/3。[2]

其三，我国女性囚犯人数的增多反映了女性犯罪的整体趋势，在过去 10 年，我国女性囚犯关押数增长 46%，占囚犯总数的 6.3%。[3]

此类警情的增多势必需要女性警察更广泛地参与到一线执法勤务中，例如被害人或其监护人提出由女警侦查的性侵犯案件；又如为保护女性犯罪嫌疑人隐私而由同性别警察采取的搜身措施；再如为模拟女性犯罪现场而需要女警参与的侦查实验。现实的社会治理需求反映，性别成见下的执法危机并非仅由女警专岗职位的数量所决定，更多地受到女警工作种类结构的影响。2012 年日本警察白皮书显示，对女性警察警种的调整有利于活化警察组织，确保男性警察的执法素质，以往日本女性警察更多地就职于交通部门，而如今已扩充至治安巡逻、搜查等一线执法岗位，在当下跟踪、尾随与家庭暴力案件的处理中，女性警察得到了较高的社会评价。[4] 在美国，女警已经与各类警种融合得相当紧密了，甚至警察基金会在系统性研究后发现，男警与女警在巡逻等工作中的表现并无显著差别，仅仅是在处理方式上有所不同而已。[5] 作为立体化社会治安治理体系中的重要一环，女警在抗制女性犯罪、提供差异性公共安全产品方面，实效优于男性警察。反观我国当下，即使各类警种对女警的需求量扩大，但岗位安排依然受到性别因素的显著影响，对警察职业体力要求的无限放大最终加剧了执法危机。

---

[1] 罗杰：《防治家庭暴力立法与实践研究》，群众出版社，2013，第 67 页。

[2] 任克勤：《被害人学新论》，广东人民出版社，2012，第 141 页。

[3] 韩阳：《女性犯罪及监禁处遇——基于美国样本的中美比较分析》，中国法制出版社，2017，第 193 页。

[4] 参见《日本女警察比例增至 6.8% 创历史新高》，载人民网，http://japan.people.com.cn/35467/7886170.html（最后访问日期：2018 年 2 月 10 日）。

[5] Peter B. Hoffman and Edward R. Hickey, "Use of Force by Female Police Officers", (33) *Journal of Criminal Justice*, 2005, pp. 145-151.

四 从幕后到台前： 性别成见的全面击破

当保守派竭力于将警务勾勒为对抗性执法行为时，一种对警察的刻板印象似乎早已根深蒂固，人们普遍认为，女警是难以被塑造成"硬汉形象"的，"任长霞"式的警界巾帼只是个例，保守观念导致管理者将更多的女警置于文职岗位，同时打消了部分女警参与一线执法的念头。不仅如此，有学者指出，假如女警进入基层执法岗位，可能打破原工作群体的团结，甚至改变警察执法传统与惯例。[①] 刻板印象与消极评价的并合引发了警察职业性别成见，并成为警察性别结构深化调整的根源性障碍。然而，当代警务活动真的只是暴力对抗吗？入警条件中，体能要求真的如保守派所讲的那样，是最为重要的参考因素吗？

2018 年湖北、上海等 6 地的招警简章显示，报考警察职位的通约性条件为具有中国国籍、良好品行、18~35 周岁、正常履行职责的身体条件，其他资格条件则视岗位不同而有所差别，主要表现在学历与专业两方面。通过对上述 6 地招警职位表的对比，最低学历要求基本为大专及以上，对口专业主要是人文社科类，包括法学、政治学、公安学等，另需公务员考试总成绩达标（见表 2）。招警考试中虽然标明了身体条件，但它仅是一种基本健康要求，并未包含"较好体能与体魄"的潜台词。据此，公众对入警条件的认知实际出现了偏差，现阶段警务活动更加强调技术性，而非过往的对抗性，柔性执法方式的流行打破了女警的警种限制，对传统谬见的消除将是击破警察职业性别成见"幕后根源"的有力推手。

表 2 湖北、上海等 6 地招警基本条件

硬性要求	具体岗位要求
中国国籍	大专及以上学历
良好品行	专业对口
18~35 周岁	公务员考试总成绩入围
正常履行职责的身体条件	

---

① 〔美〕塞缪尔·沃克等：《美国警察导论》，张小兵等译，中国人民公安大学出版社，2016，第 177 页。

　　此外，全面击破警察性别偏见仍需具体方法上的考量，虽然只具有辅助性价值，但这种"台前"式改良手段无疑更具有操作意义。首先，技术是存在"性别差异"的，二者间存在内在关联性。① 因此，由技术衍生出的技术装备同样具备性别特征。警务装备是提高警察执法效率、保证警察生命安全的物质要素，设计合理、使用方便且不对身体造成损害是基本评价指标，而由于男女身体结构的差异，部分警械装备如防身枪、防弹衣等，其设计应当如警服定制流程一般，加以区别化对待，否则会给女警身体带来负担，进而消解其参与一线执法的积极性，但两性组织地位的不平等，导致技术领域中的性别不平等现象广泛存在，② 在警察部门则尤为突出。在防护科技高速发展的当下，新型警务装备成果的共享不应当排除无私奉献的中国女警，而技术扶持自始至终都是关爱女警的重要方式，由此，应当保持对女警执法装备的"特殊"关注，"物质层次"的持续性照顾无疑会缓解女警执法的心理压力。其次，随着"女性不宜一线执法"的谬见被根除，众多偏好男性警察的岗位不应再固守己见地排斥女警的加入，甚至需要保证她们的择岗自由权利。在美国，女性警员有权根据自身情况，向上级申请目标岗位，在怀孕期间，她们也可以依据医生的诊断证明，表明自己胜任一线执法工作的能力与状态。③ 对女警择岗权利的保障，是提升女警在警队归属感的有效策略，相反，假如该项"性别"权利阙如，将加重女警的职业失落感，因此有必要赋予女警一定的择岗申请权。最后，对女警的制度化保障也应当同步进行，例如在纽约警察局中，政府专门设置了平等就业办公室，该部门与其他内部机构是平行关系，其职责主要是公正、及时处理警局平等就业投诉。④ 同时，美国就业平等法律机制为女警提供了多种保护途径，如向警察内务办公室寻求帮助，抑或向人际关系委员会提起申诉。作为职业风险较大的群体，对女警的保护亟须与

---

① 程秋君：《技术的性别维度审视》，《东北大学学报》（社会科学版）2008 年第 4 期。

② 彭福扬等：《论技术领域的性别平等》，《吉首大学学报》（社会科学版）2015 年第 1 期。

③ 石子坚、朱华：《美国警察管理与执法规范详解》，中国人民公安大学出版社，2015，第 63 页。

④ 王瑞平：《当代纽约警察——机制·策略·经验》，中国人民公安大学出版社，2009，第 63 页。

世界接轨，但在我国目前庞大的法律体系和内部保护机制中，却并未设置专门的女警意见表达渠道，[①] 而良好的职业保护规范是女警能动执法的基础动力，所以可通过建立地方女性警务工作协会，或者推行"性别平等"计划，以实现女警组织地位的提升。

五　效益检验：多角度的回归分析

对女警性别成见的全面击破，有赖于从"幕后"至"台前"的全方位考量，但女警的嬗递历程并不能为警察性别结构的进一步深化调整提供有力佐证。当下，警察职业性别开始转向，更多的女性参与到一线执法中，[②] 虽然性别结构仍不平衡，但女警已经不再完全游离于警队框架之外，一种循序的融合趋势在等待检验。然而在社区警务模式下，对改变传统格局所带来的警务效益的验收，不能赖于单一"自变量"的引入分析，尚需通过多学科的回归考量。

目前学界对家暴受害者的救济路径分析，多是站在法律机制的威慑功能角度，这种事后的"创伤修复法"不符合现代的风险预防理念，对妇女的伤害既已造成，再精密的医疗仪器似乎都难以帮助受害者恢复到事前状态。在面对众多女性受害人时，与男性警察相比，女警更多地将她们当作"幸存者"，这种共情表现必然影响女警对待施暴者的执法态度，而该类影响却是积极有益的。首先，心理学中的共情表达是一种积极描述，它被视为感知对方与温暖回应的能力；[③] 其次，家庭暴力中对女性的持续性伤害，并不比故意杀人、抢劫等严重暴力犯罪所造成的危害程度轻，在此意义上，女性警员本能地将受害妇女作为"幸存者"是一种合理反应；最后，对家庭暴力的救济实际可分为事前、事中与事后三个阶段，对比法律的事后威慑，女性警员的执法参与对施暴者的心理干预效果更为显著，当参与

---

① 周忠伟：《女警职业安全风险问题研究》，《中国人民公安大学学报》（社会科学版）2013年第6期。

② 王瑛娴：《性别视角下的警察职业文化》，《中国人民公安大学学报》（社会科学版）2017年第1期。

③ 李超平等：《组织中的关爱：概念界定、结果与影响因素》，《心理科学进展》2014年第5期。

一线执法的女警人数达到较大规模时，基于共情效应，女性的家庭安全感会随之提高，而施暴者的态度也会因客观情势而做出改变。当然，我们不能否认《反家庭暴力法》及其所衍生出的人身安全保护令①对受害女性的"守望"功效，但事后的弥补只能作为辅助性修复手段。女警参与家庭暴力案件处置及对侵犯女性基本权利犯罪的侦查，既是对"幸存者"救济措施的进一步前置，也能对具有潜在家暴倾向的男性施以有效的心理压制。当然，对受害女性心理创伤的修复更应把握最佳治疗时间，除去事前预防阶段，女警在事中的主动介入是减少二次伤害的有效手段，也是共情效应的理想发挥时期。

如果说女性入警是实现警局人员结构多元化的第一步，那么将女警分配至各一线岗位则是实现多元化的第二步。我们可以想象，如果一线执法岗位上只有男性，而他们需要服务的社区却是不同性别人群所组成的，在这样多元的群体中警察是难以有效开展警务活动的。警务效益的提高在很大程度上取决于人力资源的合理配置，"精明"的管理者是不会忽略女警在基层执法中的性别优势的。相对于男性警察，女警一般没有喝酒、游戏、运动等多类业余爱好，不易引发"因私忘工"的情形。另外，女性更倾向于依靠智慧而不是身体的力量，② 女警融入警察一线执法队伍后，男性警察"硬汉式"规则可能会受到女警柔性执法方式的影响并逐步转变。以性别多元化的警队来应对多元化警务活动，在管理技术得到验证的同时，女警的良好工作状态及居民给出的好评甚至会激起男性警察的好胜心，此类良性竞争关系有利于组织内部工作效率的提高。除此之外，由于科技高速发展，传媒技术、互联网、云技术为招警考试提供了多样化的信息传播渠道，警察报考条件及具体岗位安排可以在短时间内获得大量信息受众，招警信息的传播不仅仅是就业机会的提供，也是警察组织展现性别"友好形象"的重要窗口，因此警务部门性别结构调整的进一步深化可以形成示范效益。首先，招警信息通过多种途径扩散至各地，社会公众由招

---

① 人身安全保护令是国家为保护家庭中受害一方的人身安全而采取的一种民事强制裁定，我国 2016 年正式施行的《反家庭暴力法》第四章，确立了人身安全保护令制度。

② Jeanne McDowell, "Are Women Better Cops?", *Time* (February 17, 1992), p. 70.

警条件可以看到警察部门在尊重女性从警权利方面所做的努力，对女警岗位的妥善安排，可以为警察部门赢得女性群体的支持，甚至能够改善外界对警局固化的性别结构认知。[①] 其次，职业性别偏见并非只存在于警察部门，如市场监管部门、城市管理机构也可能存有"性别偏见"。作为一种"大使项目"，警察性别结构的深化调整可以为其他行政部门提供经验性模板，以提高对传统谬见的纠正效率。最后，由于国内女性经济参与度不高，2009~2017 年《全球性别差距报告》显示，我国目前排名第 100 位，已经连续 9 年下滑。[②] 性别差距的逐年扩大致使国家丧失部分话语权，因此深化调整警务执法人员性别结构，并由点及面式地铺设性别平等计划，有助于国家形象的重塑。

警察群体性别的多元化指标涵盖了女警体量要素与警种要素，基于多视角的检验，警察性别结构深化调整是国家对家庭暴力采取干预措施的前置行为，也是旨在提升警察执法效率与管理效益的警务计划，更是一个倡导性别平等的模范政策。一线执法警察性别多元化作为一种"强制性的国家利益"，亟须通过对传统性别偏见的全面击破加以坚守，它实实在在且不容置疑。

六 结语

从警察部门性别结构的嬗递史来看，警察性别的多元化已成定式，女性的参警权利得到一定保护，并在历年各地招警中有所体现，那么本文强调的"调整现有警察性别结构"岂不成一句无意义之空话？其实，该处所谓之"调整"并非剑指静态的性别格局，而意在针砭当下警察执法岗位设置上的性别成见，亦即尚需破除女警鲜有从事一线巡逻、现场勘查、刑案侦查、社区治安维护之困局。同时，女性参警对于社会治安治理的积极效果，学界早已达成共识，在此背景下去重申其合理性是否有必要？笔者认为，以往对女性入警的价值研究更多的是单一验证模式，女性加入警察队

---

① 〔美〕肯尼·皮克等：《社区警务战略与实践》，刘宏斌译，中国人民公安大学出版社，2011，第 261 页。

② 参见世界经济论坛《全球性别差距报告》，载世界经济论坛网，https://www.weforum.org/agenda/archive/gender-parity（最后访问日期：2018 年 3 月 1 日）。

伍只是对特殊犯罪群体矫正需要的一种回应，然而，经过心理学、管理学及传播学的三重审视，适当扩大女警参与基层警察执法勤务的规模，除益于提高社会治理效益外，还有助于提升组织运行效率以及公务部门形象，是当代警务质量的新增长点。

Quantitative Gender Structure: Social Governance Needs and Women Participation in Law Enforcement

Ma Yuqi

Abstract: The evolutionary history of police gender structure from unitary to pluralism is a benign process. However, taking 2018 police recruiting positions of 6 cities as a sample, it can be found that the gender structure of police in China is still unreasonable. The police species of women is not set up scientifically. The situation is inconsistent with the country's policy of "safeguarding basic rights and interests of woman", and it is also inconsistent with the fact that policewomen demand has increased due to the increase in female-related crimes. "Females are not suitable for the police profession" is the root cause. Based on the above analysis of the conditions of the six cities' 2018 police recruiting positions, it is concluded that the technical and academic qualifications are higher, but the physical conditions are negligible. To break the roots of occupational gender stereotypes thoroughly is conducive to the further optimization of the police gender structure. The rational allocation of policewomen positions will become a new growth point in the quality of police activities.

Keywords: Gender Structure; Policewomen; Policing Quality; Social Governance; New Growth Point

举证责任裁量分配的中国范式

——基于中国裁判文书网 313 份民事判决书的分析

冯子涵[*]

摘　要：最高人民法院 2001 年发布的《关于民事诉讼证据的若干规定》在借鉴大陆法系举证责任分配理论的基础上，还在第 7 条首次明确设置了举证责任裁量分配规则，以作为举证责任法律要件分类说的补充。截至 2017 年 4 月 1 日，在中国裁判文书网上能搜索到直接援引该规则的民事判决书有 313 份。从援引总量来看，适用该规则的裁判文书并不算很多；从适用情况来看，各地法院在实践中既积累了一些有益的经验，也存在一些使用混乱的问题。对于这些经验和教训需要及时进行理论总结，并在实证分析的基础上，重新厘清和优化我国法院裁量分配举证责任的规则体系。

关键词：举证责任；裁量分配；中国范式

举证责任，又称证明责任，以案件事实真伪不明时法院如何完成裁判任务为己任，也是民事诉讼理论中最艰涩、最重要的部分，向来被学术界誉为"民事诉讼的脊梁""世纪之猜想"。[①]关于其含义，在世界范围内已基本达成共识，即举证责任具有双重含义。一是当事人对有利于己方的事实主张应当提供证据加以证明，此即行为意义上的举证责任；二是未能提供证据或者证据不足以证明其事实主张的，由负有举证责任的当事人承担不利的后果。[②]我国《民事诉讼法》第 64 条第 1 款、《最高人民法院关于民事诉讼证据的若干规定》（简称《证据规定》）第 2 条和《最高人民法院关于适用〈中华人民共和国民事诉讼法〉的解释》（简称《民诉法解

　＊　冯子涵，北京师范大学法学院法学硕士。

　①　〔德〕莱奥·罗森贝克：《证明责任论》，庄敬华译，中国法制出版社，2002，代译序，第 1 页。

　②　关于举证责任含义的历史和比较法的考察，参见陈刚《证明责任法研究》，中国人民大学出版社，2000，第 14~49 页；李浩《民事证明责任研究》，法律出版社，2003，第 3 页。

释》）第 90 条共同确立了举证责任分配的一般规则："当事人对自己提出的诉讼请求所依据的事实或者反驳对方诉讼请求所依据的事实，应当提供证据加以证明"；[1] 未能提供证据或者证据不足的，由负有举证责任的一方承担败诉的风险。最高人民法院曾明确指出，这一举证责任分配规则的确立主要是借鉴了大陆法系的证明责任分配"法律要件分类说"。[2] 按照这一理论，举证责任分配规则主要是由实体法预先规定的。但是，鉴于制定法的局限性，为了保障在个案中也能实现司法公正，最高人民法院还借鉴英美法系举证责任裁量分配理论，在司法解释中确立了法院裁量分配举证责任的规则，作为前述一般规则的补充，此即《证据规定》第 7 条的规定[3]。

《证据规定》自 2002 年 4 月 1 日起生效实施。法院在审判实践中对《证据规定》第 7 条的适用情况如何？法院主要在哪些类型的案件、针对哪些讼争事实适用了该规则？在理念上，大陆法系举证责任分配的"法律要件分类说"与英美法系的举证责任裁量分配存在矛盾，那么，我国法院在具体的审判实践中该怎样理解和处理这种冲突就成为一个问题。本文运用大数据的分析方法，对中国法院的审判实践经验进行总结并做出理论阐释。

一 数据来源与总体情况

为了进行实证分析，本文以最高人民法院建设的中国裁判文书网登载的权威案例为检索和分析对象。根据中国裁判文书网[4]，选择高级检索方式，

---

[1] 参见文中提到的相关法律规定。

[2] 参见最高人民法院民事审判第一庭《民事诉讼证据司法解释的理解与适用》，中国法制出版社，2002，第 23~24 页；杜万华主编《最高人民法院民事诉讼法司法解释实务指南》，中国法制出版社，2015，第 143 页。

[3] 《证据规定》第 7 条规定："在法律没有具体规定，依本规定及其他司法解释无法确定举证责任承担时，人民法院可以根据公平原则和诚实信用原则，综合当事人举证能力等因素确定举证责任的承担。"

[4] 2013 年 7 月，《最高人民法院裁判文书上网公布暂行办法》正式实施。依据该办法，除法律规定的特殊情形外，最高人民法院发生法律效力的判决书、裁定书、决定书一般均应在互联网上公布。2014 年 1 月 1 日，《最高人民法院关于人民法院在互联网公布裁判文书的规定》正式实施。该司法解释明确，最高人民法院在互联网设立中国裁判文书网，统一公布各级人民法院的生效裁判文书；中西部地区基层人民法院在互联网公布裁判文书的时间进度由高级人民法院决定，并报最高人民法院备案。

检索范围为"全网",案件类型为"民事案件",文书类型为"判决书",检索词为"确定举证责任的承担",法律依据为"《最高人民法院关于民事诉讼证据的若干规定》第7条",裁判日期为"2006-1-1 至 2017-4-1",匹配方式为"精确",匹配对象为"全篇"。检索结果为:民事判决书611份。经过对611份判决书进行分析,去掉其中不是真正运用裁量分配规则的298份,剩余真正有关举证责任裁量分配规则的判决书只有313份。①

从时间分布来看:在313件案例中,2008年的案例1件,2009年的案例2件,2010年的案例1件,2011年的案例6件,2012年的案例12件,2013年的案例27件,2014年的案例87件,2015年的案例79件,2016年的案例94件,2017年的案例4件(见图1)。2013年、2014年举证裁量分配的案例比2012年显著增加;虽2016年的案例数量达到近些年的峰值,但其与前一年的增幅(18.99%)不及2013年相比2012年(125%)与2014年相比2013年的增幅(222.22%)。2013年案例数量的迅猛增加应当是由于2012年修订了《民事诉讼法》,而2001年最高人民法院颁布的《证据规定》的执行力度却微弱,一直到2008年才出现第一份适用该规定第7条的判决书,且涨幅微弱,虽说颁布的规定都会有一个消化适用过程,但全国人大通过的法律之执行力度与2002年实施的规定相比,差异明显。

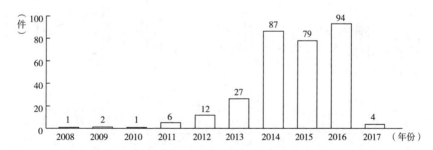

图1 法院适用举证责任裁量分配规则案例的年度分布情况

---

① 由于中国裁判文书网自2013年才有效运行,此前的文书上传不全面;即便在2013年以后,各地法院上传的文书执行情况也不一致。故,本文搜集到的313份判决书,只在现行裁判文书网公布的文书中具有代表性意义,并不能全部体现中国司法实践中对举证责任裁量分配规则的适用情况。

从地域分布来看：东部、中部地区的法院适用该规则的案例数量明显高于西部地区。其中，数量较多的是广东、山东、浙江三省的法院，分别达40件、31件、23件；西藏自治区数量最少，为0件；黑龙江省和山西省的数量也很少，都仅有1件（见图2）。总体来看，东南沿海地区比较多，以广东、山东、浙江等为代表；中部地区次之，以湖南、甘肃、安徽等为代表；西部地区较少，以西藏、新疆等为代表。出现这种分布状况，原因很有可能的是中东部地区经济、教育比较发达，人们的法律意识相对比较强，在经济上收入较高，愿意花费时间、精力和财力来承担诉讼成本，律师办案的水平和能力比较高，提出合理分配举证责任的可能性也就比较大。另外，还有一个可能的原因即西部地区纷争较少，法官并未遇到需适用举证责任裁量分配的情况。

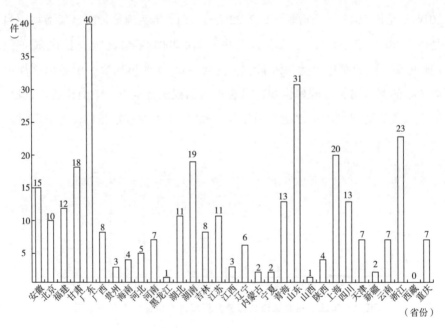

图2　法院适用举证责任裁量分配规则案例的地域分布情况

因适格案例并非众多，本文对每一案例类型与事实做了详细统计。从统计数据来看，在所有案例类型中，劳动纠纷类案例以105件的数量、34%的出现频率高居榜首；储蓄借款纠纷以53件、17%的比例位居第二；

侵权责任纠纷以 50 件、16% 的比例排在第三（见图 3）。劳动纠纷之所以出现率最高，与举证责任裁量分配案例在地理上的分布有一定关联性，因中东部地区经济比较发达，外来打工人员众多，因而发生劳动纠纷的可能性大。而在劳动关系中，劳动者往往处于弱势地位，不论是立法者还是司法者，在法律没有明文规定时，基于公平正义的原则，往往都会倾向于保护弱者即劳动者的利益，从 2007 年颁布的《劳动合同法》便可窥见一斑。

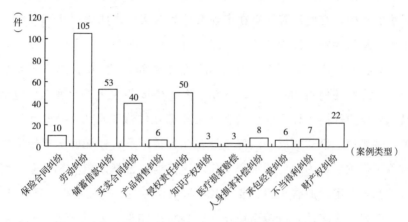

图 3　法院适用举证责任裁量分配规则案例的类型分布情况

在 313 件案例中，案件类型范围甚广，从普通的买卖合同纠纷、劳动纠纷，到侵权责任纠纷、产品销售纠纷，可见在实践操作中，法官对第 7 条的运用越来越熟练，越来越多当事人的利益得到保障。

二　适用混乱：各地法院对规则适用存在多样理解

《证据规定》第 7 条对授权法官裁量分配的情形做了规定，其既对裁量分配的前提条件做了设定，又对如何裁量分配做出了指导。[①] 对作为举证责任分配的一般原则而言，裁量分配虽处于例外和补充地位，但其对有效得到公正合理的判决发挥着不可忽视的作用。然而，通过对所搜集的

---

① 毕玉谦：《民事证明责任研究》，法律出版社，2004，第 145 页。

313 份判决书进行分析发现，对举证责任裁量分配适用正确的案例共有 223 件，占比为 71.25%；90 件案例适用错误，占比高达 28.75%。这表明，我国法院对举证责任裁量分配在理解与适用方面仍较为混乱，常见情形如下。

（一）对事实争议焦点归纳不正确

在民事审判中，针对原被告双方的事实主张，法官应该归纳争议焦点，继而法庭调查也将围绕该有关事实的争议焦点展开。事实争议焦点归纳得准确，法庭调查才能有的放矢，也才能正确适用举证责任规则。然而在司法实践中，有些法院法官在审理案件时对案件事实争议焦点归纳得并不正确，从而导致举证责任裁量分配规则被不当适用。

例如，2010 年王惠林与王佳惠民间借贷纠纷一案①中，原告王惠林诉被告王佳惠归还借款 48000 元，王佳惠称，2008 年大年三十晚上，包永炜持借款协议原件向王佳惠催讨借款，王佳惠在付给包永炜 24000 元后了掉债务，并撕掉了借款协议。法院认为在此种情形下，并无明确规定应由哪一方承担借款协议为原件的举证责任。遂依据《证据规定》第 7 条，将举证责任裁量分配给原告承担，要求其申请司法鉴定，继续承担举证责任。

很明显，本案法官虽援引第 7 条，但援引错误。分析本案可知，原被告双方对借款事实并无争议，因而本案的争议焦点并不是借款是否真实，而是合同是否变更（即以偿还部分款项、撕毁合同书的方式终止了原合同），故法院在此案中适用举证责任裁量分配规则属于不当。这类错误属于前提性、根本性的错误，争议焦点归纳错误，举证责任分配规则适用很难正确。不过，综观本研究搜集到的 313 份判决书，属于此类错误的案例只有 1 件，仅占 0.32%，虽然典型但不具有普遍意义。

（二）对举证责任分配一般规则理解不正确

《民事诉讼法》第 64 条的规定"当事人对自己提出的主张，有责任提供证据"，被认为是证明责任分配的基本法律立场，在此基础上，《证据规定》采取法律要件分类说的做法，先对举证责任的分配做出概括性规定，

---

① 参见《浙江省嘉兴市中级人民法院关于王惠林与王佳惠民间借贷纠纷一案一审/二审民事判决书》（〔2010〕嘉平商初字第 424 号、〔2010〕浙嘉商终字第 390 号）。

然后以列举法对常见的合同纠纷、代理纠纷等的举证责任做出了明确规定，至此，举证责任分配一般规则渐趋完善。同时，该《证据规定》还在第7条赋予法官在法无明文规定时依公平、诚信原则决定举证责任分配的权力，即自由裁量权。然在司法实践中，时常存在法官对一般规则理解错误而导致举证责任裁量规则被不当适用的情形。

例如，原告青州奥邦建材有限公司诉青州市益都建筑工程有限公司买卖合同纠纷一案。① 原告与被告签订了一份买卖合同，但至起诉时被告仍欠原告货款未支付。原告为证明其诉讼请求提供对账单一份，用以证明合同履行情况。而被告辩称对账单上的签名并非其工作人员所为。

对于原告提供的该证据，法院认为，根据《证据规定》第7条的规定，只有依据现有法规无法确定何方需要承担举证责任时，人民法院才可对举证责任进行裁量分配，确定其承担方。本案中，原告提供了对账单且上面有被告及其工作人员的签名，且有录音为证。若被告否认该事实，根据《民事诉讼法》的相关规定，被告应当对其所持的相反陈述承担举证责任，若不能举证则需要承担不利后果。但本案中被告未提供证据证明签名不是其工作人员所为，因而对于原告的事实主张，应当予以采信。

分析本案不难得知，法官在说理中虽援引了第7条，但实属错误援引。本案中被告是否清偿其所欠原告主张的款项属于合同履行，在此种情形下应当如何确定举证责任的承担于《证据规定》第5条中有明确规定，所以确定由本案被告承担举证责任的依据其实为一般规则，法官却误用裁量。由此，可进一步思索，谁否认（在本案中即签名真伪之争议），谁举证，是否为裁量分配的本意？而对其之适用又与一般规则有何关系？从案例数量上看，5件案例，1.60%的错误率显示该类错误在司法实践中并不十分常见。

（三）对举证责任裁量分配的适用条件认识错误

根据《证据规定》第7条的规定，只有在案件事实真伪不明，法律没有具体规定，且依本规定及其他司法解释无法确定何方需要承担举证责任

---

① 参见《山东省青州市人民法院关于青州奥邦建材有限公司与青州市益都建筑工程有限公司买卖合同纠纷一审民事判决书》（〔2016〕鲁 0781 民初 6253 号）。

时，法官才可以依据相关标准裁量分配举证责任。换言之，如果案件事实分明，或者法律、本规定或司法解释已有明文规定的情形下，不得适用该规则。但实践中，有些法官并未严格遵守这些前提条件。

例如，原告夏雪莲与被告谢骐临、第三人沈祖兵承揽合同纠纷一案。① 根据原被告签订的装修协议，原告向被告支付工程款为分期支付。原告支付了装修工程款 16000 元，则被告应当完成相应的装修工作量。经法院释明后，原告明确表示不愿意垫付费用对被告已完成的装修工程量进行评估鉴定，这种情况下法院就无法对已完成的装修工程量及对应的装修工程款做出认定。

鉴于此，法院遂根据《证据规定》第 7 条之规定，因被告经法院传票传唤，无正当理由拒不到庭参加诉讼，视为其放弃了举证、质证、辩论等权利，同时，结合原告的陈述和证据，可以认定原告事实主张，遂支持原告请求。

由上述法官的说理可发现，法院既已认定事实，为何还要援引第 7 条？只有在案件事实真伪不明时才可能产生证明责任问题，适用的法律规范不明确并不能出现证明责任问题。② 在上述案件中，法官既已认定事实，只需根据法律相关规定进行判决即可，无须也不应当再援引第 7 条的规定，可见其是对举证责任的前提条件认识错误。

（四）概念混淆

在对错误案例分析时发现，实践中经常将举证责任的裁量分配与其他法律概念相混淆，导致对其适用不当。此类型错误可分为以下几类。

1. 裁量分配与证明妨害混淆

原告连云港凯柏贸易有限公司与被告河南鑫洋机械设备有限公司买卖合同纠纷一案，③ 原告称被告出售给其的设备无法正常使用，故要求解除

---

① 参见《重庆市沙坪坝区人民法院关于夏雪莲与谢骐临承揽合同纠纷一审判决书》（〔2017〕渝 0106 民初 1485 号）。

② 林海：《论民事证明责任分配制度》，硕士学位论文，复旦大学，2011，第 7 页。

③ 参见《江苏省连云港市中级人民法院关于连云港凯柏贸易有限公司与河南鑫洋机械设备有限公司买卖合同纠纷一审/二审判决书》，（〔2016〕苏 0703 民初 433 号、〔2016〕苏 07 民终 3135 号）。

买卖合同，退付货款。一审法院判决原告胜诉，被告不服，诉至二审法院。二审法院认为，本案争议焦点之一为涉案设备是否存在质量瑕疵致使合同目的不能实现。对于上述问题，被上诉人对其提出的讼争设备存在质量瑕疵的主张负有举证责任，该设备几经修理或调整，仍不能正常使用，但原因不明，被上诉人遂向人民法院申请对讼争设备做质量鉴定，但鉴定所需的技术资料等证据均为上诉人持有，被上诉人难以举证。

本案中，二审法院认为，依据《证据规定》第 7 条、第 75 条的规定，根据公平、诚信原则等衡量标准与因素，将该事实主张的举证责任分配给上诉人。同时，在法院已释明的情况下，若其无正当理由仍拒不提供其所持的有关证据，上诉人将承担不利的法律后果。虽然被上诉人对涉案设备的质量瑕疵承担举证责任，但其举证所需材料均被上诉人掌控，且上诉人无正当理由拒不提供，从而致使案件事实无法查明，在此种情况下，法官依据第 7 条将举证责任分配给上诉人且由其承担举证不利的法律后果。虽然由上诉人承担举证责任并无不妥，但其所依据的并非举证责任的裁量分配，而是证明妨害。首先，本案在审理过程中并未出现符合举证责任裁量分配的适用条件，而且，上诉人的行为明显构成证明妨害，法官将举证责任分配给其的行为也符合证明妨害的法律后果。对此，笔者在下文会有详细论述。

2. 与实体法上的公平、诚信等原则混淆

在民事实体法的基本原则中，有公平原则和诚实信用原则，而在《证据规定》第 7 条中，也有关于公平、诚信原则的规定，故而在司法实践中，会有将其二者相混淆以至于造成错误适用的情况。

例如，屈玲玲、徐志俊与陈祎房屋买卖合同纠纷一案，[①] 原告屈玲玲、徐志俊诉被告陈祎解除房屋买卖合同并承担违约责任。本案争议焦点在于被告如何承担违约责任。其中关于违约金金额如何确定，法官将其判决的心证陈述如下。首先违约金金额由当事人所签订的买卖合同确定。其次，根据法律规定，约定的违约金低于造成的损失的，当事人可以请求人民法

---

① 参见《上海市第二中级人民法院关于陈祎与屈玲玲、徐志俊房屋买卖合同纠纷一审/二审判决书》[〔2015〕宝民三（民）初字第 411 号、〔2015〕沪二中民二（民）终字第 2158 号]。

院予以增加；约定的违约金过分高于造成的损失的，当事人可以请求人民法院予以适当减少。而因违约金过高要求调低时，应当以实际损失为基础，兼顾合同的履行情况、当事人的过错程度以及预期利益等综合因素，根据公平原则和诚实信用原则予以衡量，[①] 并做出裁决。

在该案件的二审判决书中，法官的心证被清晰列出，同时《证据规定》第 7 条也被明确援引，但是，判决书的说理中，并没有适用第 7 条的前提条件或产生相应的法律效果。对本案中提到的有关违约金过高或过低的调整，我国《合同法解释二》中有明确规定，法官可根据民事实体法中的公平原则对其进行调整。法官裁量分配举证责任所依据的公平或诚信原则，是在案件事实真伪不明时行使裁量权所依据的标准，与实体法中的不同。显而易见，在该案中，法官将第 7 条中提到的公平与诚信原则与实体法中的相混淆，该类错误在 313 件案例中只有 1 例，较为罕见。

3. 举证责任分配与举证责任转移混淆

例如，原告枣阳市私立实验小学起诉被告人民财保枣阳支公司进行理赔的保险合同纠纷一案。[②] 原告诉称其单位的教师代立会在上厕所时不慎摔倒昏迷，经医院抢救无效死亡。原告为此支付医疗费、丧葬费等费用。原告在被告处投有教职员工校（园）方责任保险，因其赔偿后向被告提出理赔遭到拒绝，特提起诉讼。被告辩称：死者的死亡原因不在保险责任范围中，且合同中明确约定，保险人对职业病之外的疾病发作致死不负责赔偿。一审法院经审理后，支持原告诉讼请求，被告不服，上诉至二审法院，其上诉称：本案被保险人员工死亡不属于保险事故和保险责任，保险人不负责赔偿。

一审法院认为，原告与被告所签保险合同为有效合同，且原告某教师所发事故属于教职员工校方责任保险合同中约定的保险事故范畴，被告作

---

① 参见《最高人民法院关于适用〈中华人民共和国合同法〉若干问题的解释（二）》（简称《合同法解释二》）第 29 条的规定。

② 参见《湖北省襄阳市中级人民法院关于人民财保枣阳支公司与枣阳市私立实验小学保险合同纠纷一案一审/二审判决书》（〔2013〕鄂枣阳北民初字第 00266 号、〔2014〕鄂襄阳中民三终字第 00046 号）。

为承保人，应当依约承担保险责任。后被告以被保险人员工死亡不属于保险事故和保险责任为由提出上诉。针对该争议，二审法院援引《证据规定》第2条、第7条及相关法律的具体规定进行关于对被保险人死亡原因的举证责任分配。其认为，在本案中，在该教师摔倒陷入昏迷状态后，被上诉人系列做法符合保险合同约定，履行了上述法律规定的及时通知义务，故不存在被保险人对因通知不及时致使事故性质、原因、损失程度等难以确定的部分承担赔偿责任的情形。因被保险人已完成初步举证义务，若保险人提出了合理的协助调查或补充提供证明材料的要求，应认为将产生免除保险人举证责任并使被保险人再次承担举证责任的效果。此处的举证责任承担者由保险人变为被保险人，明显为举证责任的转移而并非本案法官所援引的《证据规定》第7条，即举证责任的裁量分配。同时，本案判决书中还写道，本案并无证据表明上诉人曾要求被上诉人协助调查或补充提供证明材料，故上诉人应承担举证责任，在其举证不能时应承担举证不能的相应法律后果，承担保险赔偿责任。此处的举证责任可视为法官错误适用裁量权分配举证责任产生的后续错误问题，若按照举证责任转移来确定举证责任的承担，则转移的只有主观举证责任，客观举证责任并不会转移。产生此类错误的原因是将举证责任的裁量分配与举证责任转移相混淆，而对于二者的区分，笔者将会在下文详述。

从案件数量上看，在313件案例中，有5件涉及举证责任转移且法官援引《证据规定》第7条进行了举证责任裁量分配。从案例类型看，除典型的保险责任类案例外，涉及举证责任转移的大多为侵权责任类，本应为侵权责任人因无法证明自己具有免责事由而承担结果责任，而法官往往将《证据规定》第7条作为依据对举证责任进行裁量分配。

4. 与表见证明混淆

表见证明是法官在诉讼证明过程中运用经验法则从已知事实推论未知事实的证明手段，其运用要具备经验法则和典型事态经过两个要件，[1]《证据规定》第9条对之也有相关规定。从对案例的分析中发现，司法实践中其经常被与《证据规定》第7条的适用相混淆。

---

① 姜世明：《新民事证据法论》（修订二版），学林文化出版事业有限公司，2004，第212页。

例如，原告张石文诉被告云南巨星饲料有限公司买卖合同纠纷一案。[①]原告诉称原被告双方签订销售合同，约定原告向被告供应饲料，至起诉时被告尚拖欠原告货款。被告辩称其仅欠原告所请求的货款的一部分，其余的均已付清。

分析本案可知，原被告双方签订销售合同，被告尚欠原告货款，但对于所欠数额，双方所认可的却并不一致。法官在判决书中明确写道，对于原告提交的证据，根据《证据规定》第7条的规定，法院认为，在分配举证责任时，距离待证事实更为接近或更具取证条件的当事人，应对该待证事实负有举证责任，本案中，原告已就其将货物交给被告安排来提货的承运人这一事实向本院提交了相应证据，此时，基于被告就其安排何人来承运货物这个事实的举证能力更强，因而举证责任转移至被告一方，然而，被告却未能提出相关证据，且其所持有的并不清楚自己安排至原告处的运输人员身份的陈述明显不符合日常交易习惯，至此，法院对原告主张事实予以确认。在此案中，对于案件的关键即提货人的身份问题，法官根据交易习惯经验法则，判断被告对此项事实承担举证责任，而被告的陈述却违反经验法则，因而，由其承担不利的法律后果。由此分析，将是否已提货的举证责任分配于被告承担，因其所持自己对于提货一事一无所知的陈述而未充分地尽到举证责任，遂承担不利法律后果，其依据的是交易习惯的经验法则，而非依据《证据规定》第7条进行了举证责任裁量分配。

与之类似的还有依据比较优势而进行举证责任分配的案件，经过原被告双方的分别举证行为，按比较优势做出认定，而非由法官裁量分配举证责任。属于此类型的案例有30余件，虽不算太多但也不容忽视。

（五）多余援引

法院所做出的判决书，被要求将所适用的法律法规在其中明确列出。在分析中发现，众多判决书，虽列明《证据规定》第7条，但在整份判决书的说理中，并未涉及法官自由裁量举证责任分配之事，或虽有涉及但并未明确阐释，遂有多余之嫌。

---

① 参见《云南省昆明市中级人民法院关于张石文与云南巨星饲料有限公司买卖合同纠纷一审/二审判决书》（〔2013〕西法民初字第4319号、〔2014〕昆民二终字第00715号）。

例如，原告六安市中擎建设置业有限公司与被告朱某某、许某某等的所有权纠纷一案①，被告以卫生小组的名义阻止原告正常经营管理，给原告造成巨额经济损失，所以原告将被告起诉至法院要求被告停止侵害，归还车库并赔偿损失。再审法院认为：本案所讼争的车库，所有权明确，但其所有权须待相关行政部门确权后，另行主张。被告侵占车库，没有合法根据，应当立即停止侵害。对原告提出的请求，因车库所有权归属暂不能确定，本院依法不做处理。

分析该案例可知，虽判决书中明确载明援引《证据规定》第 7 条，但是，不论是在案件的事实还是法官的说理中，均未涉及对举证责任的自由裁量，且本案案件事实清楚，在案件审理中并不存在第 7 条的适用条件或法律效果，故其对第 7 条的援引明显多余。在统计中发现，涉及此类问题的案例数量多达 49 件，可见在司法实践中仍有大量法官对第 7 条存在认识错误，对于举证责任的自由裁量未形成统一观点，另外，大量存在的"以防万一""以备不时之需"的心态，使第 7 条处于"多余"的尴尬地位。

三 疑问与反思：举证责任裁量分配该如何定位

通过对大量案例的分析不难发现许多值得思索的问题，如举证责任与认定事实的关系，若一方当事人未举证，可否直接推定对方主张为真，而又可否因其未充分尽到举证责任而直接推定对方主张为真，等等。笔者主要就以下几个问题展开论述。

（一）举证责任功能的正确定位

证明责任就其本质而言是一种败诉风险负担，证明责任作为裁判机制就是使经由法律公正分配而承担败诉风险的一方当事人承担不利后果。②客观举证责任乃事实存否不明之诉讼状态下衍生的法律适用问题，实际上，它与法官的事实认定存在某种联系，会对其产生一定影响。如果法官不能正确地分配举证责任，就会不可避免地产生事实认定错误的可能。因

---

① 参见《六安市金安区人民法院关于六安市中擎建设置业有限公司与朱明友、许少荣所有权纠纷一审判决书》（〔2012〕六金民二初字第 01525 号）。

② 霍海红：《证明责任：一个功能的视角》，载《北大法律评论》2005 年第 6 卷·第 2 辑，北京大学出版社，2005，第 143 页。

而，举证责任的功用并不是认定一方主张或事实，相反，其与认定事实之间并无必然联系，分配举证责任之功用亦然，它只在法官无法查明案件真相，而现有法律或司法解释对此种情况又无任何规定时存在。"由于事实的真相无法查明，即不能够揭开案件事实真实的面纱，就只能以某种人们普遍接受的公正性规则做出判决"，[①] 而它能够经得住程序和实体的正义性要求之检验，这才是举证责任分配的存在意义与价值追求。

（二）举证责任裁量分配机制的必要性

由上述分析，可能会产生颇多对法官进行举证责任裁量分配的质疑，如胡学军教授曾明确在文章中指出，"最好是能够杜绝法官依自由裁量权分配证明责任，而应尽量在审理前能让当事人清楚各自应负的作为诉讼风险的证明责任"。[②] 对此，笔者并不认同，虽该项裁量权在司法实践中存在问题，但将其杜绝并非最好的解决方式。

反对法官拥有自由裁量权的理由，主要为三方面。第一，规范说中证明责任分配规则没有例外，法官不具有分配举证责任的权力，其与自由裁量权并不相容，法官分配举证责任只是对规范说分配举证责任要义的违反；第二，我国立法的适度超前性、最高人民法院规范性司法解释的临时立法功能以及我国独特的案件请示与个案批复制度使我国的法律机制完全能应付特殊新类型案件的处理并形成相应典型判例；第三，有利于加强对提高司法公信力有巨大影响的司法裁判的可预测性，以及与之相关的法律的确定性与稳定性。[③] 对此，笔者的观点如下。首先，虽然多数学者主张将规范说作为我国举证责任分配的原则，但我国并未明确将其作为证明责任分配的基础，而是采取包容、全面的态度和折中的做法，兼采各家之长。因而，允许法官裁量分配举证责任，并未形成内部矛盾与冲突。其次，随着立案登记制度的确立，案件数量与日俱增，这对司法效率提出了更高的要求，虽司法解释等可以起到一定弥补法律漏洞的作用，但其滞后性与案件解决的迫切性仍存在巨大反差。最后，对于法律规则的确定性与

---

① 张卫平：《守望想象的空间》，法律出版社，2003，第222页。
② 胡学军：《法官分配证明责任：一个法学迷思概念的分析》，《清华法学》2010年第4期。
③ 参见胡学军《具体举证责任论》，法律出版社，2014，第155页。

稳定性，个案处理的灵活性是否具有更高价值？笔者认为，我国是成文法国家，法律具有确定性与稳定性毋庸置疑，在满足一定条件下赋予法官一定的自由裁量权，可视为对法律体系的有益补充，且有利于个案正义，这并不是对确定性与稳定性的反对与挑战，对我国法律体系形成形式逻辑上的周延性亦有一定有益作用。

当然，从实践情况来看，举证责任的裁量分配仍需从法律规范、程序制度及法官能力等方面加以完善。

（三）举证责任裁量分配规则适用位阶

对于我国按规范说分配举证责任时法官在何种情况下享有这种灵活分配证明责任的权力这一问题，可谓众说纷纭。若要明确举证责任裁量分配的适用条件，首先应厘清其与举证责任一般原则的关系。

首先，举证责任的裁量分配与一般原则并不冲突，一般原则是举证责任的基本立场，而裁量分配是其重要补充，二者均是我国举证责任分配体系中必不可少的部分。

其次，举证责任的裁量分配与一般原则在适用上的顺序问题。在举证责任的分配问题上，根据特殊优于一般的基本原则，符合特殊案件情形时适用例外规定无可厚非，但是，在不属于此种情形时，是优先适用《证据规定》第 2 条的一般规定，还是直接运用第 7 条的自由裁量呢？若适用第 2 条，第 7 条是否还有存在的必要与价值？如直接运用第 7 条，那与其适用前提之一的"依本规定无法确定举证责任承担"是否冲突？其实，学界对我国举证责任分配的一般原则是否因《证据规定》第 2 条第 1 款而确立尚未有定论，如果以规范说的要旨来解释这一条文，那它也如同《德国民法典》第一草案第 193 条一样属于所谓的"世界习惯法"，其背后隐藏着"成打的实质性目的和价值"。[①] 所以，其存在并非以适用为主要目的与价值。另外，从最高人民法院司法解释确定的证明责任分配"一般原则—例外规定—裁量分配"的顺序和结构也可以窥探出一般原则的地位与价值。从条文内容来看，其规定太过空泛而难以适用，严格按照条文内容进行判决将难以保证每个案件的公平公正。因而笔者认为应先适用裁量

---

① 胡学军：《具体举证责任论》，法律出版社，2014，第 149 页。

分配。

最后，虽然优先适用，但为防止法官滥用裁量权，需对其适用条件进行明确与限制。根据《证据规定》第 7 条的规定，可总结出举证责任裁量分配的适用条件，即在法庭调查与辩论结束时，案件的主要事实仍真伪不明，且据现有法律、本规定和司法解释均不能确定该案件中举证责任的分配。而对于举证责任的适用，还有一种被广泛接受的观点，那就是认为法官分配举证责任并非以法律、司法解释未有规定为前提，而是在依上述规定确定的举证责任分配不能达到所谓公平正义的结果时运用裁量权对其进行修正。肖建华教授认为，在法律没有规定的情况下，法官依据当事人的举证责任契约或法律要件分类说确定举证责任分配并做出判决，若做出的该判决是有违司法公正的，法官仍可不遵循上述两种依据而径行通过利益衡量对举证责任进行裁量分配。① 笔者认为这种观点已经超出了法律规定的文义解释范围，然而在司法实践中很多法官采用的就是该种观点。通过分析上述案例可知，许多案件②在法官错误地适用自由裁量权后，得到了所谓"公平正义"的结果，可是按照正常的法律规定或司法解释进行判决，仍可得到相同结果。由此可见，在司法实践中很少会出现运用举证责任分配规则而导致所谓的有违公平正义的结果，因而这种观点实质上为许多法官逃避运用法律或司法解释等来进行证据评价和事实认定提供了保护，例如像上述案例中对《证据规定》第 7 条的多余援引。

（四）举证责任裁量分配与举证责任转移关系的厘清

举证责任的分配，实质上就是法律对客观证明责任的预先分配。而举证责任转移，是指民事诉讼中，在当事人各方提供本证证明自己的事实主张、提出反证反驳对方的事实主张的过程中，提供证据的责任（主观具体的证明责任）在当事人各方的来回转移。③

通过上文分析可知，典型案例④二审时虽援引了《证据规定》第 7

---

① 参见肖建华《民事证据法理念与实践》，法律出版社，2005，第 178~179 页。
② 如上述的多余援引类、概念混淆类等案例。
③ 肖建国、包建华：《证明责任：事实判断的辅助方法》，北京大学出版社，2012，第 57 页。
④ 上文"举证责任分配与举证责任转移混淆"部分提及的案例。

条，但认为对有争议的保险原因的确定需要各方协同，这是一个动态的过程，故举证责任在"原告—被告—原告"之间动态转移，此处的举证责任指的是主观举证责任，但对败诉风险的承担并没有转移，因而，产生举证责任转移效果的原因并非举证责任的裁量分配，而是举证责任转移。可能会有人产生疑问，法官裁量分配举证责任，分配的是主观举证责任还是客观举证责任呢？笔者认为，是客观举证责任。举证责任是败诉风险的负担，而客观举证责任恰恰与其具有相似作用。若法官裁量分配的是主观举证责任，而被分配一方没有尽到举证责任，此时其似乎并不需要承担任何不利后果。例如，法官将举证责任（主观举证责任）分配给不负客观举证责任的当事人，除非负客观举证责任一方进行充分的举证活动使其事实主张逐渐明了，法官形成心证，否则即使不负客观举证责任方没有尽到举证责任，其也不会承担败诉风险，此时举证责任的裁量分配也就失去了意义与价值。由此，可以总结出裁量分配与举证责任转移的不同。首先，举证责任的转移仅针对主观具体的举证责任，客观举证责任不会发生转移，而举证裁量分配的是客观举证责任；其次，举证责任转移在整个诉讼过程中不断发生，而裁量分配只有在符合其适用条件时才会发生。

（五）裁量分配与证明妨害关系的厘清

一般认为，证明妨害是指不负证明责任的当事人，在具备一定主观归责要件（如故意、过失）的情况下将证据毁灭、隐匿或妨害其利用，使负举证责任的当事人承受败诉判决，为避免产生不公平的结果，在事实认定上，就负举证责任的当事人的事实主张，做对其有利的调整。[①] 在司法实践中，有颇多法官将其与举证责任裁量分配相混淆。

上述有关典型案例[②]中，法院将争议的举证责任分配给上诉人，是因其实施证明妨害行为而承担该行为的法律后果，还是法官依据《证据规定》第 7 条而进行的裁量分配？显然，应为前者。《证据规定》第 75 条的规定，[③] 指的是一方当事人在不承担举证责任时若实施证明妨害行为所要

---

① 黄国昌：《证明妨碍法理之再检讨》，《法学丛刊》2005 年第 4 期。

② 上文"裁量分配与证明妨害混淆"部分提及的案例。

③ 《证据规定》第 75 条规定："有证据证明一方当事人持有证据无正当理由拒不提供，如果对方当事人主张该证据的内容不利于证据持有人，可以推定该主张成立。"

承担的不利后果，而第25条第2款则是对承担举证责任一方当事人若实施证明妨害行为所要承担不利后果的规定。[①] 对证明妨害的制裁，同样是在证据评价领域对证据、事实的认定规则的变更，[②] 其不涉及法官对举证责任裁量的分配，自然也与举证责任无关。

证明妨害的法律后果主要有两种。第一种为举证责任的转换或者拟制自认，第二种为证明难度和证明标准通过法官进行自由评价而降低或者减轻，而易与裁量分配举证责任混淆的是第一种。举证责任的转换会使举证责任的分配发生转换，一方当事人在实施证明妨害行为后，即使不承担举证责任，也会在事实真伪不明时承担不利后果。拟制自认则是指将对方实施妨害行为视为妨害方承认了对方当事人提出的事实主张，[③] 这虽可能会与第7条的适用产生相似的结果，但二者存在明显的不同。由此分析可知，在上述案例中，是上诉人的妨害行为导致了举证责任转换，而非法官的自由裁量。这也警示我们将举证责任转换、拟制自认以及降低证明标准等与自由裁量相区分，不要将它们混淆而造成错误援引。

四　完善我国举证责任裁量分配制度的立法建议

举证责任裁量分配的存在有一定的必要性与价值，但仍有颇多需完善之处，除需要全面提高法官司法能力等必要做法外，立法是不可缺少的一环。笔者将在上述基础上对举证责任裁量分配的中国范式进行总结，并对其完善提出立法建议。

（一）我国举证责任裁量分配的范式

《证据规定》第7条首次明确赋予法官在具体案件处理中分配举证责任的自由裁量权，虽条文中包含适用的具体条件，但在具体运行中仍参差不齐，与大陆法系和英美法系均不相同，形成具有中国特色的范式。

---

① 《证据规定》第25条规定："对需要鉴定的事项负有举证责任的当事人，在人民法院指定的期限内无正当理由不提出鉴定申请或者不预交鉴定费用或者拒不提供相关材料，致使对案件争议的事实无法通过鉴定结论予以认定的，应当对该事实承担举证不能的法律后果。"

② 肖建华、周伟：《民事证明责任分配体系刍论》，《北京科技大学学报》（社会科学版）2009年第4期。

③ 肖建国、包建华：《证明责任：事实判断的辅助方法》，北京大学出版社，2012，第313页。

一般认为大陆法系举证责任分配理论的通说是"法律要件分类说"，其中影响最大的是罗森贝克的"规范说"，该观点不同意将举证责任裁量分配的权力交给每一个审理案件的法官。但是随着经济社会的发展，新的法律现象与问题不断出现，由于成文法固有的滞后性，许多问题并不能从现有法律规范中找到答案与依据，而法官又不能以法律没有规定为由拒绝裁判，此时其不得不根据一定的标准，对举证责任进行裁量分配，例如1968年德国最高院对一起鸡瘟引起的产品责任案做出的判决。由于大陆法系是成文法体制，这种通过司法创制的法律并不会太长久地处于"判例法"的状态，往往很快就会被吸收进新的成文法律之中，成为法律要件分类说的一部分，因此法官的这种证明责任分配只能是极个别的、暂时的。[①]我国的举证责任裁量分配有司法解释的明确授权，并不是暂时的，与其不同。与大陆法系的举证责任分配理论相比，英美法系的更注重实用，简单明了，其认为不存在举证责任分配的一般标准，法官往往在个案中考虑若干因素后做出决定，拥有绝对的自由裁量权。我国举证责任分配体系由一般原则、具体规定和例外规定等组成，举证责任裁量分配的适用须满足一定条件，与英美法系不同。

由上述分析可知，我国举证责任裁量分配折中了大陆法系与英美法系的特点，在具有完整举证责任分配体系的环境中运行着，但其规制得太过笼统空泛，导致其虽在成文法的环境中却并未因此受到限制，反而为法官滥用权力打开了方便的大门，上文中提到的适用错误也频繁发生。

（二）从立法层面完善的必要性

有法律的明确授权是一项制度良好运行的基础，但仅仅如此显然不足，须有严密的配套规则体系支撑其运行。然而，我国目前对举证责任裁量分配，仅有过于概括和笼统的《证据规定》第7条这一则规定，以致法官的自由裁量空间过大。针对实践中法官对举证责任裁量分配理解不一致甚至错误，导致大量对其误用案件的存在问题，除提高法官的专业水平和道德素质外，笔者认为应从立法层面进行完善，细化适用条件，统一标准，完善相关诉讼程序。

---

① 胡学军：《法官分配证明责任：一个法学迷思概念的分析》，《清华法学》2010年第4期。

（三）从立法层面完善的建议

1. 细化适用条件

《证据规定》第7条虽对举证责任裁量分配的适用条件有所规定，但不够明确，且可解释范围大，具有极大的恣意性与不确定性，遂应将其细化，严格限制适用条件。例如，裁量分配所适用的案件范围、所适用的时间以及双方当事人的意愿等都可以被考虑在内，进行具体细致的规定，明确限制裁量权的适用条件。

2. 统一标准

根据现有法律规定，法官分配证明责任所依据的标准不外乎公平原则、诚实信用原则以及当事人的举证能力，然而这些标准都不是清晰的。尤其当案件事实真伪不明时，标准的模糊性与适用时的多种选择性必然导致法官的裁判具有极大的不确定性和巨大的弹性空间。不同的法官面对同一案件可能会产生不同的价值判断与选择，因而极易产生同案不同判的结果。所以，明确举证责任裁量分配的标准十分重要，将模糊标准通过立法进行明确、细化，形成统一标准，从而缩小法官自由裁量的空间。

3. 从程序方面进行完善

在程序方面，首先，明确法官的释明义务。在民事诉讼活动中，当法庭调查与辩论终结，然待证事实仍真伪不明时，法官如果运用《证据规定》第7条赋予之自由裁量权分配举证责任，为保障当事人的诉讼权利，监督并促使自己依法行使自由裁量权，应在法庭辩论终结后、判决做出之前，将举证责任的分配结果及其理由告知双方当事人，并阐明相应的法律后果。正如法国思想家孟德斯鸠所言，"一切有权力的人都容易滥用权力"。为保证法官有效履行该义务，须制定相应的配套处罚措施，即如果一审法官未对适用自由裁量权分配举证责任的情况进行充分释明，而径行做出判决，二审法院可因程序瑕疵而将该判决发回重审。

其次，裁判文书中须载明法官在举证责任裁量分配中自由心证的过程。法官在裁判文书中对裁判理由进行充分阐述，让法官自由裁量权在阳光下行使，接受人们的监督，可以在一定程度上阻却法官自由裁量权行使的恣意性，有效地防止其被滥用。同时，法官细致的说理，可以使败诉方明确法官的审判理由和依据，从而更加信服，降低起诉率。社会公众也可通过该文书的公开了解或者基本了解法官自由裁量分配举证责任的运用过程，从而使这种裁量分配获得当事人及社会公众的一般认可与信赖，上级法院在受理上诉或申诉后也可较便捷地了解初审法院的审理思路与审判依据，从而确认举证责任的裁量分配之适用是否合法，进而提高司法效率。

最后，赋予"被裁量承担举证责任方"知情权与异议权是十分必要的。从权利义务对等角度而言，上文中论述了法官有对举证责任裁量分配向当事人释明的义务，即保障当事人的知情权，相对应的，赋予当事人对裁量分配的异议权也是十分必要的。面对数量庞大且案情迥异的案件，法官极有可能做出分配举证责任不公正的情形，所以，应当建立起相应的裁量分配举证责任异议程序，赋予当事人为自己抗辩的权利。

五 举证责任裁量分配的中国意义

中国特色社会主义法制体系，以本土实际情况为基础，对外来理论"取其精华，去其糟粕"，融会贯通，以规范说为基础，兼采举证责任裁量分配理论，形成独特举证责任体系，因而有独特意义。

首先，保障举证责任的公平分配。举证责任裁量分配的意义就在于当事实真伪不明、法律又无明文规定的情形下，法官根据公平原则、诚实信用原则，综合当事人的举证能力，合理分配举证责任，一方不会因为由己方以外的原因导致的举证能力较弱，处于不利地位，遂承担举证不利的法律后果，另一方也不会因不承担任何举证责任而轻松胜诉。

其次，促使法官群体司法素质的提高。举证责任的裁量分配要求法官具有较强的司法能力，所以，法官拥有较高的司法素质是该制度适用的前提和基础。随着举证责任裁量分配适用范围的扩大，法官群体司法素质的整体提高会是必然趋势与结果。

最后，促进民事裁判的正当性。在法律或者司法解释没有相关规定，案件仍需要进行判决时，法官需要根据具体案情，依据公平或诚实信用等原则，综合各种因素，对举证责任进行合理分配。这不仅是对法定举证责任分配规则的有益补充，也是促进民事裁判正当性的有益举措。

The Chinese Paradigm of Courts' Discretion to Allocate the Burden of Proof

—an Analysis Based on 313 Civil Judgments from China Judgments Online

Feng Zihan

Abstract:On the basis of reference to the theory of burden distribution of proof in civil law, "The Supreme People's Court on the provisions of the evidence of civil litigation" has made the article 7th set up the burden of proof allocation rules explicitly, as a supplement to classify the legal elements of the burden of proof. The rule has been implemented for 16 years, and the number of judicial instruments of the Court invoking the rule has been more than 300. Judging from the total quantity, the number of referee instruments that apply the rule is not much, and it has accumulated some experience and some problems in the practical situation. On the basis of empirical analysis, it is necessary to further clarify and optimize the rule system of the burden of proof.

Keywords:Burden of Proof; Discretionary Allocation; Chinese Paradigm

对犯罪学研究方法的研究

陈　晨*

摘　要：犯罪学数十年来一直沿用实证研究的方法，这种研究方法受研究对象的限制。它是以某一时空的数据为依据而对理论的提炼，一旦出现反例则无法自圆其说；并且前一个时空的数据是否可用于后一个时空，其科学性也遭到质疑。针对实证研究方法的这些缺陷，现实中需要一种新的方法来应对不断发展变化的犯罪形势，笔者提出的功能研究方法即这样一种预测犯罪、干预犯罪率的方法。通过对不同国家犯罪情况的比对，我们可以突破犯罪的地域，找出其内在规律，以期对未来犯罪的比率在数值上做出一个科学的预测。

关键词：犯罪学；研究方法；功能研究；犯罪预测

引　言

西语中，"犯罪学"一词首先出现在意大利语中，之后是法语、英语和德语。犯罪学的研究思路也是由表及里（从生物到心理），由个体到社会（个体因素到犯罪社会学）。犯罪的逻辑起点是犯罪学的研究任务，它应具有社会性；犯罪学的研究对象，即犯罪的概念，应具有价值性；犯罪学的研究方法，也应具有科学性。因此，犯罪学需要解决三个问题。第一，研究什么，即犯罪，这个概念由马克思回答了，但犯罪学领域对其却达不成共识。既然犯罪学要研究什么，学者们不清楚、不好确定，那么就看看犯罪的危害是什么，就像医生给病人治病一样，犯罪学也是在研究犯罪的症状。犯罪发生后，这个地区的犯罪率指标就会升高。第二，怎样研究犯罪。第三，为什么研究犯罪。笔者先回答第三个问题，研究犯罪，是为了降低犯罪率指标，因为出发点是犯罪概念，而非犯罪现象，所以第三个问题的答案不能是打击与减少犯罪。第二个问题就是本文要解决的，即

---

*　陈晨，国家检察官学院讲师，中国人民公安大学法学硕士。

犯罪学的研究方法。

笔者认为，犯罪率一直控制不住不是个错觉，也不是社会问题，而是经济发展的必然；犯罪率只能预测，不能控制，预测犯罪率，要达到的目标是不影响社会进步。由于美国司法领域不平等现象依然存在，权力过度干预过犹不及，但缺乏中庸文化做引导，不能有的放矢地解决问题，所以美国对犯罪是一管就死、一放就乱。美国有关犯罪的数据也证明了笔者的判断：20 世纪六七十年代犯罪率升高，80 年代后犯罪率下降。因此，对犯罪的预测都是中观和微观的。笔者甚至认为，实质上犯罪预测都是微观预测，而且对犯罪只能做微观预测。原因就在于预测只能用指标呈现，所有的指标都是微观的。同时笔者也认同对犯罪预测的三点共识：正确的方法、科学的数据、客观的展望。同时，犯罪预测还应从物质基础出发，摒弃定性分析的做法，只做定量分析。在预测内容方面，对犯罪类型的数量、犯罪手段的多少、犯罪率的升降可进行预测。

一　问题的提出

出于三个事件的触动，笔者开始质疑现有的犯罪学实证研究方法，认为实证研究方法已经不能满足现实中犯罪学研究的需要。

第一，2017 年于某故意伤人案判决后，学者们对此案进行了热烈的讨论。对案中涉及的正当防卫问题，从我国法律规定出发，主流观点认为构成防卫过当，应对于某追究相应的刑事责任。用国际上通行的观点看这个案件，于某的行为显然在正当防卫的合理限度内。这就出现一个问题，一样的行为，如果无法平齐国际上的通行标准，就无法保证法律面前人人平等原则的贯彻。为了落实习近平总书记提出的，努力让人民群众在每一个司法案件中都能感受到公平正义，有必要研究不同国家案件处理的情况。

第二，笔者在考察了最高人民法院的大数据收集系统之后，发现这种仅采集国内犯罪情况的数据系统，很难体现国际化的公平性；同时，犯罪学实证研究利用数据的时间与采集数据的时间不同，情况已经发生了变化。这种情况下，法律与社会的对接就显得有点牵强。马克思说过，人是社会关系的总和，而且追求社会效果也不能只调查个案和个体，即使是一个群体概念，只要有存在反例的可能，就不能说它的研究符合社会性。既然犯罪学的研究有滞后性，我国是否可考虑运用大数据系统对犯罪做一个趋势性的预测，以期赶上迅疾向前的时代步伐？

第三，在 2018 年 5 月国家检察官学院举行的"刑事一体化"研讨会上，犯罪学方面的一些专家提到胡云腾曾评论说，犯罪学的研究方法已经十余年没有改变；而储槐植老师用一些法条存在的问题，力图进一步维护刑事一体化的理念。笔者认为，这种从问题到理论的研究路径与哲学上用理论指导问题研究的方法是背离的。正如上文提到的，如果实践中出现反例，理论如何立足。于是，从专家们质疑犯罪学研究方法陈旧的观点出发，笔者开始了对实证研究方法的关注。

二 对现有研究方法的评价

（一）犯罪学实证研究方法的主要内容

对实证研究方法，一般认为是通过对实际案件的研究，包括利用中国裁判文书网公布的案例，提炼出不同类型案件、不同地区案件的特点。目前很多有关犯罪学研究方法的著作也是通过以案释法、以案释理的方式，用有关的案例来阐明法理，再用著名法学家的理论来延伸案例，以期达到对司法实务的指导作用。这就是传统实证研究方法给人的印象。[①]

具体到实证研究的案例，如我国学者用实证的方法对城乡犯罪的差异原因进行了探讨，认为可以从城市的一般地理特征和城市化过程中的问题上寻找答案。[②] 又如，有学者为了研究未成年人暴力犯罪的危险因素，采用"群体案例"加"对照研究"的方法，对少管所因暴力犯罪而被关押的未成年人及其家庭进行问卷调查，按 1∶1 设对照组。基于犯罪社会结构理论、犯罪冲突理论等，这种实证研究的方法主张对犯罪原因和规律的研究，应当运用统计方法。运用犯罪统计学方法的实证分析，主要是围绕以下几个方面进行：对犯罪人的分类、关于罪犯智力发育程度及精神活动障碍等生理和心理素质的资料、犯罪人家庭环境的资料、罪犯婚姻状况的资

---

① 孔祥俊：《法官如何裁判》，中国法制出版社，2017，第 21 页。
② 吴大华等：《犯罪与社会》，四川人民出版社，1991，第 138~155 页。

料、罪犯居住环境的资料、罪犯接受学校教育和社会教育的资料、罪犯沾染恶习的资料、影响犯罪的社会宏观因素等。

（二）犯罪学实证研究方法的缺陷

犯罪学实证研究方法虽然支持了一些犯罪规律的研究，但实务中还是过于本土化，难以应对未来挑战，迫在眉睫的是要解决犯罪学基本理念中的方法论问题。有些学者认为，所谓本土资源，就是来自当下实践与国外的古代实践和思想，① 这里恰恰缺少中国的当代思想，可以理解为目前的中国犯罪学研究，是由国外的犯罪学理论指导中国的实践。学者们也困惑于对犯罪现象进行深入调研的这种实践，很难察觉背后的矛盾与冲突，而简单嫁接社会科学方法，是无法发挥研究作用的。

实证研究是继古典派犯罪学研究之后的犯罪学研究方法。由于受自然科学研究方法的影响，② 加之犯罪现象的特殊性，研究者难以把目光从一件件具体的犯罪事实上移开而进入深层的理性抽象，且犯罪的发生、发展变化错综复杂、千差万别，进行一般概括和抽象困难很大。在这种情况下，实证研究成了犯罪学研究的基本方法，以至于许多研究者仍然无法摆脱"犯罪是个人行为"这种近乎世俗的认识，把全部注意力放在犯罪的具体事实上，③ 对犯罪进行经验性的研究，在具体事实中寻找解释犯罪产生的答案。

进入 20 世纪以后，本来犯罪学可以有突破性的发展。但是，在国外，受自然科学发展的影响，社会科学界出现了一种以自然科学研究方法代替社会科学研究方法的潮流，以定量分析取代定性分析，并以此作为 20 世纪的"社会科学中创造性成就"而加以宣扬。美国社会学家丹尼尔·贝尔说："随着尖端新技术的急剧进展，特别是在引进计算机以后，理论不再仅仅是一些观念和辞藻，而是一些可以用经验和可检验形式加以阐述的命题。再用专门的术语来说，社会科学正在变成像自然科学一样的'硬'科学。"④

① 王燕飞：《犯罪学基础理论研究导论——以国际化与本土化为线索》，武汉大学出版社，2010，第 6 页。
② 张甘妹：《犯罪学原论》，汉林出版社，1980，"自序"部分。
③ 张甘妹：《犯罪学原论》，汉林出版社，1980，"自序"部分。
④ 〔美〕丹尼尔·贝尔：《当代西方社会学》，范岱年等泽，社会科学文献出版社，1988，第 2 页以下。

一般地说，实证研究往往是从实践中反复出现的事实中得出理论结论，不做深层的理性抽象和逻辑推理。因而，虽然理性抽象层次不深，一般都是"微观理论"，但它紧贴实践，与实践直接联系，可以拿来就用，直接用来解决实际问题。社会现象与自然现象不同，如果没有人作为主体的选择这个中介，原因与结果之间的关系就不能实现。所以，对社会现象的因果关系、其他关系和规律等，若不考虑社会现象中人的主观研究，不仅不能得出宏观的深层次理性认识，而且可能损害理论的客观性。过分的实证研究，尤其是接近于经验主义的研究，就会严重影响犯罪学理论的深度，影响犯罪学学科建设。犯罪学缺少必要的范畴，理性抽象不够，与过分的实证研究有直接关系。

一直以来，犯罪实证研究方法认为，犯罪学分为犯罪现象、犯罪原因和犯罪预防三个方面，笔者认为，犯罪是这样形成的，即文化—人—心理—行为—犯罪。宏观上看，犯罪是一种轨迹的错位，就是所谓的"缺乏正直（包括内在与轨迹）"。轨迹冲入别人的生活，就是犯罪。

因此，反观犯罪学研究的三个方面，犯罪现象可以算作一类；犯罪原因也可以算作一类，包括人的心理、年龄、性别及文化特征等。而犯罪预防是不可能的，只能做预测，是对犯罪趋势进行一个长期观察的结果。

三　犯罪学功能研究方法

（一）犯罪学功能研究方法的内容

社会学的功能分析理论认为，"功能"是一个中性的概念，它是指功能事项作用于功能承受单位而产生的可观察到的客观后果。"功能"这个词是指，事物的有机构成部分所具有的能满足事物需要的自然的特定能力。《现代汉语词典》对功能的解释是，"事物或方法所发挥的有利的作用效能"。科学真理的成就将把刑事司法变成一种保护社会免受犯罪这种疾病侵害的简单职能，铲除所有今天尚存的复仇、憎恶和惩罚等未开化时代的遗痕。在社会学里功能一直有四种含义和用法。第一种是指某一变数的价值由其他变数决定。第二种是指有用的活动。所谓有用的活动，就是指需要是有价值的，活动能满足需要的要求，是由需要决定的。第三种是指对社会整合是适当的，这种用法认为有用的活动，并不都是适当的活动，只有适当的活动才是最有用的，对社会整合是必需的。由此观之，适合包含必需的含义。第四种是指有关维持体系均衡的活动。这种用法适用于说明社会制度对社会体系的作用，社会制度是由社会体系决定的。因为社会制度的功能是维持社会体系的需要。①

对犯罪可不可以进行功能分析呢？笔者认为，回答应该是肯定的，但关键是如何进行分析。因为犯罪和惩罚是一定历史阶段普遍存在的现象，犯罪虽然不是社会需要的，但评价犯罪却是社会必需的道德要求和责任，任何满足这种要求和维持这种责任的行为，都是具有功能的。例如，司法机关为消除犯罪行为，就具有维持社会平衡的功能，它们是社会结构的构成部分。

犯罪是个价值性的事实，一般犯罪学研究者都认为自己的学说是对犯罪的全面研究。他们实际上是把犯罪学的分支学科看作犯罪学科了，犯了以偏概全的错误。犯罪学应研究个人的犯罪行为和犯罪人的个性。因此，犯罪学的任务，应放在研究犯罪的逻辑起点上，它是具有社会性的；犯罪学的研究对象，即犯罪的概念，是犯罪研究的逻辑核心，它是具有价值性的；犯罪学的研究方法，则要具备科学性。

根据对犯罪学内容的研究可知，对犯罪现象的研究不应限于中国，随着国际交流的加快以及大案要案的出现，应当将视野更加朝向国际。因此，笔者认为未来的犯罪学研究可以考虑这样的路径：个案研究（按国别）—犯罪规律（从大数据中寻找）—犯罪预测（进行社会控制而非预防犯罪，只在指标上对犯罪做缩减）。

因此笔者认为，将犯罪现象、犯罪原因和犯罪预防作为犯罪学研究对象，在一定程度上是不科学、不客观的。犯罪是不可能预防的，犯罪只能预测，预测的依据就是犯罪的规律，而发现规律的前提，则是有针对性地、分别从不同的案件类型或犯罪主体来收集不同国家的相关数据。

所以，学者们要始终不背离犯罪学研究的初衷。这个初衷就是打击犯

---

① 宋浩波：《人性与犯罪——宋浩波犯罪学论文选编》，中国人民公安大学出版社，2016，第 151 页。

罪、保护人民，使社会治安状况得到有效控制。这就要求对犯罪进行有效的预测，不管是运用刑法的方法还是运用社会学的方法，都会面对预测过程中指标的问题，因此首先要对犯罪率指标予以缩减，即降低犯罪率，是重中之重。

（二）功能研究方法的意义

习近平新时代中国特色社会主义法治理论中，提到要从国内法治向国际法治和全球治理拓展。犯罪的个体因素包括犯罪心理、社会背景、犯罪行为、服刑表现以及成长背景。对这几个方面进行研究，犯罪学的研究才能深入犯罪的趋势中去；而要研究犯罪的趋势，就要打破国别的限制。华勒斯坦教授指出，任何一门学科（或较大的学科群）都必须以学术要求与社会实践的某种特殊性、不断变化的整合为基础。① 认为在刑罚对犯罪无能为力的情况下，犯罪学才来承载有效减少犯罪的历史使命，这种看法是狭隘的。刑罚与犯罪学并不背道而驰，反而应同仇敌忾，共同应对犯罪。在这一点上，笔者更加看重"重刑主义"。犯罪社会条件的减少，只能降低犯罪率这样的指标，并不可能减少犯罪。以减税或取消关税会导致走私犯罪彻底消除这样的例子来证明上述推理并不可取，因为在现今社会关税是不可能取消的。实证研究中方法是"微观""中观"的，但犯罪原因是个体的，笔者主张的功能研究方法是"宏观"的，从国别情况出发，是关注社会现象的，并赋予研究以社会性的甚至国际性，且体现出公平性。

从功能研究方法的视角看，对犯罪原因的研究也会有新的提升。不断有专家提到遗传问题，笔者认为它确实会影响智力，但智力低下不代表一定犯罪。可能犯罪还是和本能有关，即以一种非正常的方式取悦自己，也不是动物性，也不是不适应，应该说是一种低能性，人类用打击犯罪这种方式淘汰它们。犯罪人在进行犯罪行为时，是正常心理，因为他认为犯罪行为是符合他的心理的；而在犯罪行为以外，则反映出一种与自己心理不符合的行为，对他来说，那是不符合的；而对周围的人来说，由于他们只能从行为上看到，从外在的判断来看，犯罪人在不实施犯罪行为时行为是正常的。这也可以解释为什么犯罪行为应当得到法律追究，因为，从主观

① 〔美〕华勒斯坦等：《开放社会科学》，三联书店，1997，第53页。

上说，只要他的行为是符合本人心理状态的，就是正常的、理智的，是应当得到法律保护的。据笔者一段时间的观察，犯罪人在平时大多有酗酒、嫖娼、打架、飙车或者滋事的行为，这算不上犯罪，但对正统的社会来说，他的行为是偏离轨道的，只是没有过分到干涉他人的生活或社会秩序（或者说，叫作别人的工作），如果对其追究就有悖于法律的精神了。所以对犯罪的惩罚是一种社会意义上的优胜劣汰。本能与生俱来，从深度得来的研究却能有高度；从宏观中概括微观犯罪率，且可以预测犯罪率指标的形式引导社会。因此，探索任何功能，都应从社会结构要素的联系中进行，而不能从原因或结果的逻辑联系中去寻找。

（三）犯罪学功能研究方法的论证

目前围绕实务工作的研究，比如最高人民法院的大数据采集系统，还是过于本土化，难以应对未来挑战。因此，犯罪学学界面临的迫在眉睫的问题是要解决犯罪学研究的基本理念问题。有些学者提出，对于国外的犯罪学理论，需要走修正—丰富—发展的道路。犯罪学专家们普遍在运用国外犯罪学理论和国内犯罪学数据结合的方法来研究犯罪现象，有必要改变这种研究思路，建立适应中国特色犯罪国情的研究方法，即犯罪学功能研究方法。扩展纳入研究的犯罪数据，要从一个国家内涵盖所有犯罪类型的数据到世界范围内某一类型的犯罪数据，这样才能对犯罪行为的总和即犯罪现象本身的变动，总结出一定的规律。提到犯罪的全球化解释，对应国别数据，全球化对应一组进程，它反映了区际交往和交换网络系统。"区际交往"和"交换网络系统"这些范畴存在的理论，印证了笔者对犯罪学功能研究方法的应用是科学的、客观的。

同时，不能将功能泛化，泛化的功能是泛功能论，泛功能论的特点是使功能超出了其具有的条件和范围，从而使其变成了谬误。

（四）犯罪学功能研究方法的案例

如何从大数据中找到规律，是功能研究方法的瓶颈所在。笔者认为，只要结合实践中数据库的呈现来进行有目的性的总结就可以实现这种功能。笔者以青少年犯罪这个全世界都关注的话题为例分析。犯罪是个动态的过程，从关系犯罪看，青少年犯罪的国别情况与被害人、国家、环境有着密切的联系。这种联系的共性就是规律。深入地说，对青少年犯罪问题，可以考虑根据不同国家和地区的情况进行汇总，去除各国和地区中与中国相同的规定和做法，只提炼其独特的立法和实践；很多国家和地区对青少年犯罪是持不区分对待态度的，并调整了追究其刑事责任的年龄，甚至有的国家规定年满 7 周岁即可追究刑事责任。对中国来说，也存在这种情况。未成年人在犯罪时反而比成年人更加为所欲为，一方面是因为法律对他们的特殊保护使他们肆无忌惮；另一方面过度的社会宣传，也会导致未成年人犯罪率的增高，将未成年人犯罪视为一般犯罪反而会加重这一反常现象造成的危害。如李某某案，案情曝光后引起大家广泛讨论，后来通过建立案件封存制度，风波才得以平息。因此对未成年人案件应当内部掌握，严格执行相应的保密制度，不宜将案情传播。相应的，也可因一个案件发生，而预测到会有其他案件浮出水面。这是预测，是只做指标上的减缩而非预防犯罪。

（五）犯罪学功能研究方法的创新之处

1. 针对犯罪学研究对象的变化

在研究功能方法论的过程中，笔者发现犯罪生物学也被归为实证学派研究的初级阶段，一时犹豫自己的这个研究成果是否也可纳入实证研究。后来发现二者最本质的区别在于研究的层次是指标，不是案例，故笔者坚定地与实证研究分道扬镳了。

部分犯罪学的教材，也一改传统观点，认为犯罪学的研究对象不是犯罪现象、犯罪原因和犯罪预防，而是犯罪现象、犯罪原因和犯罪预测。笔者也认为，犯罪现象和犯罪原因是确实存在的，也是客观上能够被研究的；而犯罪预防则不然，因此只可能对犯罪进行预测。犯罪预测包括犯罪预防、犯罪政策、社会治安综合治理。犯罪预测的定义也是从数据到趋势，而所谓犯罪趋势，是指在一定的时间段内，犯罪的动态变化过程及其未来走势。[1] 所以说，"科学的研究方法"加上"客观的数据"就能够得出"准确的犯罪预测"。用公式表示就是"研究方法+客观数据=犯罪预测"。

---

[1] 孔一：《犯罪学研究的实证主义范式——理论与方法》，群众出版社，2007，第 20 页。

2. 适当调节犯罪学研究中宏观数据与微观指标的关系

有些犯罪学研究综述中认为对犯罪的预测都是宏观和微观，[①] 笔者认为，功能研究方法虽然对犯罪现象的研究是宏观的，但对犯罪率而言都是微观预测。因为预测都必须以指标呈现，所有的指标都是微观的。心理学方面其实也是把犯罪人看成"经济人"，犯罪预测不是书中所谓实证研究，而是功能研究，它源自实践、成于理论，研究方法不同，方法是理论指导实践。人格成熟理论里提到人格，人格不成熟可以作为预测个人的社会危险性的一项重要指标。笔者所称的功能研究方法，就是利用更广泛的国别数据，使对人格不成熟的界定标准更加趋同，捕捉到这个问题的重点，在预测上更敏锐、更精准。

四 与其他犯罪学研究理论的比较

从龙勃罗梭开始的古典犯罪学都是比较微观的研究，失之偏颇。

实证研究的方法依然没有脱离这个窠臼，只不过把研究对象从社会个体转为社会部分。一个对身体进行测量，一个对标本进行测量，标准不同，运用的方法都是统计学原理。为何前者现在看起来可笑了，后者却还在使用，甚至被奉为科学呢？原因就在于人们的视野越来越开阔，对犯罪含义的理解也越来越深刻，无论专家来自哪国，都想剥离开共性找个性，集中资源来应对犯罪。对于龙勃罗梭，当时的犯罪学家之所以对他推崇备至，似乎是源自只有他揭示了犯罪人与犯罪之间的联系。在他那个时候是规律，现在看只能是联系，即实质上不是必然的，这让人类对犯罪这种社会现象的治理有了点信心。龙勃罗梭的成就在于给人们指明了方向，但研究标准错了，因此方法是陈旧的。

用统计学研究犯罪，包括实证研究方法，面临的缺陷都是：研究对象的数量不够多。一种科学的方法应当是能够降低资源消耗的，而从实证研究引出的犯罪和解看，实际上是不能减少犯罪支出的。和解在判刑之前，是刑罚的一种折旧，之前和解的人力投入与之后免予刑罚的人力投入充其

[①]　张小虎：《中国犯罪学基础理论研究综述》，中国检察出版社，2009，第 216 页。

量是打个平手，财、物是案件里的损失，不是和解的对象。既然和解前后资源不能得到节省，由此它使用的研究方法也就是有问题的。

道德责任理论结合了心理学与社会学。这有点类似网络公司对传播淫秽物品负有责任，如快播案。同样基于一种社会道德责任，笔者也认同：个人同一性是决定因素；社会相似性起辅助作用。弗洛伊德研究结果得出的罪恶感，被认为代替了通常的犯罪因果关系中的其他因素。阿勒德把补偿概念用于心理学，笔者认为这种补偿心理触发犯罪的动机，当它外化为过度补偿行为时，就产生了犯罪。最近又有许多人关注"本能"这个词，它可以使人变好，也可以使人变坏。到底人本善还是人本恶，或者人生来没有善恶，基于人追根究底是个性的，笔者认为人生来是有善恶之分的。

格罗斯首创并推动了"犯罪侦查学"，它是犯罪学的三大分支之一，这一分类涉及犯罪领域三大主体：侦查人员、犯罪人与被害人。而实证研究只针对犯罪人，显然是片面的。

赫希认为，犯罪学家所需要理解的，不是为什么人们会犯罪，而是为什么人们会服从各种社会规范。社会纽带是原因。空间自相关系数就是某一空间内相关因素的关系，用来估计犯罪率与周围地区的关联程度。笔者认为意义不大，地区间交流会很多，双向影响，不宜区分。

非正式控制会更好地预测犯罪，比如北京的西城大妈、朝阳群众。对于社区内部控制力降低的论述，一个例证就是如今的片警很少在社区出现了，一般都只有照片介绍，去派出所办事也不会找他们，而是按照功能归口了。

不同交往学说是一种规范冲突原则。这种原则认为，在那些易产生广泛的犯罪亚文化条件的社会和群体中，犯罪发生率较高，这种机制就是不同交往。第二个概念就是从实施犯罪者的角度表述的规范冲突，这两种文化对个人产生冲击，或者说个人与这两种文化进行交往就是不同交往。这个理论需要提供个人行为数据和犯罪率数据。人都是趋利避害的，并不是处罚与犯罪之间越快，两者关联留给人的印象越强烈，长久的等待对罪犯的折磨更大。不论法治社会还是古典社会都是如此，这在一定程度上对贝卡利亚的理论是一种冲击。连小偷都会琢磨犯罪，更不要说其他罪犯了。

这是理性选择理论的合理内核。

技术发展是犯罪增长的因素。大量闲散劳动力无事可做，滋生犯罪。文化越轨理论认为，越轨的犯罪行为是犯罪人遵从与传统社会或更有权力的社会所承认的价值观和标准不同的另一类价值观和标准的结果。笔者还比较推崇内特勒的"象征互动理论"。佩尔弗雷也认同这一理论。

紧张理论也是一种心理学因素，且是针对正常心理。塞林区分了外部的文化冲突与内心的文化冲突。他认为文化冲突其实是一种规范冲突。笔者不认同他把刑法当作中介的理论，他对犯罪的界定是一种社会现象，而非法律术语。文化也涉及不到理论。

笔者对冲突理论比较感兴趣，它首次让笔者在书中看到"资源"二字，这与笔者之前对犯罪危害的理解如出一辙。达伦多夫的冲突理论是辩证的，强调"稳定、和谐和一致"与"变革、冲突和强制"的一致性。同时，笔者也赞同钱布利斯和塞德曼认为的"法律秩序"（legal order），它是"在事实上维护权力和特权的一种自我服务系统"，而不是解决争议和处理冲突的工具。

格卢克夫妇的研究在方法论上有三个明显特征，其中之一就是追踪预测研究（虽是针对青少年进行研究的，但仍有借鉴意义），他们还设立了一个累犯预测表。它的内容不足用，如新瓶装旧酒，但结合后面的"犯罪性"则可能对犯罪预测有帮助。

综上所述，犯罪学的很多理论都失之偏颇，而且在研究方法上也只是取样式的。比如犯罪学习理论是以生物犯罪学为基础的，它自己也承认，它只反映在青少年犯罪、吸毒、酗酒等问题上。再如社会解组理论也是使用过去的结构性因素；而社会失范理论针对的是中产及以下阶层，只是将理论整合为一套犯罪预测体系。

五 结论

犯罪是客观的，但法律规定具有一定的主观性。犯罪的症状就是资源的损失。要想保持平衡，就必须增加一些资源。比如这个时空里，一个人被杀，在下一个时空里就应该有相应的社会环境的改善，即犯罪率的下降，从而对犯罪造成的损害加以弥补。所以犯罪学的研究对象就是指标性的，不需要复杂化，应以简洁的符号来标示。从这个意义上，笔者是不认同法益观的，而是主张作为犯罪标志的犯罪率是可以预测的，预测的方法即功能研究方法。

On the Research Methods of Criminology

Chen Chen

Abstract: Criminology has been using empirical research method for decades. This research method is limited by the object of study. In particular, it is based on the data of a certain space-time to refine the theory. Once there are counter-examples, it can not justify itself; and whether the data of the former space-time can be used in the latter space-time, its scientificity is also questioned. In view of these shortcomings of empirical research methods, a new method is needed to deal with the changing crime situation. The author proposes that functional research method is one to predict crime and intervene in crime rate. By comparing the crime conditions of different countries, we can break down the regional boundaries of crime and find out its inherent law in order to make a scientific prediction on the future crime rate.

Keywords: Criminology; Research Methods; Functional Research; Crime Prediction

拾得遗失物之法律适用分析

邵永强[*]

　　摘　要：我国民法上的拾得遗失物制度，与《物权法》第 242 条、第 243 条之间存在体系上的关联。拾得遗失物的法律适用，在逻辑层面上存在三个层次。首先，要根据遗失物之属性来判断其属于不当得利还是无权占有，要构成不当得利，必须满足"得利即取得"的法律特征，否则要按照无权占有的规则来处理。其次，要根据无权占有人是否"为他人利益"的主观状态来判断其是否构成无因管理。若拾得人具有返还的意思，因故意或者重大过失致使遗失物毁损、灭失的责任承担及所支出的必要费用则按无因管理来处理，反之，则属于侵权行为。最后，若占有人对其所占有的标的物为遗失物毫不知情，则其属于善意占有人，其本应承担侵权责任，结果因《物权法》第 242 条的存在阻却了侵权责任的成立。

　　关键词：遗失物；无权占有；无因管理；不当得利

　　我国物权法上规定了拾得遗失物制度，其请求权基础涉及我国《民法总则》、《物权法》、《民法通则》、《关于贯彻执行〈中华人民共和国民法通则〉若干问题的意见（试行）》（以下简称《民通意见》）和《侵权责任法》之相关规定。在司法实践中，因为拾得遗失物的复杂性，往往对这些法律如何适用产生分歧，特别是对失主请求返还遗失物的权利性质、必要费用返还请求权等相关问题存在不同的意见。故此，本文从现行法律出发，对拾得遗失物的相关法律问题及其认定进行了探讨，并对其法律适用关系做出了梳理，从而准确处理个案，切实解决实际纠纷。

---

　　*　邵永强，北京师范大学法学院法学硕士。

一　拾得遗失物的基本规定

遗失物是非依失主的意思而失去占有的有主动产。拾得遗失物是指发现且实际占有该遗失物，是发现与占有两者相结合的行为，据此，遗失物拾得存在主观与客观两个方面的构成要素：一是客观要件，即拾得人对遗失物的发现并占有，其是取得占有之前提；二是主观要件，即拾得人还须具备占有之主观意思，指占有人的内心意思，在理论上称之为"心素"。如果没有占有的意思，即使与物体有直接的接触，并不发生法律上占有的效力。故发现与占有这两个要件缺一不可，否则不构成拾得遗失物。至于拾得人对于拾得物是意图归还，还是意图侵占，抑或是意图为取得所有权而先占，均不影响"拾得的"客观事实的存在。[①] 在性质上，其属于事实行为且为原始取得。拾得遗失物制度，规定在我国《物权法》第 109～113 条，其主要包括：拾得人的权利与义务；遗失物毁损、灭失的民事责任；拾得人侵占遗失物的法律后果；无人认领遗失物的归属；拾得人对遗失物无权处分的法律后果；等等。

由于拾得遗失物在一定的条件下属于无权占有，其请求权基础涉及无权占有的相关规定，故有必要对《物权法》中关于无权占有的相关规则做一梳理。为了维护物的归属秩序，促进物的利用，维护交易安全，我国《物权法》规定了占有制度，从而使其与所有权、他物权一起构成我国《物权法》"三足鼎立"的立法格局。在性质上，占有是一种人对物支配与控制的事实状态或事实关系，意味着占有人对物获得事实上的管领力或支配力。无论是有权占有抑或无权占有，其均受法律的保护，只是保护的程度不同而已。从体系上来讲，《物权法》第 242～244 条虽未明确提及无权占有的概念，但可以根据第 241 条（有权占有，以合同关系作为有权占有的典型形态）与第 245 条（占有保护请求权，无论是有权占有人还是无权占有人均可主张）之规定来反推出，第 242～244 条为无权占有的基本规定，涉及无权占有人应承担的赔偿责任，权利人要求返还原物时的孳息以

[①]　参见隋彭生《对拾得物无因管理的占有是有权占有》，《华东政法大学学报》2010 年第 1 期。

及费用等权利义务关系问题，即"所有权人—占有人关系规则"。故《物权法》第 242～244 条是无权占有的基本规定，也是拾得遗失物的基本规定。

二 拾得遗失物的定性

如上文所述，拾得遗失物虽属于事实行为，但是拾得人对遗失物的占有往往会因标的物之性质不同而有所异，有时属于无权占有，有时属于不当得利，从本质上来讲，这涉及遗失物的定性问题。《物权法》第 109 条规定，"拾得遗失物，应当返还权利人。拾得人应当及时通知权利人领取，或者送交公安等有关部门"。这属于拾得人返还义务的规定，但令人疑惑的是，这里的"权利人"究竟是物权人还是债权人？即这种请求权究竟是物权请求权还是债权请求权？换言之，拾得人对于遗失物，是无权占有还是不当得利？

如果将"无法律依据而占有财产、取得利益，并依法应负返还义务的人"，统称为"无法律依据的返还义务人"的话，那么在其财产返还的问题上，我国现行民法并存两个法律制度对之加以调整，即《物权法》第 242、243 条上的"无权占有"制度与《民通意见》第 131 条中的"不当得利"制度。[1] 那在"无法律依据的返还义务人"的情况下，何时依据"无权占有"来返还财产？何时又应依据"不当得利"来予以返还？

关于不当得利，《民法总则》第 122 条规定，"因他人没有法律根据，取得不当利益，受损失的人有权请求其返还不当利益"。这属于不当得利的原则性规定，这也基本上延续了《民法通则》的规定。此外，《民通意见》第 131 条规定，"返还的不当利益，应当包括原物和原物所生的孳息。利用不当得利所取得的其他利益，扣除劳务管理费用后，应当予以收缴"。这是对不当得利的返还标的、返还范围做出的具体规定。《物权法》第 243 条规定，"不动产或者动产被占有人占有的，权利人可以请求返还原物及其孳息，但应当支付善意占有人因维护该不动产或者动产支出的必要费

---

[1] 张翔：《无权占有之返还制度与相关法律制度的关系辨析——〈物权法〉第 242、243 条的体系解释》，载《中国法学会 2009 年民法年会论文集》，武汉，2009，第 2 页。

用"。这属于无权占有的规定。通过对比这两个条文，我们可以发现，在不当得利中存在其他利益……予以收缴的规定，而《物权法》未有此规定。这属于无权占有与不当得利的区别之一。但是，单从这一点，我们并不能清晰地看到无权占有与不当得利之间的关系，甚至在某些情况下面临选择上的难题，对此，我们可以进一步从二者的性质来做出区别判断。

就不当得利而言，其属于债权请求权，是法定债之一。对不当得利的理解关键在于"利"，不当得利应予返还的利在"事实上已经构成了得利人责任财产的组成部分，成为得利人的债权人（包括不当得利返还请求权人，也包括其他债权人）债权受偿的一般担保。换言之，得利人所应予以返还的利益，如物、权利或者其他利益，其业已为得利人所'得到'。此时受损人所主张返还的，乃是已经'属于'得利人的利益"。[①]"要构成我国民法上不当得利的物，必须具有'得利即取得'的法律特征，如消耗物（金钱）、依添附（附合、混合、加工）取得新物的所有权等。"[②] 正如史尚宽先生所言："不当得利之返还请求权，以给付之目的物属于义务人之财产为前提，故所有权之返还请求权与不当得利之返还请求权，不能两立。"[③] 相比之下，无权占有作为一种事实，"由于无权占有人对于占有物不享有任何本权，所以从逻辑出发，占有人不可能在任何意义上'取得'占有物。进而，权利人请求返还占有物的基础，只能基于物权或者占有事实对世性的绝对效力。换言之，无权占有的返还请求权，性质为物上请求权"。[④] 在本质上，返还义务人对返还之物没有取得所有权，例如，在合同无效或者被撤销时原物的返还（并不包括占有即所有的东西）。前者是物权请求权，不受诉讼时效的限制，具有物权优先于债权的效力；后者是债权请求权，受诉讼时效的限制，具有债权平等的效力。

据此，在拾得遗失物制度中，对拾得遗失物的法律定性，首先要根据

---

① 张翔：《无权占有之返还制度与相关法律制度的关系辨析——〈物权法〉第242、243条的体系解释》，载《中国法学会2009年民法年会论文集》，武汉，2009，第2页。
② 张翔、段波：《民法》，中国政法大学出版社，2017，第87页。
③ 史尚宽：《债法总论》，中国政法大学出版社，2000，第71页。
④ 张翔：《无权占有之返还制度与相关法律制度的关系辨析——〈物权法〉第242、243条的体系解释》，载《中国法学会2009年民法年会论文集》，武汉，2009，第3页。

遗失物之性质来判断其属于无权占有抑或不当得利，如果遗失物并非货币等消耗物，也没有与拾得人的财产发生添附等情况，由于失主并没有丧失所有权，在性质上是无权占有，反之，拾得的遗失物具有占有即所有的属性，则按不当得利的规则来处理。相比之下，在拾得遗失物中，无权占有比不当得利更具有复杂性，对此，笔者将在下文重点论述无权占有这一情形。

三 拾得人由无权占有向无因管理转化

一般而言，在遗失物为非消耗物的情况下，拾得人对遗失物往往构成无权占有，即其对标的物为非己之物知情，故而构成无权占有中的恶意占有。在此基础上，这种恶意占有是否同时构成无因管理，还有必要做出进一步分析。

通常来说，无权占有可以区分为善意占有与恶意占有。恶意占有人知道或应当知道自己对拾得物没有所有权或者没有用益权，即知道或者应当知道自己没有占有权而占有；善意占有人则误以为自己对物有所有权或其他权利而对之进行占有。两者的区别在于，恶意占有人认识到了拾得物的性质，而善意占有人则没有。[①] 善意、恶意绝不是道德评价，而仅指是否知情。根据此判断标准，由于拾得人明知拾得物非己之物，因此其构成恶意无权占有人。据此，《物权法》第 111 条规定，"拾得人在遗失物送交有关部门前，有关部门在遗失物被领取前，应当妥善保管遗失物。因故意或者重大过失致使遗失物毁损、灭失的，应当承担民事责任"。由此可知，只有在无权占有人因故意或者重大过失致使标的物毁损、灭失时，才承担损害赔偿责任，如果无权占有人虽导致了遗失物毁损、灭失，但该拾得人若无过失或仅为一般过失，对该损失则并不承担损害赔偿责任。令人疑惑的是，为何《物权法》第 111 条规定了拾得人对遗失物的毁损、灭失承担的是故意或者重大过失责任，而《物权法》第 242 条、第 244 条规定的是无过错责任，为什么同属于无权占有，却有如此不同的规定？

---

① 隋彭生：《对拾得物无因管理的占有是有权占有》，《华东政法大学学报》2010 年第 1 期。

其实，对这一疑惑我们可以从无因管理制度中找到答案。我国《民法总则》第 121 条规定，"没有法定的或者约定的义务，为避免他人利益受损失而进行管理的人，有权请求受益人偿还由此支出的必要费用"。这属于我国民法上的无因管理制度。其中，无因管理的主观构成要件之一是"为他人利益的意思"，管理人在事务管理过程中必须尽到适当、谨慎的管理义务，即用"有利于被管理人"的方法管理事务，"谨慎"的判断标准在学理上通常采用故意、重大过失的主观标准。若拾得人在拾得遗失物后，积极履行通知、打听失主、发布广告等义务，表明其具有主观上为他人管理的意思，且通过外部行为表示出来，这符合无因管理的构成要件，故其属于无因管理人。① 甚至有学者认为，在无因管理的情况下，其属于有权占有。② 此时，拾得人由无权占有人转化为无因管理人，故在法律规范上，《物权法》第 111 条的规定仅为无因管理的重复表述而已，这解答了为何同属于无权占有却有责任不同的疑惑。

四 拾得遗失物的损害赔偿责任

拾得人在拾得遗失物之后，标的物会面临毁损、灭失的风险，故此，《物权法》规定了标的物毁损、灭失承担损害赔偿的责任问题。综观《物权法》，对于标的物毁损、灭失的责任承担存在三种不同的情况。其一，拾得人在拾得遗失物后虽积极履行返还等义务，但导致了标的物的毁损、灭失，就此要承担的损害赔偿责任，即拾得人构成无因管理时的损害赔偿责任。其二，拾得人在拾得遗失物后，不仅未履行通知等义务，反而构成对遗失物恶意侵占，此时其所要承担的损害赔偿责任。其三，拾得人对标的物为遗失物毫不知情，此时其所要承担的损害赔偿责任。

（一）拾得人为无因管理人时的赔偿责任

拾得人在拾得遗失物后，积极履行返还等义务，此时其由无权占有人转变为无因管理人。但是，在某些情况下也面临毁损、灭失的风险，例

---

① 张翔：《无权占有之返还制度与相关法律制度的关系辨析——〈物权法〉第 242、243 条的体系解释》，载《中国法学会 2009 年民法年会论文集》，武汉，2009，第 5 页。

② 隋彭生：《对拾得物无因管理的占有是有权占有》，《华东政法大学学报》2010 年第 1 期。

如，甲的手机遗失被乙拾得，甲积极联系乙，乙欲归还，双方约定了交付的地点，结果甲的手机在乙乘坐地铁时被丙偷走。对此，甲能否就乙主张损害赔偿？对此，我国《物权法》第 111 条仅规定了拾得人的故意、重大过失责任，拾得人（无因管理人）于占有期间，因轻微过失丧失对拾得物占有的，无须承担民事责任。之所以采取故意、重大过失的判断标准，原因有二。其一，若让管理人依无过错责任原则承担责任，或依公平责任原则分担责任，均为"天理"（公理）所不容，无须多论。[①] 其二，体现了法律对助人为乐良好道德行为的鼓励，无因管理是出于"好意"，把由此而发生的占有归入无权占有的"恶意"状态，让其承担无过错责任，与社会一般观念不符。

（二）拾得人在恶意占有时的损害赔偿责任

正如前文所述，恶意占有人认识到了标的物为拾得物的属性，其占有就带有侵占的目的。若拾得人在拾得遗失物后，不仅未履行通知等义务，反而对遗失物进行恶意的侵占，此时其构成恶意的无权占有人，是故意侵权。对此，《物权法》第 242 条与第 244 条均有所规定。《物权法》第 242 条规定，"占有人因使用占有的不动产或者动产，致使该不动产或者动产受到损害的，恶意占有人应当承担赔偿责任"。这属于无权占有期间因使用致使标的物损害时赔偿责任的基本规定。从法条的措辞来看，是"使用……致使……损害"，"恶意占有人……赔偿责任"。按通常之理解，这里的"使用"是指按照物的物理性能及正常用途加以利用，"损害"是指占有物的效用或价值降低，故这里的损害之概念与侵权责任法的损害概念基本一致。很显然，这强调了单一的因果关系，即恶意占有人因使用而对其损害所负的赔偿责任，如果该损害并非恶意占有人使用所导致的损害，而是由其他原因所致，无论是否有可归责事由，均不承担损害赔偿责任，这也表明恶意占有人的主观过错不在考虑之列，故其属于无过错责任。恰恰相反，日本民法和中国台湾地区的"民法"将占有人承担损害赔偿责任的要件规定为"可归责于占有人的事由"。[②] 所谓可归责于占有人的事由是指占有人对占有物的毁损、灭失具有故

---

① 隋彭生：《对拾得物无因管理的占有是有权占有》，《华东政法大学学报》2010 年第 1 期。

② 王泽鉴：《民法物权 2 用益物权·占有》，中国政法大学出版社，2001，第 323 页。

意或者过失，很显然这种归责原则是过错责任。我国物权法之所以有这样的规定，其目的在于"对于占有人是否有过错无需进行判断，只需判断占有人的使用行为与占有物的损害之间是否有因果关系即可，对于判断占有人是否应当承担责任比较简单易行，便于实际操作"。[①]

《物权法》第244条规定，"占有的不动产或者动产毁损、灭失，该不动产或者动产的权利人请求赔偿的，占有人应当将因毁损、灭失取得的保险金、赔偿金或者补偿金等返还给权利人；权利人的损害未得到足够弥补的，恶意占有人还应当赔偿损失"。由此可知，其规定了在无权占有期间，占有物毁损、灭失时请求权的基本内容，从法条的措辞来看，无论是善意占有人还是恶意占有人，均应返还现存利益，恶意无权占有人还需承担赔偿责任。有学者认为，第242条中的"损害"与第244条的"毁损、灭失"，在内容上没有区别，后者只不过是前者的具体表现形式。[②] 有学者则认为，后者的范围比前者更加广泛，前者仅仅是使用损害，后者不问损失是否因使用占有物所致。[③] 但不管怎样解释二者之间的关系，就恶意占有人的赔偿责任是一致的，都规定的是无过错责任。之所以做出这样的规定，其目的主要在于对恶意占有人的惩罚。

（三）拾得人在善意占有时的损害赔偿责任

拾得人拾得遗失物后，一般情况下其属于恶意占有人，但在某些特殊情形下其属于善意占有人。例如，甲的小羊遗失，走入了乙的羊群，但乙对小羊为别人之物毫不知情。此时，乙为善意占有人。在学理上，善意占有又可以区分为无过失占有与有过失占有，前者是指"占有者于占有当时，信其自己有为占有之权利，虽为相当注意，仍不能知其权利者，其占有为无过失"。后者是指"占有者纵令信其有为占有权利，但如为相当注意，即可知为无权利者，斯为有过失"。[④] 有过失善意占有虽不带有侵占的目的，但构成过失侵

---

① 最高人民法院：《〈中华人民共和国物权法〉条文理解与适用》，人民法院出版社，2007，第702页。
② 孙宪忠主编《中国物权法：原理释义与立法解读》，经济管理出版社，2008，第566页。
③ 崔建远：《物权：规范与学说——以中国的物权法解释论为中心》，清华大学出版社，2011，第356页。
④ 曹杰：《中国民法物权论》，中国方正出版社，2004，第231页。

权；无过失善意占有仍处于不法状态，构成无过失侵权。[①] 从责任的角度看，善意占有并不是行为的违法性，而是一种状态责任，[②] 是一种侵权行为。故按此理解，善意占有人要在《侵权责任法》第6条、第7条的指引下承担责任，但结果恰恰相反，因《物权法》第242条、第244条的存在，排除了善意占有人的责任。之所以这样认为，在于为善意无权占有人提供优惠政策，保护信赖利益。即在善意占有状态下，"占有人误信其对占有物享有占有的本权，并基于这一误信，按照自己假想的本权内容，对占有物占有、使用、收益乃至处分，对物之管理同样依照自己所假想的本权，而绝不会考虑到真正的权利人负有损害赔偿乃至返还孳息的义务……正因为无权占有人的这一信赖是善意的，为了不使善意的信赖落空，为了避免导致出现就物的占有乃至享有出现人人自危的局面，立法者就此排除一般侵权行为制度的适用，对善意占有人采取特殊的保护，免除其承担损害赔偿的责任"。[③] 故在此时，物权法的适用优先于侵权责任法，即《物权法》第242条、第244条的适用优先于《侵权责任法》第6条、第7条之规定，采规范"吸收说"。

五　拾得遗失物之必要费用及孳息返还

《物权法》第243条规定，"不动产或者动产被占有人占有的，权利人可以请求返还原物及其孳息，但应当支付善意占有人因维护该不动产或者动产支出的必要费用"。这属于无权占有期间返还原物与孳息、必要费用的规定。所谓必要费用，是指因保存或管理占有物通常所需的费用，包括通常的必要费用和特别的必要费用，前者是指保存或管理占有物通常必须支出的费用，如对占有物的简易修缮费、维护费、饲养费、税款、建筑物的物业管理费、汽车定期保养费等；特别必要费用，是指除前述通常必要费用之外，在紧急状态下为维护占有物的状态必须支出的费用，如因房屋遭地震、汽车被洪水淹没而支出的重大修缮费用。[④]

---

①　隋彭生：《对拾得物无因管理的占有是有权占有》，《华东政法大学学报》2010年第1期。

②　王洪亮、张双根、田士永主编《中德私法研究》第1卷，北京大学出版社，2006，第138页。

③　孙宪忠主编《中国物权法：原理释义与立法解读》，经济管理出版社，2008，第582页。

④　王泽鉴：《民法物权》，中国政法大学出版社，2001，第526页。

按照上文的分析，在拾得遗失物制度中，若拾得人具有"为他人管理的意思"且构成无因管理时，其可依据《民法总则》第 121 条的规定主张必要费用的返还，若失主拒绝返还必要费用，拾得人可以拒绝返还遗失物（占有抗辩）。令人疑惑的是，《物权法》第 243 条在此情况下能不能作为请求权基础。笔者认为，第 243 条不能作为请求权基础。因为，在拾得人为无因管理人时，其已由无权占有转化为无因管理，而第 243 条中的善意是对无权占有的基本划分，故第 243 条没有适用的余地，此时，《民法总则》第 121 条与《物权法》第 243 条是排斥关系。同时，对于这里的必要费用应当理解为不当得利之债的效力还是无因管理之债的效力？抑或二者都是？笔者认为，这里的必要费用既可以理解为不当得利之债的效力，也可以理解为无因管理之债的效力。例如，甲的耕牛被乙拾得，因耕牛生病乙花去医药费用若干，这里的"费用"既为甲所得的不当利益，也为乙无因管理的结果。故在甲行使返还原物请求权时，乙既可以依无因管理之债作为请求权基础也可以依不当得利作为请求权基础，二者存在竞合。若拾得人不具有管理的意思，此时其能否主张不当得利的费用？即能否依据《民法通则》第 93 条主张扣除"必要费用"？对此，学理上存在争议，有人认为，其不能依此主张必要费用，因为《物权法》第 243 条关于必要费用的规定为特别规定，排除了恶意占有人依据不当得利主张必要费用的返还。如果依据《民法通则》第 93 条主张必要费用，那么《物权法》第 243 条就会被架空。① 有解释认为，其可以主张必要费用，"恶意占有人为取得、保存增加该利益所支出的必要费用，可以向权利人主张返还，或从返还额中扣除"。② 在这两种观点中，笔者更赞成第一种观点，因为《物权法》第 243 条的规范目的在于对恶意占有人的"惩罚"，恶意占有人无必要费用返还请求权，更加符合规范意旨。

对于孳息是否返还，从我国《物权法》第 243 条的表述来看，不管其是善意占有人抑或恶意占有人，无论其主观是否有过错均应该返还。

---

① 崔建远：《物权：规范与学说——以中国的物权法解释论为中心》，清华大学出版社，2011，第 354 页。

② 《不当得利返还利益的范围是如何的》，载华律网，http://www.66law.cn/laws/198151.aspx（最后访问日期：2018 年 12 月 25 日）。

但从比较法上看，立法体例存在差别，"根据《德国民法典》第 100 条，收益（孳息）与使用利益被统称为用益，两者适用统一的规定，善意占有人不负有偿还用益的义务。我国台湾地区'民法'第 952 条将物的使用与孳息分开规定，善意占有人在一定情形下可为占有物之使用、收益。善意占有人不负孳息返还的义务，日本民法并未规定占有物使用利益的返还责任，但是学说与判例认为应当理解为物的使用利益也视同孳息，即误信有包含使用权在内的本权的人，不负返还使用所得利益的义务。因为从《日本民法典》第 189 条的理由来看，并没有将其与孳息区别开来"。① 故由此可知，域外立法例中善意占有人不负返还孳息（收益）的义务，主要原因在于孳息与必要费用返还相关，即孳息的保留是以无权主张必要费用为代价，这体现了"对孳息的宽恕"原则。相反，我国物权法规定善意占有人负有孳息返还的义务，之所以这样规定，其理由有三。第一，在于其坚持了"权利义务相一致"的原则。既然善意占有人无损害赔偿的责任，相应也就没有收取孳息的权利。第二，体现了当无权占有与有权占有发生冲突时，对有权占有的保护和对无权占有的否定态度。即当占有人为非权利人时，或占有人获得财产的根据（权利证书）被解除或判定无效时，占有人没有或丧失了占有该不动产或者动产的法律依据，构成不当得利，若权利人要求返还，则无权占有人理应返还原物和孳息义务。② 第三，"原物和孳息都返还给权利人，但为维护占有物而支出的必要费用可以请求权利人返还的法律后果，和保留孳息但必要费用不得求偿的法律后果实际区别不大"。③ 笔者以为，这里的规定是不恰当的，试想如果对其不赋予孳息收取权，那如何能实现物的使用价值？同时，这与对善意占有人提供优惠法政策的保护相违背，物权法对善意占有人、恶意占有人区别的态度且对善意占有人提供"倾斜"的保护是不争的事实，"占有人就收取孳息等收益一路按其善意而所做的

---

① 冉克平：《论〈物权法〉上的占有恢复关系》，《法学》2015 年第 1 期。
② 最高人民法院：《〈中华人民共和国物权法〉条文理解与适用》，人民法院出版社，2007，第 705 页。
③ 全国人大常委会法工委民法室编《中华人民共和国物权法：条文说明、立法理由及相关规定》，北京大学出版社，2007，第 430 页。

一系列处置等，一旦遭到真正权利人按照不当得利而向其请求返还时，在法律上寻不着坚强的根基……如此一来，势必会造成没有人能安心地享有表面上似乎为有权占有的局面"。① 此外，"在无权占有中，占有物所生孳息与必要费用可能一致，也可能不一致，更何况并非在任何时候都会发生孳息的收取与费用的支出，既存在仅有收取孳息的情形，也存在仅有费用支出的情形。于此情形，占有人将孳息返还给权利人但权利人应支出必要费用，与占有人保留孳息但权利人无须支出必要费用的法律后果之区别不可谓不大"。② 故物权法的这种选择对善意占有人的保护不够，尤其是有权占有变为无权占有和虽然自始无权占有但占有人并无过错的情况。③ 所以，该条的规定有必要在下一步立法中予以修正，应将我国《物权法》第243条中的"占有人"进行目的性限缩解释，将其限定为"恶意占有人"，从而肯定善意占有人保有占有物孳息的权利。④

六 拾得遗失物法律适用的逻辑思路

在遗失物管理制度中，涉及了无权占有、不当得利、无因管理、侵权责任关系的适用问题。基于前文的分析，这些关系在拾得遗失物中得到了集中的体现。所以，如何适用成为问题的关键，对此，笔者做一简单的图予以表示，见图1。

首先，要根据标的物之性质来区分拾得遗失物的性质。如果拾得人拾得的物具有"占有即所有"的东西，则其取得了标的物的所有权，需按不当得利的规则来处理，即按照《民法总则》第122条、《民通意见》第131条之规定主张债权请求权，返还孳息，收益扣除管理费用后，予以收缴。如果未取得标的物所有权，按照无权占有来处理。

其次，在构成无权占有的情况下，若拾得人对于遗失物，不仅没有归还的意愿，并且还积极使用该遗失物，具有自主占有的意思，这时其属于

① Siehe Medicus Burgerliches Recht, 19. Aufl., 2002, Rn. 574.
② 冉克平：《论〈物权法〉上的占有恢复关系》，《法学》2015年第1期。
③ 最高人民法院：《〈中华人民共和国物权法〉条文理解与适用》，人民法院出版社，2007，第705页。
④ 冉克平：《论〈物权法〉上的占有恢复关系》，《法学》2015年第1期。

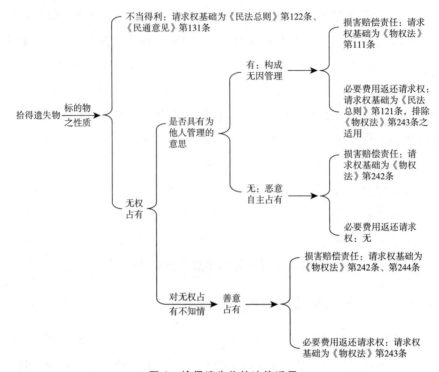

图 1　拾得遗失物的法律适用

恶意占有人。因恶意占有人不享有使用标的物的权利，故在使用他人之物致使标的物毁损、灭失时则构成对遗失物的侵占，此时就在《侵权责任法》第 7 条的"指引下"，直接适用《物权法》第 242 条之规定，拾得人承担无过错责任的加重责任，不问其主观是故意还是重大过失。因保管拾得物支出的费用，拾得人无权请求失主支付费用，《物权法》第 243 条排除了《民法总则》第 121 条的适用。若拾得人拾得遗失物，愿意归还或者交给相关机构，此时拾得人具有他主占有的意思，其具有无因管理的性质，应该适用无因管理的规则，则适用《物权法》第 111 条的规定，拾得人承担故意重大过失的责任。就《物权法》第 111 条与《物权法》第 242 条的关系而言，应该优先适用第 111 条之规定。因保管拾得物支出的费用，既可依不当得利之债也可以依无因管理之债作为请求权基础，而不能依据《物权法》第 243 条主张必要费用返还。

最后，如果标的物是遗失物，占有人对此并不知情，这时其属于善意占有人。虽然其对占有不知情，但不能否认其为无权占有的性质，在客观上仍然是侵害他人法益的行为，对损害的发生存在过错的情况下，本应适用《侵权责任法》第 6 条、第 7 条之规定，结果因《物权法》第 242 条、第 244 条的存在排除了其适用，故只能依据《物权法》第 242 条、第 244 条作为请求权基础。就必要费用，可以依据《物权法》第 243 条的规定主张不当得利之返还。

结　语

我国正在制定民法典，物权编是其重要的组成部分之一。通过对现有法律规范的整合，我们既看到了现有法律制度的内在逻辑结构，也看到了其中存在的问题与不足。针对这些问题与不足我们应当提出完善的建议，从而推动我国民事立法的完善。民法典的制定是一项系统工程，我们既要整合现有的法律规范，又要有所改变，在把握宏观制度逻辑体系的基础上，进一步完善微观制度的规则设计，要注重立法研究与体系解释的关联性，要注重民法体系解释的细致化、精确化，从而为达到法典化的体系性要求做好理论准备。

Analysis of the Application of Law in Picking up Lost Property

Shao Yongqiang

Abstract：There is a systematic relationship between the system of picking up lost property in civil law of our country and articles 242 and 243 of Real right Law. There are three levels of logic for the legal application of finding lost property. First of all, according to the property of lost property to judge whether it belongs to improper enrichment or unauthorized possession, in order to constitute improper enrichment, we must satisfy the legal characteristics of "gain is obtained", otherwise we should deal with it according to the rule of unauthorized possession; Secondly, it is necessary to judge whether the unauthorized possessor is "in the interest of others" according to its subjective state. If the picker has the intention of returning it, it is due to intentional or material transgressions If the lost property is destroyed, the responsibility of loss and the necessary expenses incurred will be dealt with according to the management without cause, otherwise, it will be an act of tort; Finally, if the possessor does not know that the subject matter in his possession is a lost property, it belongs to the bona fide possessor and should bear the tort liability. The result is that the existence of Article 242 of the Real right Law hinders the establishment of the tort liability.

Key words: Lost Property; Tort Liability; Negotiorum Gestio; Ill-gotten Gains

旅游合同的法律规制问题研究

——以欧盟为视角

舒静怡*

摘　要：旅游业的蓬勃发展对旅游合同相关法律规制提出了更高的要求。在此前提下，欧盟对旅游者采取了与对消费者同等程度的保护，2015年欧盟指令更是紧跟新兴发展的旅游形式，纳入更多的旅游合同种类，给予旅游者更大范围的保护。而在我国的旅游合同立法中，旅游合同定义不明晰导致很多新型旅游形式下的旅游者难以受到保护。虽然最高人民法院规定了责任负担问题，却缺乏请求权依据，所以责任主体实际也不明确。旅游过程中的自由出行和不可抗力的责任负担同样也是现在争议的焦点。

关键词：旅游合同；2015年欧盟指令；旅游组织者；责任负担

旅游作为现代社会休闲方式之一，有着丰富多样的形式和日渐扩大的范围，无论是境内还是出国旅行的人数都迅速增加。滞后的法律规范使旅游者的权益无法得到有效保护，从而成为制约旅游业发展的一大因素。

从过去人们以远途迁移为目的进行旅游活动，到现在以娱乐消遣为目的，旅游合同凭借其简单、方便、休闲方式更为多样等优势，在19世纪末逐渐兴起，并成为旅行者在旅游中的一个重要选项。为了规范此种特殊合同，1970年国际统一私法协会（International Institute for the Unification of Private Law）首次发布了《旅游合同的国际条约》（*International Convention on Travel Contracts*）。①

---

* 舒静怡，巴塞罗那大学法学院博士研究生。

① 旅游合同在此公约中分为"组织旅游合同"（organized travel contract）和"中间旅游合同"（intermediary travel contract）；其中，中间旅游合同包括组织旅游合同。组织旅游合同的定义与1990年欧盟指令中的旅游合同概念类似，强调一个合同中包含（combination）多种服务。参见《旅游合同的国际条约》第1条。

由于旅游业是欧盟经济支柱产业之一，1990 年欧盟就颁布欧盟指令（90/314/EEC）要求各成员国将对旅游者的保护纳入其消费者保护法的范围之内，由此各国都基本形成了比较完善的保护机制。2015 年，欧盟颁布新的指令［Directive（EU）2015/2302］，要求成员国在 2018 年 7 月 1 日前完成对指令内容的国内转化。[①] 相较于之前的相关规定，2015 年指令对旅游者、旅游合同等重要概念进行了重新定义，这就更加需要对新指令的内容进行再次研究。

欧盟指令中比较值得我们注意的是，在旅游合同的定义上，从 1990 年开始就有了比较明确的标准，到 2015 年顺应旅游形式的不断变化而扩大了旅游合同的定义；在欧盟指令中明确了先合同义务、旅游前双方的权利以及合同履行中双方的权利和义务，以期严格规范责任主体及其免责事由。

我国在旅游合同的规制方面，未对旅游合同做定义，同时虽以"提供旅游服务"为标准界定旅游经营者，却未对"旅游服务"做出规定，以致对旅游经营者的概念理解也十分模糊；在责任负担问题上，尤其是在不同种类旅游合同的责任负担问题上，旅行社、旅游服务提供者之间的责任区分都是法律规制中欠缺之处；而在立法层面上，旅游合同并未在《合同法》中作为一个特殊类型的合同，[②] 同时虽然有《旅游法》和《旅行社条例》等相关法规条例和最高人民法院的司法解释对旅游服务进行规制，可是在旅游合同具体事项的规定上，依然是不清晰的。因此本文将立足于欧盟法令的相关规定，结合国内法提出旅游合同法律规制方面的建议。

一　旅游合同的概念

（一）旅游合同的内涵

首先应当厘清的就是旅游合同的概念，因为区分各种类旅游合同是明确责任主体和对旅游者采取不同程度保护的第一步，但在国内立法中，并

---

① 此处"转化"，要求成员国将指令内容纳入国内立法中，不能提供给旅游者高于或低于指令中规定的保护程度。

② 《合同法（征求意见稿）》中曾把旅游合同作为一个有名合同进行规定，但在 1999 年《中华人民共和国合同法》中删除。参见杜军《旅游合同研究》，《西南民族学院学报》（哲学社会科学版）2001 年第 5 期。

无相应概念的辨析。《旅游法》第五章虽然规定了旅游服务合同，也规定了包价旅游合同，[①] 但是没有解释何为旅游服务合同。从其条文细推，我国《旅游法》所指代的旅游合同要求旅行社通过格式合同提供包括交通、住宿、餐饮、游览、娱乐等所有内容，但是单纯依赖于此种定义方式，现如今发展出的很多旅行方式便无法被定义为旅游合同，也即无法适用相关规定。例如只提供往返机票和住宿的自由行或者私人定制的旅游合同，由于未包含上述所有的服务，则不便被称为"旅游合同"。但如果对该定义做扩大解释，则仅提供预订火车票的旅游合同是否也被囊括其中则存在疑惑。

2015 年欧盟指令改变了 1990 年指令对于旅游合同的规定，以期能够扩大对于旅游合同的理解，从而加强其中的消费者保护。1990 年指令第 2 条第 1 款规定"旅游合同[②]强调预先安排在包价和旅行时间超过二十四小时或者包括过夜住宿的情况下，至少包括以下条款中的两条：（a）交通；（b）住宿；（c）提供不附属于[③]交通或住宿，且属于旅行中的重要部分的其他旅游服务。对于单独计算各部分服务价格的旅游合同不得免除组织者或零售者在本指令中的责任"。而 2015 年欧盟指令改变最大的就是对于旅游合同的定义，在其第 3 条第（2）项中，用旅游服务（travel service）代替了 1990 年指令第 2 条第 1 款中的（a）（b）（c）三项内容，并将旅游服务专门以单项形式列于第 3 条第（1）项之中。2015 年欧盟指令仍然要求旅游合同中包含至少两项旅游服务，此外也允许订立多个单一的旅游服务但最终结合在一起的合同。这就衍生出旅游合同的订立方式更加细化的规定。第一种，旅游者仅与一方订立的一份旅游合同，可以是按旅游者的需求而私人定制的旅游合同，从而使旅游与服务得以结合。第二种，不局限于是否仅与"一方"订立"一份"旅游合同，即可以是旅游者在一个购买

---

① 《旅游法》第 58 条"包价旅游合同应当采用书面形式"。

② 旅游合同在欧盟的用词中为"Package travel/ Package holiday/ Package tour"，由于我国旅游合同指代不明确，暂无"打包合同""旅游套餐"等相关法律术语，同时与"包价合同"有明显区别。同时欧盟规定中无"旅游合同"的其他规定（如仅提供一项旅游服务，则不被称为旅游合同），所以本文以"旅游合同"指代欧盟指令中所指旅游相关合同。

③ "不附属"是指不是酒店或者交通中提供的必要服务，如飞机餐食、酒店的餐饮服务，不属于额外的一种旅游服务。

点选定服务后进行购买的旅游合同，可以是包价形式的旅游合同，可以是在旅游合同签订后允许旅游者选择相应的旅游服务的合同，也可以是在网络上与多方签订的旅游合同，比如旅游者的姓名等信息在完成前一个网页的预订后在 24 小时内传送到下一个网页进行预订，也被称为"一键式安排"（Click-through arrangement）。

2015 年欧盟指令对于旅游合同涵盖范围的扩大，早在欧盟法院的相关判例中就有迹象。[①] C-400/00 中对旅游合同的定义做了扩大解释，即将"预先"安排旅游合同中的服务内容解释为，截至合同订立前做出的安排都属于"预先"的范围内。所以此次颁布的新指令也是顺应旅游合同一贯尽力扩大保护旅游者权益的宗旨，对旅游合同的概念做了极大的延伸，不仅把之前严格要求旅游合同应预先安排（pre-arranged）扩大成只需要两项旅游服务以任意方式结合均可视为旅游合同，更是在旅游合同的订立方式上与现代典型网络合同订立方式相联系。

除了上述概念上的扩充之外，2015 年欧盟指令第 3 条将旅游合同分为三种合同类型，[②] 与上述旅游服务的结合方式一一对应：一为预先安排好的旅游合同，也是最为普遍和传统的一种类型；二为定制型旅游合同，允许在同一行程中或者从同一旅行组织者中自主选择行程；三为"一键式安排"类旅游合同，即当旅游者在一个网页中预订了一项旅游服务，而后被该网页邀请预订另一项旅游服务，从而确定整个行程，如在去哪儿网上预订完机票后链接到另一处进行相应的酒店预订，此种情况也被纳入旅游合同的规制范围内。

虽然对旅游合同的范围做了延伸，但是对不可适用的情况也做出了补充。旅游时长小于 24 小时"且"未包含跨夜住宿的旅游合同，旅游合同是偶然性的非营利的且仅提供给有限群体的旅游者的，或者是商务旅行的

---

① C-400/00 欧盟法院案例中，明确表示根据旅游者要求而定制的旅游合同，只要包含住宿、交通或者其他服务中的两项，也应视为旅游合同。此案例直接否定了 1990 年指令中对于"预先安排"的旅游合同的规定，这也是 2015 年指令第 3 条第（2）项第一种情况的旅游合同的起源。

② European Commission, "About the Directive" <https：//ec. europa. eu/info/consumers/travel-and-timeshare-law/package-travel-directive_ en> accessed 25 February 2019.

三类情形①依然不属于 2015 年的新指令所规定的内容。

（二）旅游合同主体

1. 旅游组织者

旅游合同的另一方，即提供旅游服务的主体，不同于我国用"旅游经营者"代指提供"经营旅游业务"和"提供旅游服务"的"法人"，欧盟将旅游经营者区分为"旅游合同的组织者"（organizer）和"旅游合同的分销商"（retailer）。组织者即为直接或者通过其他分销商进行售卖、提供旅游合同服务，或者是将旅游者的信息传输给他人的自然人或法人，而分销商是指除组织者以外进行售卖和提供由组织者提供的旅游合同的自然人或法人。与我国的规定相比，最主要的区别在于，2015 年欧盟指令承认自然人也可以经营旅游业务，而这种方式可以使更多从事旅游业务的非法人承担责任。

但欧盟指令区分组织者和分销商在现在看来，也显得并非必要。分销商实际上是作为旅游者和旅游组织者两方之间的中介，通过对多个旅游组织者的服务和多个旅游者的资源整合，而使两方达成旅游合同。最初区分组织者和分销商的意义在于，组织者往往缺乏经销渠道，无法与旅游者直接达成协议，与此同时，分销商也普遍缺乏组织旅游服务的资源与能力，而两者相互协作才能拓展更大的业务和市场。区分主体的必要性在于其承担的义务和责任有所不同，但从其指令内容来看，基本都以售卖给旅游者的卖方作为义务和责任承担的主体，② 只有极个别情况③会有区分的必要。另外，现实中大部分的分销商和组织者并未像过去一样受限于资源或者销售渠道，所以大部分的旅游经营者同时承担了"组织"和"分销"的两项职能，此种情况下如果严格区分旅游组织者和分销商，则增加了很多不必要的麻烦。

---

① 参见 2015 年欧盟指令第 2 条第 2 款。

② 例如 2015 年指令第 5 条，要求旅游组织者或者当旅游合同由分销商销售时的分销商，在订立合同前提供必要的信息；第 13 条将组织者和分销商（apply mutatis mutandis）同列为责任承担的主体；以及第 22 条规定的旅游组织者或者分销商向第三方索赔的权利。

③ 第 15 条允许旅游者可以通过分销商直接与旅游经营者进行联系，或者在组织者属于非欧盟境内时，分销商应承担属于经营者的责任。

2. 旅游者

与旅游合同保护范围扩大相对应的，旅游者的概念也做了调整，从之前 1990 年指令第 2 条第 4 款区别"合同相对方"、"合同受益方"和"合同受让方"① 直接修改为"所有意图签订旅游合同或者有权依据已签订旅游合同进行旅行的自然人"② 均是旅游者，不再对旅游者的种类做出区分。

合同受益方和合同受让方其实难以区分，而且也没必要进行区分，因为在对旅游者的保护中，主要也是对实际旅游者进行保护而不论合同的订立方为何人。这也是为什么合同相对方可以为法人或自然人，但合同受益方和受让方必须为自然人。由此可见，2015 年欧盟指令实际上简化了实践中认定旅游者的过程，减少了旅游者在证明自己身份上的困难，更利于保护旅游者的自身权益，无须再追究谁为合同相对方，自己为受益方还是受让方。

3. 旅游辅助者

旅游合同中必不可少的当然还有第三方旅游服务的具体提供者，如酒店、机场、餐厅等第三方旅游服务的提供者，也被称为旅游辅助者（travel service providers），也称为履行辅助人。不同于在旅游合同之外的第三方服务提供者，旅游辅助者提供的服务与旅游合同中的旅游服务有紧密的联系，所以其提供的服务应在旅游组织者或分销商的可预见范围之内。

旅游辅助者虽然在理论上包括酒店、汽车租赁公司、导游、景区等旅游组织者或分销商可以"控制"与"协商"的部分，但如航空公司、铁路公司属于公共交通范围内，组织者与分销商往往难以控制例如航班的起飞时间、延误期间的服务、铁路管制等。

我国与欧盟均未对旅游辅助者有太多规定或限制，也都认定旅游组织者或经营者在大部分情况下承担所有因旅游辅助者侵权、未履行或履行瑕

---

① 合同相对方是指，购买或者意图购买旅游合同的自然人或者法人；合同受益方是指，以合同相对方名义意图购买旅游合同的自然人；合同受让方是指，受让合同相对方或者合同受益方旅行合同的自然人。引自 1990 年指令第 2 条第 4 款。
② 2015 年欧盟指令第 3 条第（6）项。

疵的责任。① 其实在签订旅游合同时仅有两方，即旅游者和旅游组织者或分销商，但实际给旅游者提供旅游服务的只有旅游辅助者，而在合同签订时，双方都不知道各自具体的信息。也就是说，旅游经营者或分销商才是唯一了解各方信息的主体；从另一个角度上来看，由于旅游组织者或分销商是为旅游者提供旅游服务的，所以其委托的旅游辅助者应被认定为"履行旅游服务合同义务的延续"。② 而对于责任主体的确定问题，将在第四部分进行具体分析。

二　旅游合同的性质

此种旅游合同的特别之处在于，细致化的规定使得它成为一种特别的合同形式。一般来说，此类代为提供服务的合同，在《合同法》中被区分为行纪合同、居间合同、委托合同、加工承揽合同，但是旅游合同究竟属于哪一种合同却备受争议。

委托合同和行纪合同的特点在于，受托人或行纪人受到委托人的控制，而旅行组织者实际不由旅游者所控制，也不会将旅游的具体活动经费和内容报告给旅游者，所以旅游合同很显然不属于委托合同或行纪合同。居间合同是指"居间人向委托人报告订立合同的机会或者提供订立合同的媒介服务"，③ 而旅游组织者直接与旅游者订立合同，旅游者不与旅游辅助者签订合同，这与居间合同的定义明显不符。最后承揽合同是以完成工作后再行支付报酬，此处与先付费式的旅游合同也不相同。④ 由于上述几种有名合同都无法囊括旅游合同，所以也有观点认为旅游合同应当被列为一种新的有名合同形式，⑤ 此种观点最早在合同法立法草案中有所体现。

是否需要新的合同形式来规制旅游合同其实并不重要，究其根本，我们主要需要重点考虑的就是旅游合同的性质。

①　参见 2015 年欧盟指令第 13 条第 1 款；"江苏省中山国际旅行社有限公司与焦某某旅游侵权纠纷上诉案"（〔2012〕宁民终字第 6 号）。
②　"杨某欣诉广东熊猫国际旅游有限公司旅游合同纠纷案"（〔2015〕穗中法少民终字第 6 号）。
③　《合同法》第 424 条。
④　参见杜军《旅游合同研究》，《西南民族学院学报》（哲学社会科学版）2001 年第 5 期。
⑤　参见杜军《旅游合同研究》，《西南民族学院学报》（哲学社会科学版）2001 年第 5 期。

第一，该类合同涉及三方主体，旅游者、旅游组织者/分销商与旅游辅助者（此三者关系详见图 1）。旅游合同的组织者或者分销商与旅游辅助者签订提供旅游服务的商业合同，继而由前者代替旅游辅助者与消费者签订旅游合同，从而形成一个完整的旅游服务链条。旅游组织者/分销商在其中的角色更像产品零售商或制造商，与旅游辅助者和旅游者分别签订合同，而旅游辅助者与旅游者之间不存在合同关系。从提供服务的关系上来看，这又类似于代为履行中第三人代债务人履行债务的关系。

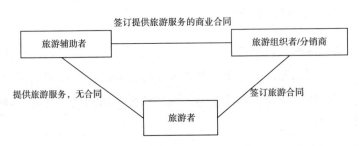

图 1　旅游者、旅游组织者/分销商与旅游辅助者的关系

第二，旅游合同的形式和种类非常多样，无法用一种有名合同进行替代，所以理论界主流观点认为，旅游合同属于混合合同，即由多个典型或者非典型合同部分共同构成的合同。如旅游合同之内导游、住宿、机票就可能分别属于承揽、委托或者居间合同，[①] 其依据旅游者与旅游组织者的协议有所不同。

当然，旅游合同并非代指所有的与旅游相关的合同，比如时下旅行社推出的自由行套餐，即仅包括往返机票或者仅包含几日住宿的旅游服务，不在旅游合同规制范围内，而应根据不同情况将其视为委托合同、承揽合同或者居间合同。此类合同与旅游合同的区别在于，当包含两项及以上的服务时，若旅行过程中发生问题，旅游者往往难以追究其中一个旅游辅助者的责任；同时还有一个旅行服务出现问题而影响下一个服务照常进行的问题，如临时景点关闭时，旅行社的行程如何进行调整。这些对于订立旅

---

① 参见王泽鉴《民法学说与判例研究》第 7 卷，中国政法大学出版社，2003，第 58～59 页。

游合同的旅游者来说，由于旅游组织者事先已经安排好，而且并不会将所有与旅游辅助者签订的合同都告诉旅游者，所以若是旅游者自行解决，则有相当大的困难。反观旅游者自助游的方式，旅游者是在对各个旅游服务提供者都有足够的了解后才分别与之签订合同，因此在出现争议时能够自行解决。而在自助游中提供订立个别服务的自然人或法人，也不应被称为旅游组织者，因为它并未组织此次旅行，实际订立合同的双方应为旅游者和服务提供者，这与旅游合同有本质上的区别。相比之下，如果是定制全套行程，也因包含多项旅游服务使得旅游者难以协调每个旅游服务者出现的问题，而旅游组织者既然已经接受旅游者定制行程，并且做好相应的沟通，也应有专业能力协调各个环节，换言之，也可以用旅游合同进行规范。

第三，旅游者应被视为消费者的一个类别。需要注意的是，欧盟是将旅游者作为"消费者"的特殊群体，与普通消费者并行存在于各成员国的消费者保护法之中，如西班牙消费者保护法第四卷专章规定旅游合同中的旅游者保护并将旅游者视为特殊消费者。消费者在我国定义为"为生活消费需要购买、使用商品或者接受服务"，同时《最高人民法院关于审理旅游纠纷案件适用法律若干问题的规定》明确提出可以适用《中华人民共和国消费者权益保护法》的有关法律规定。所以在旅游合同中也应当遵守对于消费者合同中对合同内容的要求，并且在对合同双方进行保护时，也应当对旅游者进行适当的倾斜保护。

三　2015 年欧盟指令中旅游合同的权利和义务

（一）订立合同前的权利和义务

在订立合同前，与普通合同类似，需要提前告知订立合同的另一方合同内容的相关信息。但其中需要特别注意的地方在于告知内容的"界限"在何处。

2015 年欧盟指令第 5 条规定，在先合同义务中，旅游组织者应告知包括行程内容、餐饮情况、交通方式、价格计算方式、最少参团人数、签证情况等诸多信息。并且这些信息确认后，大部分合同内容在除双方一致明确同意外，是不允许被更改的；如若更改，且在价格计算方式中未明确指出时，旅游者无须承担额外费用。

当然，大多数旅行社会派发行程和广告单以吸引客户，此处的广告单也应符合要约的相关要求，除非在该要约中注明允许在合同中进行修订，如价格会随预定时间有所变化，或者双方在订立合同时书面同意进行修订等，旅游组织者或分销商与旅游者签订的旅游合同应与之前的广告单或行程单保持一致。

关于合同形式方面，由于大多数的旅游合同（包括定制合同）都或多或少涵盖格式条款，所以在格式条款的特殊规定上面，适用欧盟指令 Directive 93/13/EEC 关于消费者合同中的不公平条款的相关规定。在合同中，不仅要求旅游合同为书面合同，并且要求以明确、清晰的语言来涵盖至少以下几个方面内容。[1] 旅游者事先提出的特殊要求（如携带宠物）；表明旅游组织者或分销商为责任人，并表明在其免责的情况下依然有义务提供相关协助；旅游组织者的身份和联系方式，必须有能够及时联系上的联系方式；告知旅游者应及时沟通履行不符的情况；对不符合年龄要求的旅游者，要求监护人的陪同或者同意；争议解决途径；以及旅游者可以转让给第三方的权利。同时，旅游组织者或分销商承担以上内容的证明责任。

（二）合同订立后旅游开始前的权利和义务

合同订立后，旅游者可以转让该旅游合同给第三方，但需要提前合理的时间（至少为7天）以可留存的方式（durable medium）进行通知，并且该受让方应符合已签订旅游合同中的所有条件。在合同转让后，原旅游者和受让方应对未付价款和因转让而导致的其他费用负连带责任。而旅游组织者原则上不允许将合同转让给第三方[2]，除非在合同中有相应规定，如未满开团人数的散客拼团等。

同时，合同订立后价款不允许再有所调整，除非在合同中已经有所说明，但上涨的依据仅限于税费调整、交通运输中燃油附加费的调整等，且上涨幅度不应超过8%，否则应适用修改合同条款的相关规定。

---

① 2015年欧盟指令第7条第2款。
② 此处转让给第三方是指旅游组织者完全将合同转让，而非委托其他旅游组织者。

合同双方不享有修改合同的权利，此时更应注意若在合同中已经有所规定，或者该修改为非实质性的，或者有合理的修改理由，也可以做出修改合同的要求。此时若为旅游组织者的重要修改，旅游者同意该修订时应在合理时间内通知旅游组织者或分销商，沉默或者直接拒绝修订则代表解除合同并返还价款或者接受替代的同等质量的其他行程。当旅游者同意修订或者接受替代行程但质量比原行程低时，可以要求降低合同价格。

旅游者有权在旅行开始前放弃旅行，但如果是由于旅游者自身原因导致的取消，则需支付赔偿；若是由于不可抗力①或者严重影响旅行的情况发生，如不可预计的天气原因导致行程无法完成，则无须支付赔偿。若由于旅游者的自身疾病突发，应不属于不可抗力，因为在旅行前已经客观存在，属于可预见的情况。同时旅游组织者在一定情况下也可以取消旅行计划且无须进行赔偿，如未到合同中的开团人数且及时通知，② 或者由于不可抗力而无法成行。

（三）旅游开始后的权利和义务

旅游行程开始后，旅游组织者或分销商应按照旅游合同的要求，完成其合同义务。旅游者在旅程中发现有任何与合同不符的情况，也应及时通知旅游组织者，如酒店无房、飞机延误等，旅游组织者应及时安排替代方案。此时替代方案将根据旅游组织者或分销商对于旅游辅助者的可控性来进行调整。如果是酒店不达标或者无房，旅游组织者或分销商对酒店有较大的控制权，可以选择免费升级到更高标准的房间或者安排到另外相同或更高标准的酒店入住；但如果出现公共领域内的问题，如飞机、火车延误、罢工游行等，应及时对旅游者的行程进行调整，保障其剩余行程的顺利开展。

若未及时安排替代方案，或者上述合同不符情况严重影响其他行程，则旅游者可以解除合同并得到相应赔偿。如果由于不可抗力而无法提供合同中规定的条件，旅游组织者也应提供给旅游者最多三晚同等条件的住宿。

① 不可抗力的情况为"不可避免"且"非常特殊"。
② 7 天以上旅行需要在行程开始前 20 天通知；2～7 天旅行需要提前 7 天通知；少于 2 天的旅行需要提前 48 小时通知。

此外，旅游组织者还有提供协助的义务以保障旅程顺利进行，比如提示旅游者当地的极端天气情况，药品和旅游证件的携带等，为保障旅游者健康情况的相应服务，以及提供能够及时沟通的联系方式。

四　我国旅游合同中的责任承担争议点

（一）责任主体的确定

我国在 2010 年《最高人民法院关于审理旅游纠纷案件适用法律若干问题的规定》第 4 条中认定旅游辅助者为第三人，而在第 7 条违反安全保障义务时，认定旅游组织者和旅游辅助者为连带责任人。此项规定有一个疑问，旅游辅助者与旅游者之间并无合同关系，只能依照侵权行为进行上诉。如果是侵权行为，与旅游组织者之间的联系又难以对应，因为实际上旅游组织者很多时候无"选任及监督过失之权"，[①] 如酒店内的清洁人员的侵权行为。所以旅游合同的请求权基础实际不明确。

对比之下，欧盟指令对于旅游合同中的责任负担问题，无论合同未履行或者履行瑕疵是由谁引起的，均直接明确到旅游组织者或者旅游组织者和分销商上；[②] 如果是旅游辅助者造成的损失，则由前述责任人向其追偿。两种责任都基于双方合同履行瑕疵或者未履行合同等，有其请求权基础。但归因于旅游者自身的问题，或者由于第三人的问题，或者不可避免的特殊情况，这三种情况属于旅游组织者的免责事由，无须承担赔偿责任，但旅游组织者应该提供相应的协助。

此处旅游合同中的公共交通服务，虽然欧盟指令中没有明确说明，但如航空公司导致的损失应属于不可避免的情况且旅游组织者不可控制，符合上述第三点的免责事由，所以旅游组织者因此也不需要提供赔偿，仅需提供相应帮助。为了保障旅游者顺利得到赔偿，《蒙特利尔公约》和《欧盟法令 EU 261/2004》将旅游合同中的航空公司出现的各种问题也纳入规制范围，由航空公司对旅游者进行由于航班的延误与取消、行李的丢失等

---

① 参见王泽鉴《民法学说与判例研究》第 7 卷，中国政法大学出版社，2003，第 54 页。

② 2015 年欧盟指令第 13 条第 1 款允许成员国自行决定是否将分销商列入责任主体，如西班牙《消费者保护法》第 162 条第 1 款就规定旅游组织者和分销商属于连带责任。

原因造成的损失直接赔偿。我国在公共交通领域出现的旅游合同履行问题也有相应的规定。《旅游法》第 71 条规定，"由公共交通经营者依法承担赔偿责任"。在航空公司中，适用《蒙特利尔公约》进行赔偿。第三方致损时，也理应由第三方承担赔偿责任。此时，旅游组织者应承担协助义务，若未完成其协助义务，也被视为责任主体。

（二）自行出游的责任负担问题

自行出游指的是在旅游合同中，在可供旅游者自行支配的时间内安排的行程，区别于自助游这种不应被涵盖在旅游合同规制之中的旅游。在我国，要求旅游组织者仅需承担合理的注意义务，如提示旅游者注意安全，旅游地的危险程度等。尤其是行程表以外的自由出行，强调旅游者应该有合理的判断和自我保护意识，也可以说此类责任属于归因于旅游者自身原因而导致的人身损害或合同无法履行，是旅游组织者的免责事由。

但此处需注意，何为"合理的注意义务"。在陕西运通国际旅行社的旅游合同纠纷案①中，原告在酒店休息期间发生溺水身亡，原审法院认为被告有安全保障的义务，而原告也有对自己行为后果预见的责任，所以各承担 50% 的责任；在河南康辉国际旅行社旅游合同纠纷案②中，法院判决认为，即使是自费项目，由于该项目也在旅游服务范围内，而旅游者本身也应预估项目的危险程度，所以双方应承担相应责任。从上述两个案例来看，对旅游组织者合理的注意义务难以分割出界限，同时也难以证明旅游组织者确实履行了注意义务，同样旅游者也难以将在自行出游时间的安全问题完全归责于旅游组织者，所以在法院判决上有判断双方承担责任的比例问题。

欧盟指令提出，该指令是以保障旅程的顺利实现为目的，若未完成部分服务，或者服务期间内受到损害，则应依照侵权法由旅游组织者进行赔偿，可是旅游组织者仅以提供旅游服务为基础，加以必要的协助服务，并未涉及安全提示等义务。所以当旅游者在完全自由的时间内自行活动时，旅游组织者仅有提供协助的义务，并无须证明已经提出安全提示，或已经

① "陕西运通国际旅行社有限责任公司与刘胜利、刘璐旅游合同纠纷案"（〔2018〕陕民申字第 634 号）。

② "李敏诉河南康辉国际旅行社有限责任公司、海南辉煌国际旅行社有限公司旅游合同纠纷案"（〔2011〕郑民四终字第 1146 号）。

尽到注意义务。可以看出，欧盟指令更加强调旅游者尽到合理的注意义务，提高自我管理的能力，并不能一味依赖旅游组织者。

（三）不可抗力下的责任负担问题

最后一种就是因不可抗力而导致的合同不能履行或者旅游者人身安全上的责任。《合同法》第117条和《旅游法》第67条都对不可抗力的情况做出规制。此时需要注意的是，不可抗力是无法避免、无法预见且不能克服的情况。此外，并非所有的不可抗力均产生同样的效果，例如，只有对旅游合同的履行产生重要影响的不可抗力，才可以赋予双方解除合同并无须赔偿的权利。

而在如航空公司和铁路的公共交通领域，是否能归于旅游组织者的免责事宜中的不可抗力，在此存在争议。如前所述，由于在2015年欧盟指令中并未使用1990年的"force majeure"，而采用了更为宽泛的"不可避免的特殊情况"（unavoidable and extraordinary circumstance），这也意味着不受旅游组织者控制的情况均可纳入免责事由之内，相比之前的不可抗力，2015年指令中的免责事宜有了更进一步的标准。我国对于因公共交通导致的合同不能履行，也仅限于《最高人民法院关于审理旅游纠纷案件适用法律若干问题的规定》第18条，由于"公共客运交通工具延误"而导致的合同不能履行，或部分不能履行，可以要求旅游组织者"退还未实际发生的费用"。

可以发现，公共交通领域区别于一般旅游辅助者，因为旅游组织者通常不具有约束该经营行为的手段和能力，[①] 所以在公共交通发生延误或者取消的情况下，旅游组织者也无须承担相应责任。对比之下，如果酒店无法提供住宿，旅游组织者则应承担赔偿和更换同等住宿条件的责任，因为旅游组织者可以有效约束酒店的行为和提供其他的替代方式。此外，公共交通领域也不能完全属于第三方，因为如果是由于第三方的行为导致的，旅游辅助者不需要承担任何责任，只有协助旅游者顺利完成行程的义务，并不能因此而退还未实际发生的费用。如由于搭乘出租车自行前往机场，遭遇车祸而致使未及时搭乘飞机，此为第三方出租车而导致的合同无法履

---

① 参见郑晶《旅游合同立法的几个基础性问题》，《旅游学刊》2011年第4期。

行，虽然旅游组织者有协助旅游者再次预订机票以完成剩余行程的义务，但并不需要退还合同价款。同样的，公共交通的履行问题不能归责于旅游者。所以公共交通领域发生的例如航空延误、航班取消等事件应属于不可抗力的范围，是旅游组织者的免责事由之一，这才可以解释第18条的相关规定。

五 结语

旅游形式的不断变化反映出旅游合同规制的必要性，而现在我国的《旅游法》和《最高人民法院关于审理旅游纠纷案件适用法律若干问题的规定》等，并未对旅游合同有一个系统和完善的规范。反观欧盟方面，对旅游者的保护范围日渐扩大，最新颁布的指令更是将最新的旅游形式融入之前的指令内容中去，并对旅游者做了最大限度的保护。通过对指令内容的分析，我们不仅需要把旅游合同作为一种特殊的合同形式来看待，而且需要划定旅游合同规制的范围而非单纯地将所有旅游服务都囊括在内。并且也有必要对旅游合同中的旅游者、旅游组织者或分销商以及旅游辅助者根据旅游合同的范围进行重新定义，将各方权利义务和责任分担情况区分开。厘清旅游合同既能保护旅游者的合法权益，又能明确旅游组织者或分销商和旅游辅助者的责任，促进他们更好地完成旅游服务，从而有利于促进旅游服务业的长足发展。

Legal Regulation on Package Travel Contract
—from the Perspective of European Union

Shu Jingyi

Abstract: The booming tourism industry calls higher demands on the legal regulations related to package travel contracts. Under this premise, the European Union has adopted the same level of protection for tourists as one kind of consumer. In 2015, the European Union Directive closely followed the newly developed tourism forms, incorporating more types of package travel contracts and providing higher grade of protection for tourists. However, with regard to the Chinese legislation on package travel contracts, the definition of the aforementioned contracts is unclear, making it difficult to provide tourists with sufficient protection under new form of tourism. Although the Supreme Court has stipulated the burden of responsibility, there exists the problem of the lack of the basis for the claim, which indicates that the issue of liability is still confusing. Not to mention that the responsibility problem in the independent tour and under the force majeure is also the focus of the current controversy.

Keywords: Package Travel Contract; 2015 European Union Directive; Travel Organizer; Burden of Responsibility

探析《保险法》中不可抗辩条款的完善

陈轩禹*

摘 要：不可抗辩条款来源于欧美，其目的是在投保人和保险人地位失衡的情况下，通过严格限定保险人的合同解除权，来保护投保人和被保险人的权益。不可抗辩条款于 2009 年引入，随着保险业的蓬勃发展其规定不明确的弊端开始显现，其集中体现在：未规定不可抗辩条款适用的除外情形；可抗辩期间的规定不完善。本文认为应当对该条款的除外情形予以具体规定，例如排除团体人身险、保险保障范围外等情形的适用。此外，还应通过完善保险代理人等配套制度来配合不可抗辩条款对保险业提出的较高要求，以便该条款能够更加契合地促进保险业发展，维护保险双方的权益。

关键词：不可抗辩条款；团体人身险；可抗辩期间

Incontestable/Indisputable clause 后文简称为"不可抗辩条款"规定于《保险法》第 16 条[①]及相关司法解释中。综合国内外学者的论述，[②] 笔者对不可抗辩条款界定为：自保险合同成立且生效后经过法定期间，该保险合同就成为不可争辩的合同，此时，即便保险人知晓了投保时存在非如实告

---

* 陈轩禹，北京师范大学法学院博士研究生。

① 其具体规定于《保险法》第 16 条第 3、4、5 款。第 3 款规定："前款规定的合同解除权，自保险人知道有解除事由之日起，超过三十日不行使而消灭。自合同成立之日起超过二年的，保险人不得解除合同；发生保险事故的，保险人应当承担赔偿或者给付保险金的责任。"第 4、5 款规定："投保人故意不履行如实告知义务的，保险人对于合同解除前发生的保险事故，不承担赔偿或者给付保险金的责任，并不退还保险费。投保人因重大过失未履行如实告知义务，对保险事故的发生有严重影响的，保险人对于合同解除前发生的保险事故，不承担赔偿或者给付保险金的责任，但应当退还保险费。"

② 美国学者约翰·F.道宾将其定义为："人寿保险合同经过一定的期间后就不可争议，保险人不能用合同解除权对抗人寿合同的效力。"樊启荣教授认为"不可抗辩规则"是指，"如果寿险保单已生效一个规定的时期后，并且被保险人在此期间没有死亡，则保险人以后就不能拒绝给付保险金，也不能取消合同或对合同提出争议"。

知、隐瞒事实等行为，也无权以背离诚信为由行使合同解除权。合同成立后可行使解除权的法定期间被称为可抗辩期间（一般为两年）。自 2009 年《保险法》引入不可抗辩条款以来，2016 年和 2017 年的保险赔付率相较于 2009 年有大幅提高，该条款促使被保险人得到切实赔付，这有助于投保人利益的维护和保险业形象的提升。

不可抗辩条款产生于 19 世纪中后期的英国和美国，是保险双方不断对抗碰撞的产物。当时，英国人寿保险公司将原本由社会上层人士为主力投保者的寿险业务扩大到了普通民众，保险公司进入了"洪水时代"，竞争异常激烈。而此时的英国保险业采取的是严格一致原则，即"只要投保人或被保险人在投保时进行了故意或过失的虚假告知，无论该虚假告知或隐瞒的情况有多重要，保险人都可以据此进行赔付"。① 这就产生了两个问题。首先，寿险的投保人在连续很多年缴纳保费后，因为寿险所具有的补偿和辅助生活、奖励生存功能，对于保险金的依赖加重，万一事故产生后，无法得到赔付，将会影响其生活质量和保单期待性。其次，由于严格一致原则，保险人会做出逆向选择，即使在投保人投保时，发现该投保人有不实告知、隐瞒等情况，也会视若无睹，继续促成保单的成立以收取保费，当保险事故产生后，便积极调查当年投保时投保人的过错和失误，从而引用严格一致的告知义务制度，拒绝赔偿。在保险业快速发展及保险市场主体大量增加的情况下，部分公司在保险消费者发生保险事故时，滥用合同的解除权，拒不承担保险合同约定的合同义务，恶意拒赔，导致全社会对保险业的信任度极大地降低。这种情况极大地阻碍和遏制了人们对于保险这种非刚性商品的需求，事实上也成为保险业发展的羁绊。

由于以上两个问题，民众对于保险的信任度急剧下降。1848 年，英国伦敦信用保险公司为了维护保险公司形象，首次在其签发的保险条款中承诺"其不会因为任何理由来抗辩超过两年的保险单"。② 这一条款一经推出，就受到了投保人的普遍欢迎，极大地改善了该公司与消费者的关系，为公司赢

---

① 陈晓安、孙蓉：《国际不可抗辩条款对保险业的影响及我国的选择》，《保险研究》2011 年第 3 期。

② 陈畑畑：《论新〈保险法〉不可抗辩条款》，《知识经济》2012 年第 2 期。

得了信任。其后该条款被其他公司纷纷仿效，在寿险业得到了极大的推广。

一 我国《保险法》相关立法解读

《保险法》第16条是对不可抗辩条款的规定。第16条的立法目的在于："坚持保险合同的最大诚信原则与民事合同的公平正义原则规范保险承保理赔行为，全面保障保险消费者权益，更好地发挥保险在国计民生中的积极作用。"① 鉴于之前的学者对此条款很少进行具体解释，笔者将从法条之间的逻辑关系、适用前提，对第16条进行价值和理论梳理。

（一）我国《保险法》第16条的法条分析

《保险法》第16条的具体规定和相关逻辑如下。第1款，投保人的如实告知义务②；第2款，保险人的合同解除权（投保方违反第1款时）③；第3款，合同解除权的除斥期间、不可抗辩期间，该款是对第2款的限制；第4款，投保人故意违反如实告知义务的法律后果（不退、不赔）；第5款，过失违反如实告知义务的法律后果（不赔、只退）；第6款，弃权和禁止反言。

从文意上看，在第16条第2款之后连接的法条应该是，合同解除前发生保险事故如何处理的规定，而第4、5款就是"合同解除前的规定"，因此第4、5款应当与第2款连为一体。

从上述分析可以看出，《保险法》第16条的法条顺序是有一定问题的。一方面，只有第4、5款内容与第2款是总和分的承接关系（都是讲不履行告知义务的情形），意思联系最近，而与其他各款不属于同一格次的并列关系。其本应规定在第2款之内，或将第4、5款前移至第2款之后。另一方面，第4、5款的本意是，在保险人有权解除合同的前提下，投保人未进行如实告知的法律后果，但这个前提并没有在任何条文中提及，从而

---

① 陈晓安、孙蓉：《国际不可抗辩条款对保险业的影响及我国的选择》，《保险研究》2011年第3期。

② 《保险法》第16条第1款规定："订立保险合同，保险人就保险标的或者被保险人的有关情况提出询问的，投保人应当如实告知。"

③ 《保险法》第16条第2款规定："投保人故意或者因重大过失未履行前款规定的如实告知义务，足以影响保险人决定是否同意承保或者提高保险费率的，保险人有权解除合同。"

造成第 4、5 款与不可抗辩条款的矛盾。

由上文对《保险法》第 16 条各款概述可知：当出现故意或重大过失未如实告知，并出现保险事故后，若按第 4、5 款规定，保险人是不承担赔偿责任的；若按第 2、3 款的规定，可抗辩期间过后，保险人必须要进行如实赔偿。为解决上述矛盾，《最高人民法院关于适用〈中华人民共和国保险法〉若干问题的解释（二）》（简称《保险法司法解释二》）第 8 条规定："保险人未行使合同解除权，直接以存在保险法第十六条第四款、第五款规定的情形为由拒绝赔偿的，人民法院不予支持。"因此，如果出现投保人故意或重大过失未如实告知，并出现保险事故的情况，保险人如若拒绝赔付，必须先解除合同，此时保险人将受到第 16 条第 2、3 款不可抗辩条款的约束，从而再次从法条适用上巩固了第 16 条关于不可抗辩条款的地位。

（二）《保险法》第 16 条的适用前提

第 16 条的适用前提是保险合同本身有效，无效的合同是绝对的无效，自然也没必要再讨论解除权的问题。保险合同无效有以下几种可能。第一，投保人对保险标的不具有保险利益，参考《保险法》第 31 条①，《最高人民法院关于适用〈中华人民共和国保险法〉若干问题的解释（三）》（简称《保险法司法解释三》）第 4 条②将这一规定进一步细化；第二，重复或超额保险，超过保险价值的，超过的部分无效；第三，保险机构没有明晰、详细说明责任免除条款③，该条款无效，这里的无效，仅限于对"责任免除"条款的无效；第四，第 34 条④所指的死亡险，视被保险人是否同意而决定合同是否有效，这种情况近似于前述"缺乏保险利

① 《保险法》第 31 条规定："订立合同时，投保人对保险人不具有保险利益的，合同无效。"

② 《保险法司法解释三》第 4 条规定："保险合同订立后，因投保人丧失对被保险人的保险利益，当事人主张保险合同无效的，人民法院不予支持。"这就将投保人对保险标的利益进一步细化。

③ 《保险法》第 17 条第 2 款规定："对保险合同中免除保险责任人的条款，保险人在订立合同时应当在投保单、保险单或者其他保险凭证上作出足以引起保险人注意的提示，并对该条款的内容以书面或者口头形式向投保人作出明确说明；未作提示或者明确说明的，该条款不产生效力。"

④ 《保险法》第 34 条规定："以死亡为给付保险金条件的合同，未经被保险人同意并认可保险金额的，合同无效。"

益"的情况。

（三）我国不可抗辩条款与国外不可抗辩条款的差异

我国的不可抗辩条款援引于国外，但与国外不可抗辩条款相比，仍然存在以下几个区别。

第一，适用范围不同。英国、美国、德国的不可抗辩条款仅适用于人身保险合同，其中美国的适用范围扩展到健康保险、人身意外伤害保险以及疾病保险。而我国对于不可抗辩条款的适用险种没有做出明确规定。第二，可抗辩期间及其起算点不同。日本、德国的可抗辩期间为五年，而我国的可抗辩期间为两年。美国是从保险合同生效时开始计算；我国是从保险合同成立时开始计算。第三，适用例外不同。美国纽约州等要求在两年的可抗辩期内，被保险人必须生存；德国规定可抗辩期内发生事故或恶性投保欺诈的不受可争辩期间限制。而我国对于不可抗辩条款的适用例外并没有规定。

（四）不可抗辩条款的法律价值

首先不可抗辩条款有利于改善"理赔难"现象，提升保险业形象。笔者查阅中国裁判文书网，以"不可抗辩条款"为关键词进行搜索，所得案例大多数以投保人的胜诉而告终，其判决理由最主要的就是对不可抗辩条款进行的法律解读。当保险合同的赔付得到保障时，公众对于保险业的信任也会逐步加强，进而保险公司会减少为推销保险产品所花的人力、物力成本，也可节约司法资源。其次，当代保险业还负有社会"稳定器"的使命。保险存在的意义就是帮助人们规避风险，一般来说，投保者在买完保险后都会对日后万一发生事故可得的保险金有一定信赖，也不会去质疑保险合同有什么问题，基于此，受益人或投保人不太可能再去寻求其他的保障，大多都会依赖保险合同所带来的收益期待性。尤其是寿险合同，交保费时间越长，未来经济保障水平越高。不可抗辩条款保障被保险人切实得到赔付，符合人道主义精神，且维护了消费者的信赖程度。最后，不可抗辩条款有助于经济的发展和金融市场的活跃，长期寿险所获得的保费，一般都由保险公司进行投资，使其保值增值，越多的人购买保险，保费所累积的资金量就越大，当这些资金流入市场

（一般为资本市场），经过金融市场的再分配，会给其他产业带来资金，从而促进经济的发展，因此长期寿险的稳定，对一国经济的拉升有利无弊。

二 不可抗辩条款适用中的除外情形

我国不可抗辩条款并未规定其适用的除外情形，这容易在实务中引发适用该条款的争议。本文认为在未缴纳保费、可抗辩期间内被保险人死亡、超出保险保障范围、保险险种为团体人身险四种情形下，均不应适用不可抗辩条款，具体分述如下。

（一）未缴纳保费的情形

投保人未缴纳保费，说明其本身无意或无力维持合同效力，不适用不可抗辩条款。原因在于，双方互付对价是保险合同存续之基础，而对方具备给付能力亦是当事人存在继续履行期待之前提。基于《保险法》第 14 条①，缴纳保费是保险机构承担责任以及合同有效存续的前提。投保人是否足额缴纳保费，是否及时续保，与投保人是否进行了不如实告知没有关系，甚至不满足适用第 16 条的前提。更何况，投保人没交保费是投保人没履行好合同义务，这与保险机构无丝毫关联，基于公平原则和"理性的经济人"，保险人也无履行义务的必要。

此外，商主体的营利性特征使作为商人的保险人不可能在合同相对方不再支付保费的情况下继续为被保险人提供无偿的保险产品与服务。试想，投保人未缴保费时仍拥有抗辩权，那么，被保险人在没有付出成本的情况下就获得了不正当利益，这不符合合同的公平性，也与保险业的营利性质相悖。

当然，根据商事合同维持原则，对于投保人欠缴保费的情形不能一概而论，实务中必然存在因偶然情况或资金链断裂而未缴纳保费的情况。在实务中，保险人应以催告的形式给予投保人一定时间的缓冲期，允许其在一定期限内缴足保费，以继续维持合同的效力。因此，讨论投保人欠缴保

---

① 《保险法》第 14 条规定："保险合同成立后，投保人按照约定交付保险费，保险人按照约定的时间开始承担保险责任。"

费作为不可抗辩条款适用上的除外情形时，应给予投保人维持合同效力的机会，只有当保险人催告后投保人仍不履行缴付保险费的情形时，才应排除不可抗辩条款的适用。

（二）可抗辩期间内被保险人死亡的情形

对于在保险实务中出现的，投保人违反告知义务并签署了保险合同，被保险人在合同订立后的两年内死亡，受益人在可抗辩期间规定的两年之后才进行索赔的情况，应排除不可抗辩条款的适用，保险人仍具有合同解除权。

首先，英美法系的不可抗辩条款大多包含了"被保险人在保单生效已满两年仍生存"的条件。为防止受益人恶意利用不可抗辩条款进行规避，可以参照英美法系的规定，排除不可抗辩条款的适用。

其次，从两年期间设立的前提上看，"如果合同经过两年后，仍然没有发生保险事故，则几乎可以认定投保人的告知即使有瑕疵，也不足以影响保险人对危险的估计"。[①] 大量案例表明，若投保时有不实告知，那么该不诚实的行为会在两年内通过被保险人的状况表露。若被保险人死于两年内，则客观上不可抗辩条款设立的前提假设已不复存在。

最后，在此情况下排除不可抗辩条款的适用，有助于防止受益人故意延迟通知。如果不论被保险人是否死亡，只看合同是否经过了两年就来判定保险人是否还有解除权，那么心怀不轨的受益人为避免保险人行使解除权，便有可能故意推迟两年之后才向保险方通知保险事故的发生，此时保险人受制于不可抗辩条款，只能理赔。这难免有鼓励保险金请求权人投机取巧之嫌。可用司法解释对其细化，使之更合理。

（三）超出保险保障范围的情形

对于不属于保险保障范围内的事项，不适用不可抗辩条款。保险人只对属于保险保障范围内的事项承担保险责任，这也是保险人确定保险费率的基础。保险公司通过不同的保障范围设立不同的保险费率。如果发生的危险不属于承保范围，保险人不承担保险责任，必然不适用不可抗辩条

---

① 王冠华：《〈保险法〉上不可抗辩条款适用问题三论——对〈保险法〉第 16 条的目的限缩解释和文义解释》，《暨南学报》（哲学社会科学版）2013 年第 3 期。

款。"在美国，不可抗辩条款只能阻止保险人对保险单效力的抗辩，但不排除保险人根据保单条款对不属于保险责任的任何赔偿的抗辩。"① 例如，癌症是人身保险合同中的除外责任，那么，在订立合同时不管投保人对被保险人是否患有癌症的情况进行了告知，也不管该保单存续了多久，被保险人因癌症导致的后果和风险都不属于保险责任范围，保险公司不应适用不可抗辩条款。

笔者认为，某事项是否属于保障范围的争议，并不必然影响双方当事人所签订的保险合同的成立及效力。对于不属于保险保障范围的情况，保险人拒绝理赔时所行使的是基于合同约定范围的抗辩权，而不是合同解除权，其所抗辩的是投保方的债权请求权。因此，当保险双方因保障范围产生争议时，法院审查合同对于该范围的约定如何即可，无须援引不可抗辩条款。

（四）保险险种为团体人身险的情形

对于团体人身险是否受不可抗辩规则的限制，我国《保险法》及相关司法解释没有进行相应规定，理论界也有一定争议。

笔者认为不可抗辩条款不应适用于团体人身保险，主要原因在于团体人身保险的特殊性。首先，该险种将需要凝聚规模效益，其手段是将相同情况相同属性的个体进行集中参保。"保险公司要划分可以具体投保的群体，保险公司以放弃核保为代价，换来整批的保险业务。"② 审查团体的合法性和团体成员的比例是保险公司选择对象的重点。其次，团体人身保险使用团体人身保险单（总保单），只从整个团体出发决定是否承保，与个体情况无关。判断一个人是否属于团体险的被保险人，其主要依据是用人单位或劳动者提供的相关信息。例如航空公司给飞行员购买的团体人身险，保险公司的判断依据也仅仅是该飞行员是否隶属于某航空公司，对于核保并无其他苛求。最后，团体人身保险针对团体设定保险费率（工作性质不同死亡率也不同）或使用经验费率。同时团体保险的最大特

---

① 郭建标：《〈保险法〉中不可抗辩条款若干法律问题之探讨》，《法律适用》2012 年第 1 期。

② 王冠华：《〈保险法〉上不可抗辩条款适用问题三论——对〈保险法〉第 16 条的目的限缩解释和文义解释》，《暨南学报》（哲学社会科学版）2013 年第 3 期。

点是事后核保，这样既有针对性也能节约大量前置成本。然而不可抗辩条款的目的之一便是督促保险人及时履行核保调查义务，禁止投机性地事后核保。

综上所述，在团体人身险中，被保险人不需要体检，保费费率低，团体保险有自身独特的利益激励机制，其采用的"事后核保"模式使得保险方和投保人的权利义务已处于平衡状态。而不可抗辩条款之要旨在于督促保险人事前核保，禁止投机性地事后核保。如若将不可抗辩条款适用于团体保险，则与团体保险创造性的经营模式相抵触，对双方也并无好处。因此，对于团体人身保险来说，其已经有了较成熟的利益激励机制，对保险人再苛求以不可抗辩条款，难免有失公允。

三　完善可抗辩期间的规定

可抗辩期间是不可抗辩条款的核心内容之一，在探讨可抗辩期间时其主要问题集中于可抗辩期间协议变更的效力以及保险合同复效后如何计算可抗辩期间。前者涉及当事人是否有权对可抗辩期间进行变更以适应各自需要，后者则涉及保险合同自中止恢复效力后如何再次适用不可抗辩条款。

（一）不可抗辩条款的可抗辩期间协议变更的效力

我国规定的可抗辩期间是两年，从保险合同成立时开始计算，这两年的规定有人认为过于死板。对于当事人之间可否对两年的可抗辩期间进行协议变更，理论界有两种观点。观点一，时效期间的性质属于强制性规定，不得放弃、加重或缩短。《德国民法典》第225条[①]、《日本民法典》第146条[②]都有类似的规定。观点二，关于时效的协议变更应分情形讨论，不能一言蔽之。协议约定的期间少于可抗辩期间的可认定为有效，反之则无效，我国台湾地区"保险法"第54条[③]有类似的规定。

---

① 《德国民法典》第225条规定："法律行为不得排除或者加重时效。允许减轻时效，特别是缩短时效期间。"

② 《日本民法典》第146条规定："时效利益的放弃：时效利益不得预先放弃。"

③ 我国台湾地区"保险法"第54条规定："本法之强制规定，不得以契约变更之，但有利于被保险人者，不在此限。"

笔者认为应当明确可抗辩期间协议变更的效力，对于当事人之间协议变更可抗辩期间小于两年的情形，在法律上应当明确为有效，即允许合同当事人对可抗辩期间做出少于两年的变更，原因如下。

首先，不可抗辩条款设立的目的，在于保护投保人、被保险人及受益人的期待利益。从保护投保方的角度，《保险法》第16条规定的两年是最低限度的期间保障，属于法律规定的强制性时效期间，但这并不影响保险人自愿给予投保人更好的保障承诺，若"投""保"双方约定的期间少于两年，这显然是对投保方有利的。但如果双方约定了比两年更长的期间，则显然会损害投保方的利益，应认定无效。

其次，"不可抗辩条款下的保险人的合同解除权，是保险人的一项私法权利，保险人可以自由享有或选择放弃"。[①] 在双方意思自治且无胁迫、重大误解等情况下，若双方约定的期间少于两年，比如约定为一年，那么可解释为保险人放弃了在约定的一年至法定的两年中间这余下一年的本可行使的解除权。

（二）明确保险合同复效后可抗辩期间的起算

依据《保险法》第35条的规定，人寿合同期限往往较长，保费也大多按照分期缴付的方式。[②] 依据第36条的规定，当投保人没有按时缴纳保费时，保险合同不会因此失效，而是进入中止的阶段。[③] 依据第37条的规定，保险合同的效力如果需要恢复，只需在宽限期内缴足保费。[④]

当效力被恢复以后，可抗辩期限的计算方式在学术界存在争议。大多数学者认为需要分情况讨论。第一，可抗辩期间从合同复效时开始从头计

---

① 郭建标：《〈保险法〉中不可抗辩条款若干法律问题之探讨》，《法律适用》2012年第1期。

② 《保险法》第35条规定："投保人可以按照合同约定向保险人一次支付全部保险费或者分期支付保险费。"

③ 《保险法》第36条规定："合同约定分期支付保险费，投保人支付首期保险费后，除合同另有约定外，投保人自保险人催告之日起超过三十日未支付当期保险费，或者超过约定的期限六十日未支付当期保险费的，合同效力中止，或者由保险人按照合同约定的条件减少保险金额。"

④ 《保险法》第37条规定："合同效力依照本法第三十六条规定中止的，经保险人与投保人协商并达成协议，在投保人补交保险费后，合同效力恢复。但是，自合同效力中止之日起满二年双方未达成协议的，保险人有权解除合同。"

算的前提在于，要再次进行如实告知①；第二，可抗辩期间仍从合同成立时计算的前提是，无须再次进行告知。

关于合同复效时，投保人是否应再次如实告知，笔者的观点如下。一方面，因为在保险合同效力中止期间，保险双方获得的信息是不对称的，保险公司想再次获得被保险人信息只有依靠投保人进行如实告知，保险人也能据此来考虑是否恢复合同效力。因此，保险人在合同复效时的确有权有理由要求如实告知，但复效毕竟不是重新签订合同，投保人只需要对重要的事实进行告知即可。另一方面，参考《保险法司法解释三》第8条②，复效时，投保人的再次告知内容应当为被保险人的健康状况的危险水平是否明显增加，投保人对合同最开始订立时，早已告知过的内容不必再次重复告知。

综上所述，笔者对保险合同复效后，可抗辩期间计算做出了两点设想。第一，在保单复效后，若投保人对保单中止期间被保险人所发生的情况，尤其是对被保险人的健康状况的危险程度进行了如实告知（不论是主动或被动告知），则该期间仍然自合同成立时进行起算。第二，在申请保单复效时，若投保人对于被保险人变化了的健康状况没有进行如实告知，则可抗辩期间应从保单复效时重新计算。这样既不影响保单的持续性和保单签发后的效力，也对双方的权利都给予了相应保护。

四　健全不可抗辩条款的配套制度建设

不可抗辩条款作为一项法律适用条款，其立法宗旨是平衡保险双方的利益，让投保方得到切实赔付，完善配套制度有利于该条款得到更好的适用。此外，由于不可抗辩条款规定两年可抗辩期间后保险人将失去合同解除权，这在一定程度上会引发保险欺诈的产生，例如一些人在投保时欺诈而在两年后才进行索赔。为防止不可抗辩条款诱发的信用问题，也可从配

---

① 持此观点的主要是孙宏涛教授，参见孙宏涛《我国〈保险法〉中不可抗辩条款完善之研究——以〈保险法〉第16条第3款为中心》，《政治与法律》2015年第7期。

② 《保险法司法解释三》第8条规定："保险合同效力依照保险法第36条规定中止，投保人提出恢复效力申请并同意补交保险费的，除被保险人的危险程度在中止期间显著增加外，保险人拒绝恢复效力的，人民法院不予支持。"

套制度入手对该条款进行完善。

（一）完善审慎核保原则

对核保不严的问题，建议将核保法律化。可在《保险法》中加入关于核保环节的规定。例如可将核保作为保险合同成立的必备过程，也可将核保期间进行细化，规定核保期间为 5 个工作日，来强化保险人的核保责任。"如我国台湾地区'财政部'规定：'寿险保险人在收到预收保险费后五日内，要做出同意承保与否的意思表示，如果超过五日，保险人没有做出是否同意承保的意思表示，就视为保险人同意承保。'"① 应当出台配套的核保监管规定，发挥银保监会的作用，对核保能力差的当地保险机构进行处罚，使审慎核保原则能够发挥实际效用，银保监会可以将核保内容、方法以指导意见的方式细化，推动核保规范化。

此外，保险公司需要加强自身核保环节，提高风险识别能力。不可抗辩条款的推行限制了保险人对投保方没有"如实告知"的抗辩权，督促保险人及时行使权利，有针对性地改造实务流程，增强核保的风险识别、筛选能力，从源头控制风险，提高承保业务质量。

（二）加强信用制度建设

信用制度不健全、信息共享不到位是现阶段保险业存在的问题。保险公司在与投保人订立保险合同时无从查阅相关的信用，法院的"老赖"名单、银行的坏账名单都应该与保险公司进行信息共享。保险公司之间的信息共享缺失，会导致有人利用同一个保险标的在 A 公司投保，对 B 公司欺诈。医院和保险公司之间也难以做到信息对称。例如，被保险人死亡究竟是医疗事故还是意外事故，保险公司不具备调查取证权，很难从医院得到真实情况。

信息披露是矫正信息不对称的重要手段，为减少投保人投保时不如实告知带来的经营风险，应做好机构间的信息共享，"各个保险公司可统一建立关于保险从业人员的信息库和客户信息共享平台，记录投保人的投保

---

① 伞冰：《浅析人身保险核保过程与保险合同的成立》，《人民法院报》2010 年 10 月 27 日，第 7 版。

信息及不良记录"。① 并设立诚信档案以便互通有无。现如今，法院设立的被执行人"黑名单"制度已初具规模，并发挥了积极作用，完善了整个社会的诚信体系构建。

保险等金融行业间也应该加强信用信息共享平台建设，比如各公司和各医院间可以设立某种信息互通网络（网站），这个网络应当涵盖医院、保险公司、民政部门等多方机构，其相互交流的信息应当是保险客户的各类健康信息情况，其作用是将客户的医疗信息公开化，防止保险诈骗的情况。例如，甲因严重疾病入院治疗，此时医院的系统应当和签署合约的保险公司进行对接，当医院更新甲的治疗情况和病情时，保险公司能同时得到医院所更新的信息，从而保证信息的及时性和真实性。

（三）完善保险代理人制度

保险代理人制度存有缺陷。我国保险代理人的主要收入包括基本工资（很少一部分）＋佣金＋保单成立的绩效（大部分）＋年终奖（以业绩衡量）。因此，对他们而言，促成保单生效就非常重要，职业责任感低的员工自然会带来"垃圾"保单。

"要明确代理人的法律地位，消除部分个人代理人不明白自己到底是保险公司员工还是个人代理人的模糊心理，使处于边缘地位的他们明确自身的职业生涯发展方向。"② 在聘用制的情况下，可以将优秀的保险代理人转为保险公司的正式员工，并享受员工福利和相应的晋升通道。此外，还需加强人力资源部门专业性建设，定期强制对保险代理人进行业务培训。在不同的阶段采取有针对性的培训方式，将培训贯穿于保险代理人的整个职业生涯中。培训的内容除了专业知识和技能之外，应侧重职业道德的培养和树立。设计出符合公司实际的绩效考核机制，可以通过引入高素质的人力资源师，增强保险公司总体业绩与保险代理人收入的正相关性，加强员工的责任感建设。将业务培训纳入绩效考核之中，保险公司可通过物质奖励和精神奖励的方式，调动员工的工作积极性，

---

① 姚茂泳：《人寿保险不可抗辩条款的应用趋势及应对策略》，《中共青岛市委党校（青岛行政学院）学报》2009 年第 3 期。

② 冯圆媛：《浅析我国保险代理人制度》，硕士学位论文，吉林大学，2009。

促使保险代理人真正从保险公司的发展角度、自身利益的相关性出发来开展保险服务。

（四）加强监管

对保险公司的条款进行重新审查和备案，对不可抗辩条款在合同中的运用进行监督和统一性规范。第一，银保监会利用行政手段强制要求各保险公司的格式合同中包含具有银保监会统一文字形式的不可抗辩条款；第二，检查格式合同中的其他条款，保证这些条款的内容不能和不可抗辩条款相矛盾。保险公司需要规范、完善合同条款，保险公司作为格式合同的提供方，应设计有针对性的保险合同或者与赔付有关的查勘条款来避免逆选择和道德风险，可以通过拟订免责条款来部分消除不可抗辩条款对保险公司的不良影响。比如以显名的形式将一些疾病列为除外责任，达到控制风险的目的。

针对大多数投保人不知道有不可抗辩条款这一规定的状态，将这个规则的内容整合到保险合同中，会给投保方更直接了解这一规则的权利。《保险法》第 136 条规定："保险公司使用的保险条款和保险费率违反法律、行政法规或者国务院保险监督管理机构的有关规定的，由保险监督管理机构责令停止使用，限期修改；情节严重的，可以在一定期限内禁止申报新的保险条款和保险费率。"第 137 条规定："国务院保险监督管理机构应当建立健全保险公司偿付能力监管体系，对保险公司的偿付能力实施监控。"我国银保监会对各公司的保险合同条款、保险费率的大小拥有监督权，也有权利处罚相应的违规操作机构。银保监会在完善自己职责的同时，应监管的内容包括：该保险公司发售的产品，在合同中是否明确标注不可抗辩条款；保险产品中的其他条款，尤其是精心设计的格式条款，是否存在对抗、回避不可抗辩条款的部分；对于违规行为，分类、分情形给予行政处罚和相应处分。

（五）完善告知义务的规定

就告知义务履行主体而言，如果投保人与被保险人不一致，某些影响保险合同生效的事实，特别是重大事实，也许只有被保险人知晓。在此情况下，如果保险人仅根据投保人的告知即签订保险合同，显然不利于保险人。在被保险人没有如实告知的情况下，保险人也很难因投保人违反告知义务而主张合同的无效。所以，《保险法》应当将被保险人也纳入告知义务主体范畴。这样就更能体现最大诚信原则的要求，有利于保险人利益的实现和我国保险事业的和谐发展。

结　语

不可抗辩条款的诞生来自保险业为解决信用问题的现实需要，其最初由保险人主动纳入保险合同，逐渐发展为各国普遍采纳的法定条款。我国在 2009 年将不可抗辩条款引入，符合保险业发展的国际趋势，近年来也出台司法解释对该条款进行了说明，在推动保险业发展的基础上，体现出我国法制的进步。但是该条款仍有不完备之处，例如应当将未缴纳保费、可抗辩期间内被保险人死亡、超出保险保障范围、保险险种为团体人身险这四种情形纳入不可抗辩条款的除外情形；还应明确可抗辩期间协议变更的效力以及保险合同复效后可抗辩期间的计算方式。此外，还可考虑从加强配套制度建设的角度入手，防止不可抗辩条款诱发的信用问题。

On the Perfection of the Indisputable Clause in the Insurance Law

Chen Xuanyu

Abstract：The Indisputable clause originates from Europe and America. Its purpose is to protect the rights and interests of the insured and by strictly restricting the right of rescission of the contract in the case of unbalanced status of the insurer. The Indisputable clause was introduced in 2009. With the vigorous development of the insurance industry, the drawbacks of its ambiguous provisions began to appear. It is mainly reflected in the absence of an exception for the application of the Indisputable clause and the imperfection of the provisions during the defense period. This article holds that the exclusion of this clause should be specified, such as the exclusion of group life insurance, the application of insurance coverage and other circumstances. In addition, we should also improve the supporting system of insurance agents to meet the higher requirements of the Indisputable clause on the insurance industry, so that the clause can more appropriately promote the development of the insurance industry and safeguard the rights and interests of both sides of the insurer.

Keywords：The Indisputable Clause; Group Life Insurance; the Defense Period

从"非公室告"与"家罪"看秦律的立法思想

徐　桥*

摘　要："非公室告"和"家罪"是《睡虎地秦墓竹简》所见秦律中有关家庭内部纠纷的处理方法和意见。面对父亲对儿子擅自造成的人身伤害，"家罪"和"擅杀子罪"都意味着父亲应该为此承担刑事责任，但是"非公室告"中对子告父的"勿听"处置却使得"家罪"似乎难以落实。这种法规的设置，一方面损害了子女的诉讼权，另一方面也和后代儒家思想获得统治地位后对子告父直接处死的"干名犯义"有很大区别。秦律既鼓励亲属告奸，又设置了不准子告父的"非公室告"，看似矛盾的主张背后其实是法家实用主义的立法思想——在不危害国家利益的情况下，不关注个人私德，顺应时俗立法。"非公室告"也是这种立法思想在秦国大家族解体、编户齐民社会形成背景下的产物。

关键词："非公室告"；"家罪"；秦律；法家

《睡虎地秦墓竹简·法律问答》记载的秦律中，关于家庭内部违法，有"非公室告"和"家罪"等规定。"非公室告"明确禁止家庭内部成员争讼，这就很容易造成家人违法却难被起诉的局面，但家庭内部成员之间的相互侵害却已经被认定是"家罪"。一向严谨的秦律在这里出现如此的矛盾，甚至有向儒家"亲亲相隐"思想靠拢的迹象，不得不引人深思。

对这一问题，以往论者主要从秦立法者吸收儒家尊尊亲亲的思想、立法时新兴君权和传统父权博弈的社会形态两个角度进行解释。但考诸史实，以上两种观点均有所不足。"非公室告"和"家罪"并行而悖的原因，实际上和秦立法思想中鲜明的实用主义色彩密不可分。

---

* 　徐桥，北京师范大学历史学院本科生。

一 秦律中所见"非公室告"和"家罪"

"非公室告"和"家罪"都是《睡虎地秦墓竹简》中所见有关处理家庭纠纷的规定。

所谓"非公室告"，《睡虎地秦墓竹简·法律问答》中记载：

> "公室告"【何】殹（也）？"非公室告"可（何）殹（也）？贼杀伤、盗它人为"公室"；子盗父母，父母擅杀、刑、髡子及奴妾，不为"公室告"。①

又补充说：

> "子告父母，臣妾告主，非公室告，勿听。"可（何）谓"非公室告"？主擅杀、刑、髡子及奴妾，是谓"非公室告"，勿听。而行告，告者罪。告【者】罪已行，它人有（又）袭其告之，亦不当听。②

由此可见，秦代律法将诉讼分成"公室告"和"非公室告"。杀伤和盗窃他人这类刑事犯罪被看作"公室告"，而儿子偷窃父母财物，父母擅自杀死儿子或奴仆，或对其动用私刑是"非公室告"。如果出于"非公室告"的原因儿子状告父母，或者奴仆状告主人，官府不予受理。坚持起诉的要被判罪，在起诉者被判罪后，如果又有人继续状告，官府依然不予受理。

这里体现出"非公室告"的两个要点。其一是适用范围，"非公室告"应用于父母对子女和奴仆擅自造成伤害或子女偷盗父母财物上，属于家庭内部纠纷。其二是处理方法，如果儿子或奴仆受到侵害后起诉，官府一概不予受理。

---

① 睡虎地秦墓竹简整理小组编《睡虎地秦墓竹简·法律问答》，文物出版社，1978，第 195 页。

② 睡虎地秦墓竹简整理小组编《睡虎地秦墓竹简·法律问答》，文物出版社，1978，第 196 页。

与"非公室告"相关的还有"家罪"的概念：

"家人之论，父时家罪殴（也），父死而诵（甫）告之，勿听。"可（何）谓家罪？"家罪"者，父杀伤人及奴妾，父死而告之，勿治。

又有：

可（何）谓家罪？父子同居，杀伤父臣妾、畜产及盗之，父已死，或告，勿听，是胃（谓）"家罪"。①

"家罪"这一概念，主要是从父亲死后"勿听勿治"的角度被提及的。其适用范围除了"父杀伤人及奴妾"，还包括儿子对父亲奴仆的伤害以及对父亲财产的损害和偷盗。后者与"子盗父母"相似，前者实际上是对"非公室告"的扩展。② 然而，这里就隐约埋下了一个问题："家罪""勿听勿治"的处理方法适用于当事人之一的父亲已死的情况，那么父亲在世时呢？从其作为问答的一个条例可以推测出，父亲在世时应该有与之不同的解决方法。但从"非公室告"的要求来看，此类案件应直接属于"勿听"的范畴，二者之间出现了矛盾。

更重要的是，秦律中还有对于父亲擅自对儿子造成伤害的另外规定：

---

① 睡虎地秦墓竹简整理小组编《睡虎地秦墓竹简·法律问答》，文物出版社，1978，第197页。

② "父杀伤人及奴妾"的主要问题在于"人"的所指。"非公室告"已经提到，父亲对儿子及奴仆的杀、刑、髡均属于"非公室告"，也是"勿听"的范畴。而这里的"人"应该是比"儿子"更扩大一步，适用于家庭内部臣属于父亲的成员。其实秦律对当事人已死的案件本来就有不再追究的倾向。《睡虎地秦墓竹简·法律问答》中有一条文"甲杀人，不觉，今甲病死已葬，人乃后告甲，甲杀人审，问甲当论及收不当？告不听"。由这一条文而观，即使犯了杀人这种重罪，不论所杀之人何种身份，在犯罪人死亡以后，均不再追究，也不连坐其家属（参见耿爱华《由家族法看秦立法精神》，硕士学位论文，中国政法大学，2008，第22页）。但此条起首既已点明"家人之论"，已经将讨论范围限定在家庭内部。又称之为"家罪"，更强调了所说罪名存在于家庭之中或与家庭有关这一点。此处的"人"与"奴妾"并举，应该是把人和当时被看作"物品"的奴仆对应的说法。

擅杀子，黥为城旦舂。……今生子，子身全殹（也），毋（无）怪物，直以多子故，不欲其生，即弗举而杀之，可（何）论？为杀子。①

"擅杀、刑、髡其后子，谳之。"可（何）谓"后子"？官其男为爵后，及臣邦君长所置为后大（太）子，皆为"后子"。②

根据这两条法律，擅自杀死儿子或对继承人"擅杀、刑、髡"的父母，都要接受刑罚处置。比如擅自杀死儿子或杀婴的人要被"黥为城旦舂"。这两条法律可以看作对"家罪"中"父杀伤人及奴妾"在父亲在世时的处罚说明。但是，根据"非公室告"的规定，子女依然不能为此提起诉讼。这就难免使有关"擅杀子"的法律成为空文之嫌。

有论者鲜明地指出："家罪"是一种实质上的罪名，而"非公室告"是一条诉讼规定。犯有"家罪"的人依然会受到相应的惩处，只是不能由子女、奴仆起诉。这种分析是合理的。但依照这种分析，我们看到的景象却是：家庭内部的伤害纠纷中，当事人不能起诉，只能依靠外人发觉报案，并且还是在家族中人不"行告"的情况下官府才予以受理。

"家罪"可分为子女对父母的偷盗以及父母对子女奴仆的人身伤害两种。虽然子盗父没有明文规定处罚方案，但父母可以"不孝"罪名提请官府处置，也就是秦简中所见的"谒杀"。而父母对子女和奴仆造成人身伤害却难被起诉，从而使禁止擅杀子的法律规定难以落实。因此，实际上，"非公室告"在较大程度上损害了子女和奴仆的人身权利，也严重影响了有关禁止擅杀子，擅杀、刑、髡后子的法律的实效性。

秦自商鞅变法以来，法律一直以严密、高效以至于严苛著称。而用精密的法律调整控制民众生活的方方面面，也一直是法家的治理理想。在这种情况下，为何"非公室告"还要给"家罪"以如此大的逃避空间呢？

---

① 睡虎地秦墓竹简整理小组编《睡虎地秦墓竹简·法律问答》，文物出版社，1978，第181 页。

② 睡虎地秦墓竹简整理小组编《睡虎地秦墓竹简·法律问答》，文物出版社，1978，第182 页。

二 对"非公室告"和"家罪"矛盾之处的解释

对于这个问题，论者基本有两种观点。第一种观点认为"非公室告"中禁止子女告父母、奴仆告主人是法家吸收了儒家思想中的孝道和亲亲相隐原则所致。第二种观点则认为"非公室告"和"家罪"的矛盾反映出秦国从宗族社会到封建国家过渡的时代特点，是君权和父权博弈的产物。

持第一种观点的主要有崔永东、金烨、刘远征和刘莉等。

崔永东称："秦律对'家罪'或'非公室告'的规定，反映了秦统治者处置家族内部犯罪的等级身份观念，对一个家族来说，家父或家主的权力和权利是绝对的。"① 而这种思想应该来自儒家学说，并将"非公室告"看作容隐制度的滥觞。金烨认为："此系依据传统家族伦理，源自隐瞒家族间犯罪的所谓'容隐'之精神。""秦之统治者相信不能仅以严刑峻法有效统治人民，反而最小限度地保障传统性伦理秩序，以期达到有效的统治。"② 刘远征和刘莉也指出："尽管法家猛烈抨击儒家学说提倡的忠孝，指斥其为'虚伪'，但秦统治者在实际构建法律制度时却不能不考虑吸收儒家法律思想中这一有利于巩固其统治地位的合理内核。"③

除以上学者外，另有部分学者在研究亲亲相隐和干名犯义制度时也把秦律的"非公室告"视为后代亲亲相隐或干名犯义制度的起点。④

要评价这个观点，必须先厘清"非公室告"和"亲亲相隐"的区别。⑤

金勇辨析了"亲亲相隐"和"亲属相犯"两个概念的不同："'亲属

---

① 崔永东：《儒家刑法思想对秦律影响之管见》，《中国法学》1997 年第 5 期。

② 〔韩〕金烨：《〈秦简〉所见之"非公室告"与"家罪"》，《中国史研究》1994 年第 1 期。

③ 刘远征、刘莉：《论秦朝法制中儒家法律思想》，《西安建筑科技大学学报》（社会科学版）1999 年第 2 期。

④ 参见张松《睡虎地秦简与张家山汉简反映的秦汉亲亲相隐制度》，《南都学坛》2005 年第 6 期；肖梦怡《论干名犯义》，硕士学位论文，郑州大学，2017。

⑤ 秦律吸收了儒家忠、孝的道德观点是一回事，借鉴亲亲相隐的思想是另一回事。前者与其说是儒家思想不如说是具有一定普适性的道德观念，秦统治者无须将其排斥在外，并且一定程度上也和当时人们普遍的道德观相一致。另外儒家其实不要求子女对父母的无条件顺从。《孔子家语》记载曾子受父亲重责昏迷，事后孔子就批评曾子道"小棰则待过，大杖则逃走"，这才是不让父母犯下罪过的"孝行"。从中也可看出，先秦儒家认为父母对子女用私刑也是不对的。

相犯'，是指家族内部成员相互间的财产侵夺与人身侵害，由此引发的亲属相讼，处理的是亲属间的法律关系"，而"亲属容隐制度处理的不是亲属之间诉讼关系，而是个人与国家之间的关系，相隐这种犯罪行为本身没有直接被害人，更谈不上以自己的亲属为对方当事人，被损害的是国家的司法权"。① 显然，"非公室告"涉及的问题是"亲属相犯"，是家庭亲属内部纠纷的处理；并非后世所说亲属对社会犯罪后，家人为其隐瞒的亲亲相隐制度。恰恰相反，对于涉及国家社会利益的犯罪，秦律将其列入"公室告"范畴，一直鼓励亲属告发，并且还用连坐来保证亲属监督告发的实施。

而从"尊崇父权"的角度来看，"非公室告"和后世儒家立法中的"干名犯义"也有明显区别。干名犯义可以被视为亲亲相隐的一种畸变形式。亲属间出于人之常情的相互隐瞒，从被国家体谅而赋予的"权利"，变为维护孝道而必须履行的"义务"。处于卑幼地位的亲属无论如何都不可以控告尊亲属，否则就是干名犯义，属于重罪。"干名犯义"一词正式出现在元代，但在此之前，就有类似规定。

汉初的《二年律令》里就记载，"子告父母，妇告威公，奴婢告主、主父母妻子，勿听而弃告者市"。② 而唐律规定，告祖父母、父母者死罪，告发期服关系的亲属尊长、外祖父母、丈夫及丈夫之祖父母，即使罪行确凿，仍然判徒二年。③ 而在元代，即使是告发亲属谋反也被列入"干名犯义"之列，驸马许纳之子速怯诉父谋反，却被皇帝以"人子事亲，有隐无犯，今有过不谏，乃复告讦"而杀死。④

这是儒家思想逐渐成为社会主流、伦理等级被视为维系社会的支柱后，立法者面对亲属相告采取的态度——仅仅是起诉就要处以死刑——明显比"非公室告"的"勿听"更为严酷和强横。除此之外，尊崇父权，利用"父权—君

---

① 金勇：《"亲亲相隐"法律化始于〈二年律令〉》，《天中学刊》2008年第3期。
② 张家山二四七号汉墓竹简整理小组：《张家山汉墓竹简【二四七号墓】（释文修订本）》，文物出版社，2006，第35页。
③ 王婧：《论干名犯义制度在传统社会治理中的作用——兼与秦律亲属相告规定的比较》，《河北法学》2011年第4期。
④ 《元史》卷二八"本纪第二十八"。

权"这一双重的等级体制进行统治，需要的是一个系统性制度。秦统治者一方面鼓动父母子女间相互告奸，用与国家利益相挂钩并受国家掌控的"利"来取代亲人间自然而然的"情"，另一方面又希望通过不予处理"子告父"的诉讼来尊崇父权，这显然是无法平衡的。如果秦立法者当真有计划地尊崇父权，就应当像后世一样设立干名犯义的相关法律，不可能只限于一种消极的"勿听"。

由此可以发现，"非公室告"的"勿听"态度，应该是一种中立的不予受理，只是司法机关不愿介入家庭纠纷的表现，与从伦理亲情出发的"亲亲相隐"，以及用法律形式维护家长权威的"干名犯义"有本质区别，也并非秦统治者有意抬高父权的做法。

前文已经提及，"家罪"本身包括父对子的人身侵犯和子对父的财产侵犯两个方面，但由于存在父告子的"谒杀"，父母对子女在诉讼上占有优势。而"非公室告"的"中立态度"像是对这种局面予以"默认"，为何如此呢？

第二种观点从秦代的家庭形态和家国关系上提供了一种解答。

吕利从集权的封建国家形成角度详细探讨了秦国君权和父权的关系。在她看来，战国末期到秦代是一个大家族性的宗族社会解体，而国家实现对个体直接控制的"编户齐民"社会形成的过程，民众需要从传统的父权下解放出来，继而接受君权的支配，这就导致了君权和父权一度的"紧张局面"。[①]"非公室告"对官府司法范围的划定是原先"法律到家门口停止"时代的遗留，而擅杀之法和"家罪"则体现出国家对父权的削弱。另外，尹在硕也认为秦在诉讼中划分"公室告"和"非公室告"的制度，应当制定于家长拥有家庭内绝对权力的时期，但随着国家权力的强化，家长权随之逐渐减少，绝对家长权不可避免地受到法律的制约，于是出现了对擅自杀害子息和后嗣的父母处以重刑的规定。[②]

这一观点存在两个问题。

---

① 吕利：《律简身份法考论——秦汉初期国家秩序中的身份》，博士学位论文，华东政法大学，2010，第52页。

② 尹在硕：《张家山汉简所见的家庭犯罪及刑罚资料》，载《中国古代法律文献研究》第2辑，中国政法大学出版社，2004，第49~50页。转引自吕利《律简身份法考论——秦汉初期国家秩序中的身份》，博士学位论文，华东政法大学，2010，第56页。

第一，"非公室告"和"家罪"既然见于同一批竹简之上，又是以"法律问答"这种专门解答司法过程中可能遇到的问题的形式被记录的，就说明这两项规定应该是同时被使用。即使"非公室告"是旧法，"家罪"是新法，也不存在弃置旧法、唯用新法的情况。因此，立法背景上的时代差异不能解决执法过程中的法条冲突。

第二，商鞅在推行变法时，已经用"民有二男以上不分异者，倍其赋"的政策，实现了对大家族的强制拆分，而使核心小家庭成为秦国社会的主流。在严明的法律和强刺激性的奖惩措施下，秦国迅速完成了从传统宗族社会到封建集权社会的转变。在这种情况下，"借父耰锄，虑有德色；母取箕帚，立而谇语。抱哺其子，与公并倨；妇姑不相说，则反唇而相稽"。① 可以说，不仅是传统的家族制度，甚至就连家人间正常的人情也已然被国家强力打破改变。秦国政府对民间的控制力是十分强大的，君权在父权面前具有绝对优势。如果政府愿意，国家力量自然可以介入家族内的纠纷。即使从传统伦理考虑，同为告奸，出于国家利益的"公室告"对伦理的冲击，也不会亚于自己就是当事人的"非公室告"。由此证实，导致"非公室告"和"家罪"、擅杀子罪之间矛盾的是秦国政府的"不为"而非"不能"。

三 实用主义：秦律对家庭问题淡漠的原因

从上文可以看出，儒家思想、社会背景，都不是导致"非公室告"和"家罪"出现矛盾的决定性因素。秦律在面对家庭纠纷时的暧昧态度，其实是实用主义思想下的冷漠所致。

自商鞅变法以来，秦国就走上了意识形态上强化君主专制，国家战略上发展耕战，以适应兼并战争这一完全为满足现实需求的发展道路。其立国的主要指导思想——法家学说更具有鲜明的实用主义和现实主义色彩。

这种实用主义的第一个体现就是，秦的立法侧重于法律对实际行为的影响，而不甚关注道德品质的养成。

儒家是德治主义的倡导者，将道德视为社会支柱。他们希望通过塑造

---

① 《汉书》卷四十八"贾谊传第十八"。

品德高尚的人来建立家庭内外良好的人际关系，进而实现一个遵守礼制、讲究仁爱的社会。因此，儒家立法侧重对"人心"的考察，法律是道德的外在保障。而在塑造道德的过程中，家庭既是个人学习道德的起点，也是社会道德秩序的缩影。"老吾老以及人之老，幼吾幼以及人之幼。"个人首先在人伦亲情中学习道德、实践道德，再用"推己及人"的方式将道德实践普及到其他社会关系中，最终家国间形成一种有如"缩放"的结构。所以儒家对家庭伦理有极高的要求，儒家立法者也对家庭生活有严格的规定。

但法家则不同。法家关注的是社会实际层面上的奸邪盗贼不行，民众在政府引导下致力于"耕战"，为国家富强而奋斗。

在这种"表现"之下，私德的好坏不是那么重要。更何况法家还认为人性本恶，不相信道德能够成为维系社会的关键因素。"故父母之于子也，犹用计算之心以相待也，而况无父子之泽乎？"① "故君臣异心，君以计畜臣，臣以计事君，君臣之交，计也。……君臣也者，以计合者也。"② 既然父子君臣的关系实际全靠利益算计来维系，那么法律就要利用这一点，用奖惩把趋利避害的人性和国家目的结合起来，这样才能使每个人出于让自己获利的心理为国家效命。"为人臣者畏诛罚而利庆赏，故人主自用其刑德，则群臣畏其威而归其利矣。"③ "故善为主者，明赏设利以劝之，使民以功赏而不以仁义赐；严刑重罚以禁之，使民以罪诛而不以爱惠免。"④ 在这样的法律下，"君子与小人俱正，盗跖与曾、史俱廉"。⑤ 换言之，只要做到了"正"与"廉"，一个人是君子还是小人都不那么重要。个人道德、家庭伦理也自然就更不在秦律的关注重点中了。

这种观点可以解释秦律在维系家庭伦理秩序时相比于后代不甚热衷的态度，但从"非公室告"和"家罪"的内容来看，子盗父母，父杀、刑、髡子及奴妾的行为已经超过了道德伦理的范畴，在实际层面对受害者造成

---

① 《韩非子》，中华书局，2010，第657页。
② 《韩非子》，中华书局，2010，第184页。
③ 《韩非子》，中华书局，2010，第52页。
④ 《韩非子》，中华书局，2010，第140~141页。
⑤ 《韩非子》，中华书局，2010，第296页。

了人身和财产伤害。那么秦律为何还采取限制子女诉讼权的方法呢？这就要从秦律对公私领域重视程度不同来寻求解释。

法家实用主义的最鲜明体现，不是在其对道德的消极态度，而是在它对法律和国家目的的认识。在战乱频仍的战国年代，法家摒弃了"仁义"等难以实施或不能迅速见效的理念，而是把发展耕战、增强国家军事和经济实力作为在乱世中得以强盛并最终统一天下的保障。法家学说专门为君主设计，其主要目的就是加强国家对民众的控制、君主对国家的控制，最终让一个强大的君主统治一个强大的国家。法律诚然是社会秩序的维护者，但这种社会秩序无论在设计上还是运作上都是"自上而下"的秩序，其导向是实现"君权强大""国家富强"。于是，秦律就有了明显的重公轻私的特点。

李海洋指出，秦律重公法而轻私法，重公权而轻私权，重公利而轻私利。①

所谓"公"，是指国家利益和君主利益。也就是前文所说秦律的立法目的：国家富强，君权强大。"私"是"公"的对立面。虽然法家宣扬"废私立公"，但在实际立法和执法层面上，私人的利益不可能被完全无视，国家对私人权利的保护主要是基于维持社会秩序、确保社会得以发展的考虑，也就是说，"私"依然从属于"公"，这就造成了秦律重公轻私的局面。

在立法上，出土秦简以公法为主，即以保护公共利益即"公益"为目的，调整国家与公民之间、政府与社会之间，主要表现为政治关系、行政关系和诉讼关系的各种关系，以权力为轴心，奉行"国家或政府干预"理念的法，集中在刑法、行政法规、经济法规几个方面，经济法规又以国家对农业、畜牧业、工商业的管理和规定为主。对于私人间的经济关系，婚姻家庭关系、继承关系的规定很少。②

在利益问题上，秦律把国家利益置于神圣不可侵犯的地位，而对个人

---

① 李海洋：《法家公私观念在秦律中的体现》，硕士学位论文，吉林大学，2008。这三条内容是李海洋论文中拟定的小标题。
② 李海洋：《法家公私观念在秦律中的体现》，硕士学位论文，吉林大学，2008，第 13 页。

利益的保护则只是一个"附带问题"。刘泽华先生曾指出:"秦律这种自上而下的行为规定,人只有在赏罚中存在,并没有法律'主体人'的观念和规定。因此在法律中没有独立性的'私'和'己'的地位。"① 如果说社会秩序的稳定是国家利益也就是"公利"的一个重要范畴,那么个人利益也就仅仅在事关社会秩序的情况下才能得到关注。

因此,秦律对待"公室告"和"非公室告"的不同态度就十分容易理解了。盗贼杀伤民众、盗窃财物是对公共安全的严重损害,当然属于危害国家和社会利益的范畴,因此是"公室告"。亲属不仅可以告发,而且必须告发,否则就要被连坐问罪。但至于家庭内部的纠纷诸如身为家长的父亲对儿子动用了私刑,或者儿子偷盗了父亲的财物,一般情况下就把它视为不损害社会利益的行为,除非有家庭以外的人出面控告——这就意味着这件事的影响已经超过了家庭,进入公共领域——官府才予以受理。

从用字中也可以看出"非公室告"和"公室告"的差异玄机:"非公室告"的"告"在现代汉语语义下应该是"起诉",是家庭纠纷的一方当事人对另一方当事人提起的诉讼。而"公室告"的"告"应该理解为"告发"或"揭发",是将犯罪者的违法行为报告给官府。前者属于私法,要保护的是私利;后者属于公法,要保护的是国家利益。于是秦法对"公室告"用告奸连坐之法来保证执行效率,对"非公室告"则采取"勿听"的处理方式。法律让民众负担告发的义务却不能充分保障其诉讼的权利,这也尤其表现出"在义务本位的秦的社会,几乎没有可以自由为一定行为的私权,即使有也是在公权的范围内有限的私权,也就是履行公权力分配的义务之后的私权"②,而公权占支配地位。

法家的实用主义思想还体现在立法的灵活上。在法家看来,加强君权和鼓励耕战是立法思想的核心,除此之外,则不妨因俗制宜、观俗立法。

《商君书·算地》有言:"圣人之为国也,观俗立法则治,察国事本则宜,不观时俗,不察国本,则其法立而民乱,事剧而功寡。"《商君书·一言》又说:"圣人之为国也,不法古,不修今,因世而为之治,度俗而为

---

① 刘泽华主编《公私观念与中国社会》,中国人民大学出版社,2003,第 11 页。
② 李海洋:《法家公私观念在秦律中的体现》,硕士学位论文,吉林大学,2008,第 15 页。

之法。故法不察民之情而立之，则不成。"

　　法律为社会目的服务，更要保障社会秩序，符合当时普遍的道德观念，以方便施行。依照一个地方的风俗习惯制定法律，可以让民众尽快且自发地接受法律的约束，减少法律执行过程中的阻力。蒙文通先生在《法家流变考》中表示："凡商君之法多袭秦旧，而非商君之自我作古。"① 商鞅变法是对秦国习俗发起激烈挑战的，但主要目的是释放秦国在"耕战"上的潜力，在其他领域，则维护既有的社会秩序，迎合当时人们普遍的道德观念。

　　秦律有"不孝"和殴打父母的罪名，官府也会接受父母谒杀、谒迁不孝子女的请求。秦律对孝道的承认和维护，不仅仅是受到儒家思想的影响，更意味着法律对一般社会习惯的承认。

　　正如吕利所强调的，在商鞅变法前，秦国长期处于宗族社会，父亲在家庭内部具有绝对的权威。在当时人们的心理上，家庭内部纠纷如子盗父财、父擅杀子，很可能就属于完全的"私领域"范畴。但不孝父母、殴打父母等行为则完全为人伦所不许。②

　　"非公室告"在实际层面确实保护了父权，在不妨碍富国强兵的情况下，家庭内的父权既不影响秦国对民众的控制，也不悖于民间传统的伦理思想。在秦国的立法者看来，奖励耕战，富国强兵的目的是第一位的，而顺应当时人们的伦理道德是第二位的。今天的人们不能接受的"非公室告"对子女诉讼权的侵害，在当时看来可能十分正常，并不会对社会秩序产生消极影响。家庭是社会的基础，任何立法者都不希望彻底破坏家庭的稳定进而影响社会的和谐。而家庭纠纷和其他民事案件相比更加频繁，也更加复杂，至今在很大程度上都很难仅仅用法律解决。因此，在告奸连坐、分家等法律已经对秦国传统社会造成严重冲击之后，一个不涉及公共利益的家庭内部子女诉讼权问题，自然不会得到秦统治者在立法和司法资源上的支持。

---

① 耿爱华：《由家族法看秦立法精神》，硕士学位论文，中国政法大学，2008，第 34 页。
② 儿子偷盗父亲财物在这里也被列入官府不予追查的"私领域"，一方面是和父亲对儿子的人身伤害相比，儿子偷盗父亲财物程度不算严重；另一方面如果父亲要惩办儿子可以用"不孝"的罪名，因此"非公室告"还是在事实上保护了父权的。

只有一种例外。那就是家庭纠纷对社会利益也就是"公领域"造成了影响。除了上文提及的被家庭以外的人起诉，另一种对社会利益的影响是父亲擅自杀死儿子造成国家人口的损失。仔细对比"非公室告"涉及的罪行和有关父亲对儿子人身伤害的罪行认定可以发现，"非公室告"涉及"父母擅杀、刑、髡子及奴妾"，而"黥为城旦春"只是针对将儿子擅自杀死的行为，这也就意味着父母对儿子和奴仆的一般刑罚并不在国法惩罚之列。只有当儿子作为"后子"也就是爵位和官位的继承人时——这时这个儿子已经不仅仅属于其家庭、父亲，也与国家政权建立了联系，是国家机器中部分职责的承担者——"杀、刑、髡"才都能被问罪。这更加表明了实用主义立场上的法家对待民众的态度：站在国家—君主利益的高度上，只在行为危及国家利益时才予以干预。

这样来看，"非公室告"和"家罪"、"擅杀子罪"之间的矛盾以及由此带来的对子女诉讼权的损害，在秦立法者眼中并非一个"问题"。它既不损害国家耕战的"公利"，也不影响当时人们普遍接受的社会秩序，更使司法力量从解决家庭事务中解脱出来。按照法家实用主义的思想，这种"非公室告"的规定实则是很自然合理的。

四 余论

综上所述，"非公室告"和"家罪"、"擅杀子罪"之间的矛盾并非秦律吸收儒家思想所致，而是法家实用主义的立场在当时秦国大家族解体、父权思想犹在背景下的产物。不重视个人道德的法家，并没有将法律深入家庭生活的方方面面，在不影响社会秩序、国家利益的前提下，对家庭伦理持一种"顺应习俗"的非常有限的干预态度。"非公室告"对子女诉讼权的损害，是当时时代背景的限囿所致，并非法家立法者主动为之。

从古代社会到近代社会转变的一个标志，就是个人从家族中解放出来，开始直接与社会建立联系。但是在秦国，传统家族解体后，个人并没有获得自由，而是被绑上了国家利益——让君主一统天下——的战车。从父亲、家族的附属品变成国家的"编户齐民"，依然不能作为有主动性的自觉参与历史进程的社会主体。法家的实用主义，是一种封建君主立场上的实用主义，它把一切有利于君权强大、国家富强的措施吸收利用，对与此无关的个人权利问题却不甚关注。

汉代以后，对个人道德有强烈要求的儒家才逐渐将法律深入家庭私生活的范畴，用强制的手段贯彻其道德理想。仅仅是"勿听"的"非公室告"也被"弃告者市"的"干名犯义"取代。但同时，中央集权的封建君主专制制度没有改变，国家依然通过户籍控制、立法偏向等方式加强公权而漠视私权。统治者儒法兼收，而实用主义的下一个极致表现就是把先秦儒家思想中"君君臣臣父父子子"的双向规范变成仅剩"忠"和"孝"的单方面对等级秩序的臣服，最终实现了"君权—父权"一体的家国同构。

The Legislative Thought of Qin Law in the "Public Irrelevant Suing" and "Family Crime"

Xu Qiao

Abstract：Public irrelevant suing and family crime are the methods and opinions of dealing with the disputes within the family in the Qin Dynasty Law seen in bamboo slips of the Qin Dynasty unearthed at Shuihudi. Facing the personal injury caused by the father to his son without permission, "family crime" and "crime of killing the son without permission" all mean that the father should bear criminal responsibility for this. But the inadmissibility of son accusing father in "public irrelevant suing" makes "family crime" seemingly difficult to implement. On the one hand, the establishment of such laws damages the children's litigation rights, but on the other hand, it is quite different from the "violation of ethics", in which the children will be executed directly once they accuse their father, in later generations when Confucianism gains dominance. Qin law not only encourages relatives to expose each other, but also sets up public irrelevant suing forbidding children to accuse fathers. Behind the seemingly contradictory proposition is actually the legislative thought of Legalist pragmatism, which pays no attention to personal morality and make laws in conformity with the current customs as long as it does not harm the national interests. Public irrelevant suing is also the product of this legislative thought under the background of the disintegration of the big family of Qin Kingdom and the formation of the household registration system society.

Keywords: Public Irrelevant Suing; Family Crime; Qin Law; Legalism

译　丛

IBA 规则对证据出示的贡献

——尤其是对方当事人持有的文件

Pedro Metello de Nápoles* 著

陈帝先**译

引　言

本文与葡萄牙工商会商事仲裁中心第九次大会中以"国际仲裁中的取证现状"为主题的座谈会相对应。本文并不打算对国际律师协会（IBA）制定的取证规则做批判性分析，而仅仅是对其做一介绍，同时针对笔者认为对葡萄牙仲裁实践有所裨益的一些方面提请更多注意。尤其是对文件证据在对方当事人持有下如何要求出示的情况加以关注。

现行《国际律师协会国际仲裁取证规则》①　于 2010 年正式通过，②　是对 1999 年版本的修订。而 1999 年的版本则取代了 1983 年发布的《国际律师协会国际商事仲裁证据提交和接受补充规则》。虽然它是一套规则，但并非强制性的，而是被视为指导方针。"规则"序言第 2 条明确指出，当事人可自由地全部或部分采用"规则"，并可根据自己案件的程序对其酌情修改。在大多数情况下，尽管没有明确适用"规则"，仲裁庭也以"规则"作为指南（有时仅参考部分条款）。

"规则"与国内传统的兼容性

笔者时常感受到对"规则"的偏见——认为它是外来物，与葡萄牙的实践相异，所以应该立刻被否定。问题在于（对于守护国内传统的"骑士"来说）：在越来越常见的国际仲裁中，当事人协议适用一个国内程序

---

* 　Pedro Metello de Nápoles，葡萄牙 PLMJ 律所合伙人，国际商会（ICC）葡萄牙仲裁中心副主席，国际律师协会（IBA）、西班牙仲裁协会、葡萄牙律师协会成员。

** 　陈帝先，葡萄牙里斯本大学法学院硕士研究生。

①　以下简称 IBA 规则或"规则"。——译者注

②　《规则》文本可在 http：//www. ibanet. org 获取。

模式（即明确指定一国民事诉讼法）的可能性越来越小。在这种情况下，我们需要在带有不同期许的当事人身上找到一些共同点。而这恰好让"规则"凸显了其用武之地。无论怎么说，IBA 规则的许多方面对国内仲裁都有用，还有一些方面只不过是对葡萄牙长期存在的原则和规则的运用。此外，在纯国内的仲裁中，选择仲裁以避免法院的形式主义，却又在下一刻选择与法院有着相同的形式主义的程序规则的人是很罕见的。想从国内实践的国际化中获益，我们应该汲取国外经验之精华，而不是输出或试图输出我们实践中的糟粕。

首先应该指出的是，如果 IBA 规则具有某种程度的外来性，那么这个问题在所有司法制度中都存在。实际上，"规则"被认为是普通法系与大陆法系之间的折中，是一个"混血儿"。当我们把注意力转向细节时，会发现这种不同法系之间的区别并不那么显著。举个简单的例子：相比于法国，我国法庭上关于口供的制度其实与英国的实践更为相近。"规则"试图建造一座联系两种主要法律传统的桥梁，从而找到共性，避免任何一个法系的极端。如果在一些案件中，"规则"的适用在我们看来显得奇怪与陌生，那么对于一个北美的律师来说更是如此，原因很简单，举例来说，庭前证据发现程序（pre-trial discovery）是北美民事诉讼的基本，然而"规则"并没有规定。

从更重要的方面来说，"规则"与我们的传统并不冲突：它包含的证据种类与我们的诉讼传统多多少少有些相近；书面证词在我们的司法制度中也并不陌生，因为一些特定情形对此已做出规定；同样，各方当事人的地位已变得灵活化，在现行的诉讼法中，对其证词不再设置重大限制；在证据听证会的举行和证据的评估方面，"规则"也并未带来改革；最后，也是下文我们将深入探讨的，对对方当事人持有的文件材料开示的情况，"规则"并没有很大程度超越《葡萄牙民事诉讼法典》第 429 条的规定①（即使该条规定在实践中并没有根据字面意思被适用）。

---

① 《葡萄牙民事诉讼法典》第 429 条规定：（1）当打算使用对方持有的文件时，一方当事人请求法院通知对方在指定的期限内提交文件，在请求中，当事人尽可能识别文件并指明其希望证明的事实；（2）如果当事人打算证明的事实对案件的裁决有意义，则法庭发布命令。——译者注

专家证据方面，"规则"与国内法有重大区别，"规则"区分了当事人提供与仲裁庭推动两种情况：前者由当事人出示专家书面证词，但仲裁庭也可召唤；而后者由仲裁庭直接指定专家。私认为这种模式比国内民事诉讼立法中的专家制度有趣得多。无论如何，"规则"中由仲裁庭确定专家的情况仍然离我们遥远，因为即使在法庭上，当事人对专家证人的指定也越来越有共识。

无论如何，"规则"并不必完全根据其字面进行适用。只要当事人认为对其特定程序更为适宜，可以对"规则"进行改动和调整。正如"规则"前言第 2 段所说："本规则无意限制国际仲裁的灵活性优势，当事人和仲裁庭可以根据每件仲裁案件的特定情况自行对本规则进行修改。"① 最后，批判"规则"的外来性的人们，请勿忘记，鉴于我们法律中的标准与全球化现象，国际仲裁将越来越常见，除非当事人与仲裁员协商一致，国内法将不会在国际仲裁中占优势地位。

高效、经济及利益平衡

目前，由于仲裁程序复杂性与涉及金额的增加，大多数适用于仲裁的规则都对成本和程序的有效管理问题予以关注。至于利益平衡，对于一套更多考虑跨国性、可适用于任何国籍的当事人的规则来说，显然是一个基本目标。

我们从"高效"说起。"规则"赋予仲裁庭征询当事人意见、和当事人讨论以商定取证程序的义务，其涉及取证的范围、时机和方式（scope, timing and manner of taking of evidence）。此外，还指出仲裁庭应该邀请当事人互相征询意见，在取证的形式上达成一致（"规则"第 2.1 条）。在这种邀请下，仲裁庭提前宣布自己会接受双方协议达成的任何事情。这明显证明了诉讼程序属于当事人这一原则在国际实践中的接受度越来越高，因为当事人肯定首当其冲受其商定条款的限制。对当事人的意见征询理应越快

---

① 原文为："The Rules are not intended to limit the flexibility that is inherent in, and an advantage of, international arbitration, and Parties and Arbitral Tribunals are free to adapt them to the particular circumstances of each arbitration".

进行越好，最好是在任何取证之前，即在第一次出示证据的请求交换之前进行。实际上，在这时确定允许哪些形式的证据、何时取证、如何取证等问题才有意义。举例来说，对被请求提供证据的一方来说，了解何时是自己与对方最后一次披露证据的机会至关重要，正如各方当事人（及仲裁庭）必须知道在证据听证会上哪些内容可以依赖一样。在国际仲裁中，既不应存在程序上的"惊喜"，也不应发生未被预见的情况。这一程序必须经过设计，且该设计必须被遵守。在国际仲裁中，这样的情形越来越常见：① 在程序开始的阶段，经过与各方当事人的商议，发布一个常被称为"一号程序令"（Procedural Order No. 1）的文件。它是对程序中将要发生的事情的一个相对详细的规定，通常包含一个规定了每个行为将何时实施的程序日历。显而易见，它不是一个易于制作的文件，对一个仲裁中可能发生的一切进行计划往往很难，但一个程序能否高效进行很大程度上依靠这份文件的制定。

至于"经济"与成本控制，它将取决于仲裁程序用多么有效的方式展开。仲裁庭应尽力避免任何对争议利益来说不必要或过于烦琐的行为，但不要忘记仲裁程序是在当事人之间进行的。另外，值得注意的一点在于仲裁庭没有义务寻求"最便宜"的方式来进行仲裁，也就是说，仲裁庭不应该牺牲它认为最好的方式来实现某种经济的替代方式，例如，限制听证时间，或仅在文件的基础上完成仲裁。

关于利益平衡，不难想到，在确定可接受的证据和设计证据开示程序时，有必要平衡所有涉及的利益。然而，当我们谈论国际仲裁时，问题不仅仅是简单地讨论程序上的选择和工作方法，或者讨论取证形式应精细至何种程度。此时，各方当事人的期望都应被考虑到。举个例子，分别来自葡萄牙与北美的双方当事人，进入仲裁程序时对于程序将如何展开有着不同的期望，这样的情况并不令人讶异。即使双方当事人不是来自地理上相隔如此遥远或者司法文化如此不同的地方，他们的期望（或者偏好）也往往不尽相同。想一下以下几个问题就一目了然了。

---

① 这样的情形太常见而且程序又太相似，以至于有人开始批判这种"超级规范"。

- 何时与到何时出示证据文件？

- 证人证言必须是口头形式还是可以是书面形式？

- 在存在书面证言的情况下，谁应该在仲裁庭前作证？要求出示证据方还是被要求方的证人首先进行作证？

- 何人有资格作证？当事人可以吗？专家呢？

- 何人可以出席听证？

任何涉及以上方面的疑问都将对仲裁程序的正常进行造成阻碍，至少会对程序日程的制定带来麻烦。正因如此，"规则"第 2.2 条规定，当事人对制作证据的范围、时机和方式的商议应包含：

- 书面证言和专家报告的准备；

- 口头证言与证据听证；

- 适用于文件证据开示请求的要求（参见下文）；

- 出示的证据应达到哪种程度的保密性；

- 在证据制作方面对效率、经济和资源保留的促进。

上述列举显然没有穷尽。除了这些，还有其他问题不能仅仅根据当事人意愿而定，如果不被考虑到则将给仲裁带来更大的困难。笔者特别要指出不同法律制度在信息保密程度与职业机密方面的不同：一家习惯于审前取证制度的北美跨国公司，实施了一些操作，一方面，为了确保某些文件得到妥善存档的操作，另一方面，避免可能带来不利的内容（一般针对内部电子邮件）。如此，这样一家公司当然无比愿意毫无保留地出示其所有的文件来换取对方的所有文件。这样公平吗？尤其是对方（比如是来自葡萄牙）从没预料到要披露其一切证据时。我们倾向于将职业保密视为跨国现实，但事实是文件保护水平差异很大。实际上，益格鲁-撒克逊的法律特权与我们的职业保密程度大不相同。法律特权与文件本身有关，而与其作者或收件人的性质无关，原则上是可以放弃的。而这些都不适用于职业保密，职业保密是根据文件中涉及的各方性质来定义的，并且更侧重于律师，与客户的意愿无关。另外，虽然葡萄牙并非如此，但在一些欧洲法律体系中，机构内执业的律师（in-house counsel）不受职业保密的保护。国家之间的保密规则如此不同，很容易想到在某些情况下，一方可以自由使用一套文件而对方无法提供类似文件，否则将违反其国家的道德准则。正由于这些问题的存在，"规则"第 9.3 条规定了一系列仲裁庭应该考虑的因素，其中基本的原则在第 e）款："维护当事人之间的公平和平等，尤其在其法律和道德准则不同的情形下。"①

"规则"第 3.2 条规定，只要在可能的情形下，仲裁庭就应该界定：

- 如何才算对案件具有关联性和对案件结果有重要性；
- 如何才算可以被预先了解的。

这不是对证据及其主题进行清理或组织。② 规定这些概念的目的不是限制讨论的主题，③ 而是提请各方当事人注意仲裁庭认为相关的内容。根据规则，法院应谨慎地指出这个问题清单并非详尽无遗的，以免限制当事人就其理解提供证据的权利。这样的界定，一方面可以帮助当事人更好地组织其证据（我们都知道在一些情形下，当事人认为有必要就不相关或固定的问题提出详尽的证据，因为他们担心如果不这样做，就被认为他们默认了），同时这也可以使当事人意识到哪些问题是仲裁庭没有了解到的。对可能预先了解的事项进行界定的目标显然不是列出例外情况以搞清楚哪些事项是最后必须被了解的，相反，是需要知道是否存在会导致程序立即被终止的问题，如果有，则解决它们。从效率和节约成本的角度来看，程序进行到最后却因为诉讼时效或除斥期间被"杀死"是荒谬的。于是，将程序分成两部分可能是有意义的——先出示书面文件，甚至举行听证，以了解可能导致程序终结的问题；不存在问题了，再继续程序直到做出实际裁决。同样的逻辑可以适用于责任与损害赔偿案件——首先评估责任，在其确定后再进行赔偿。但应该注意的是，虽然这一评估与执行裁决时的赔偿数额有关，但裁决的执行并不在仲裁庭的职能内。④ 评估责任和损害的

---

① 原文为："the need to maintain fairness and equality as between the Parties, particularly if they are subject to different legal or ethical rules"。
② 虽然毫无疑问，民事诉讼立法者在逐步制定与仲裁程序相近的程序。
③ 此外，仲裁庭往往希望避免在仲裁初始阶段做出这类限制。
④ 在这方面，笔者认为，除非是当事方的意愿，将清算程序移交到另一个仲裁地的仲裁庭没有完全完成赋予它的委托。

是同一个仲裁庭，它只是把这个程序划分为两个部分而已。显而易见，仲裁庭要进行这样的划分，必须是在听取了各方当事人的意见之后，而且确信在第一阶段结束时该程序确实有可能终止（或某些请求将得到解决）。如果不是这种情况，那么这样的划分只会对那些想拖延程序的人有利。

文件证据的开示

"规则"第 3 条（最长的一条，包含 14 段,）聚焦在文件证据这一主题上。而这一主题的核心在于对方当事人（与第三方）持有的文件证据的开示。

第 3.1 条确立了一个概括性的规则，即所有的文件都应在仲裁庭规定的时限内开示。这一条款看似荒谬，但如果想想我们的传统是完全在最终的听证会上提交证据（无论是否因此支付微不足道的罚款），就会明白它的合理性。

第 3.11 条则为上述规定设置了一个例外，即当事人在收到各方提交或出示的文件材料、证人陈述、专家报告或其他材料后，发现其中提及的某一事项会导致另一（尚未出示的）文件材料具备与案件的关联性、对结果的重要性，则可以补充提交这一文件材料。这一点对于我们来说也并不陌生，但有一些限制。在实践中，在双方交换辩诉书、证人证言和专家报告之后，往往会确定一个可以继续提交补充文件的期限，同时确定一个截止日期，在其之后不可提交任何文件。显然，这个截止日期不能太绝对，因为正如前文所述，案件中可能出现确实是之后才具有关联性的文件。但是这样的案件中常常会制定具体规则以避免既成事实（即我们所说的"即使不清楚，法官已经阅读过"），规定与此类文件相关的当事人在不出示文件本身的情况下，向仲裁庭描述该文件的关联性与附随性。

第 3.12 条规定的是文件提交的形式，即复印件还是原件，还规定了以电子形式保存的文件的提交。

第 3.13 条对所有文件的保密性做出了补充性规定。各方当事人的任何文件都有机密性，而这一性质应该得到保持，因而其只可被用于该仲裁。

除了这项一般义务，仲裁庭总是可以向当事人发出指令以规定此保密义务的具体条款。

对方持有的文件证据的开示

如上文所述，这一条规则之核心在于对方或第三方控制下的文件证据如何开示，具体体现在第 2～11 点。详述之前，笔者必须指出，这些概念对于葡萄牙法律制度一点也不奇怪，《葡萄牙民事诉讼法典》就包含向对方当事人或第三方请求出示其持有的文件（现行版本的第 429～435 条）。尽管这种操作在法庭上实际并未有效使用，但这些概念的理论范围早已被囊括在内。除此之外，正如我们接下来将探讨的，我们法律的文本（尽管实践中不一定如此），在对不提交证据所带来的后果方面，早已走在 IBA 规则之前。还应该指出的是，整套规则，很讽刺，都是在试图调和两个含有根本分歧的法律体系：在益格鲁–撒克逊法系中，当事人的律师有义务提交一切与程序相关的材料，即使这对他们所代表的当事方是不利的；而在大陆法系中，律师的功能就是提出对其代表的当事人有利的证据，相反，隐藏所有不利的东西。

我们具体看看"规则"，马上就能注意到，从一开始（参见第 3.2 条），即从仲裁庭首次与当事人讨论证据制作起，就提出设置一个交换文件出示要求的程序阶段。对此没有预定具体何时，但这个阶段发生在对仲裁程序已经掌握了一些信息之后且在双方仍然有可能交换诉辩请求时才有意义。也就是说，在两轮交换诉辩状的过程中，通常会确定一个交换证据出示要求的阶段，但这些要求在提交诉辩状的期限内交换也可以。这个阶段并非不可能在提交诉辩状之前进行，而是"规则"希望能够逃离北美的"审前发现"模式，在此模式下一切都可被要求提交；"规则"要求指明所需文件的作用，因此对于此时对案件知之甚少的仲裁庭来说，很难评估被要求方的合理性或提出的异议。在某些情况下，比如，当目的是获得非常具体的证据时，将这一阶段放在提交诉辩状之后可能是有道理的，但是，只有在像上述所说的特定情况下推迟证据出示的请求才有意义。如果此时不存在某一书状把证据的其余部分和仲裁中提出的主张联系起来，那么，在这么晚的时间出示的文件可能会失去其作用。

第 3.3 条规定，希望从对方手中拿到文件的一方当事人应在其请求中包含以下内容：

- 足以界定所请求出示各项文件材料的说明；或者

- 如果合理地认为存在某类文件材料，则对请求出示的该类文件材料的细致类别进行充分的具体描述（包括主题）。

这意味着不要求当事人因为看到过或持有间接证据确认该文件存在，因此，要求出示在特定时间范围内涉及主题 x 或 y 的董事会会议记录是合法的，而无须确定哪次会议讨论了这一主题或者此主题下哪些事项被讨论过。但是，该规则非常清楚地表明该请求的范围不能毫无限制。它可以指一类文件，只要它是有限的和具体的（narrow and specific）。这意味着每个仲裁庭都需在具体案件中来确定。其目的显然是限制所谓的"摸索证明"（fishing expedition），即一方当事人打算获得对方所拥有的一切，以期从中找到应对对方的证据。

数字档案的普及（以及对其管理和保存成本的降低）以及电子通信作为公司间通信手段的指数性增长，使得能够找寻信息更加简便。在此之前，只能在成千上万的纸张间进行手动搜索。此外，归档系统不仅保留了最终形式的文档，而且记录了每个文档的完整历史记录，何人何时做出什么更改都一目了然。电子通信的简单性和多功能性使得关于任何事物的通信数量都无限增大，重要的信息与边边角角甚至无关的讨论都混在了一起。所有这些信息——可能很多人都不会意识到他们每年制造出的文件数以千计——在很多年后在任何公司的服务器（或备份）上都还能被获取。在归档系统进步的同时，搜索系统也在不断发展，各种（低成本的）搜索软件能够快速、轻松地找到涉及特定主题或人物的、在某段时间内被创建或编辑的文件。因此，在理论上，所有这些信息都能够在仲裁程序中被要求出示。"规则"试图限制这些请求的范围，规定如果信息是数字文件的形式，请求一方应指明具体的文档、搜索关键词或者可以高效、经济地搜索的其他方式。重点明显是限制范围，但即便如此，适用的范围仍然很大。

除了我们刚才看到的对文件进行识别的要求，"规则"还设定了另外两个要求。第一，请求文件的一方应解释文件对案件的关联性以及对案件结果的重要性。① 文件仅仅与仲裁程序相关是不够的，还必须对案件结果有影响。这一规定的目标仍然是限制摸索证明。当事人必须明确他究竟在寻找什么以及他试图通过其证明什么。第二个要求则是说明被请求出示的文件材料并不处于请求方的占有、保管或控制下，或者说明为什么由请求方提供该文件属于不合理负担。最后一个因素尤其重要，因为无论是由于懈怠、缺乏时间，还是仅仅是为了压倒对方，通常各方都希望拿到可能获取的一切文件。在这种情况下，当事人无权要求第三方提供文件。只有证明获得这样一份文件所需的时间、资源的分配或所涉及的努力难以负荷时，这样的请求才是合法的。

关于如何请求出示证据，如前所述，通常会在程序日程中确定一个具体时刻。至于具体方式，与倾向于把一切都呈交给仲裁庭的国内习惯背道而驰，如今的趋势是仅在当事人之间交换出示请求。只有在对方不提交文件且给出的理由不满意的情况下，请求文件的一方才会诉诸仲裁庭。这两种方法都被 IBA 规则的第 3.4 条所允许。这样的制度有很多优点：

• 避免把仲裁庭拖进一个冗长的交换要求的过程中（而且有时该过程的策略性大于其实质性）；

• 避免仲裁庭被淹没在文件的海洋中，而这些文件很多时候都是无关的；

• 保证"新"文件和提出请求该文件的诉辩书在一起；

• 给予要求出示证据的一方决定是否拿出该文件的决定权。

然而，很多时候，由于怀着展示对方具有"程序上的恶意"的企图，双方当事人都喜欢仲裁庭参与到每个阶段。而实践经验表明，在大多数案件中，这样的做法仅仅会带来使仲裁庭筋疲力尽的效果。当事人总是认为对方的行为有"恶意"，但这个词的定义本就十分微妙。反正，即使在仲裁庭外交换出示证据的请求，如果一方拒绝出示，之后当事人之间的所有

---

① 原文为："how the Documents requested are relevant to the case and material to its outcome"。

沟通都还是可以被呈交给仲裁庭。

第 3.5~3.7 条是有关对出示文件的拒绝。"规则"认为，被请求出示文件的一方有两个拒绝理由：（1）第 3.3 条里的某条要求没有达到；或（2）提出第 9.2 条中所列出的理由。第 9 条的内容是对证据的评估，总的来说，第 2 段列出了一系列仲裁庭应该拒绝出示的情形：

（a）缺乏与案件充分的关联性或缺乏足够影响案件结果的重要性；

（b）根据仲裁庭决定适用的法律或道德准则，造成法律障碍或形成法律特权；

（c）出示被要求的证据会造成不合理负担；

（d）文件材料的丢失或损毁已被证明具有说服力；

（e）仲裁庭认定商业保密或技术保密理由具有说服力；

（f）仲裁庭认定特殊的政治或机构敏感性（包括被政府或国际公共机构归类为机密的证据）理由具有说服力；或

（g）仲裁庭认定基于程序的经济性、适当性和公平的考虑，以及平等对待当事人的考虑具有说服力。

这些理由都是自释性的，但有些方面值得强调一下。

暂且不管这些段落的顺序，我们首先探讨"出示被要求的证据会造成不合理负担"这条拒绝理由（9.2.c）：从这个角度来看，要求出示数以千计的文件（或数百万的电子邮件）或需要大量时间准备的信息可能是不合理的，比如，要求以一种被要求方并不使用的形式出示经济或金融数据。第二个需要强调的是保密问题（9.2.e）。正如之前提到的，"机密"的概念在各国都迥然不同。正因如此，第 9.3 条列举了一系列仲裁庭在以第 9.2 条为理由拒绝出示请求时需进行考虑的情况：

● 与提供或获得法律建议有关，或者出于提供或获得法律建议的目的而产生的文件材料的保密需要（在美国称为"attorney-client privilege"）；

● 与和解谈判有关，或者出于和解谈判的目的而产生的文件材料的保密需要；

● 宣称法律障碍或特权出现时，当事人及其法律顾问的预期（有些国家包含由 in-house counsel 准备的文件）；

● 由于对文件材料或其中所包含意见的认同、事先披露和正面使用或其他情形，而可能导致对任何适用的法律障碍或特权的放弃（与我们的情况不同，在盎格鲁－撒克逊体系的国家，职业机密可以被放弃）；

● 维护当事人之间的公平和平等，尤其在其法律或道德准则不同的情形下。

最后，第9.2条的（g）款讲到了程序的经济性、适当性和公平的考虑。显然这是一条总括性的条款，赋予仲裁庭更多衡量具体案件中情况的自由，特别是双方当事人就文件出示产生争议而仲裁庭认为其无关紧要，或者一方企图通过大量的请求来消耗对方的精力与时间时。

回到第3条，我们刚刚看到，反对出示文件的请求的理由很广泛，而且当事人之间经常对是否应该出示产生分歧（尽管通常是出于纯粹策略性的原因）而最终不得不交给仲裁庭来解决。仲裁庭在听取各方意见并考虑之前我们所分析的所有因素后，决定到底出示还是不出示。

"规则"第3.8条是一个值得在此提及的特殊规定，当对反对出示的理由的验证取决于对文件本身的分析时，这条规定就大有作用了。理论上，这个分析可以由仲裁庭去做，但实际上，虽然呈交给仲裁庭的证据没有出示给对方当事人，但只有在出示方反对的情况下，这种情况才会继续保持。此时，对抗性程序的原则不会受到质疑。然而，这可能会是一个十分敏感的话题：一方面，当事人希望仲裁庭要求对方提交他请求出示的文件；另一方面，他又不想仲裁庭接触到他自己不了解的文件。因此，"规则"规定仲裁庭可以任命一个仲裁庭与要求文件方都不认识的专家来专门分析文件，并决定另一方拒绝出示的理由是否有效。如果该专家认为拒绝合理，文件将不被出示（专家有保守机密的义务）。若相反，则相当于仲裁庭决定需出示该文件。

关于第三方出示文件，参照（mutatis mutandis）上述对于出示文件的要求（第3.9条），当事人可以：

● 请求仲裁庭采取必要措施以获取文件；

● 请求有权机关直接采取必要措施以获取文件。

其中"必要措施"，无论在哪种情况下，都包含请求当地法院的协助。法院是否直接采取措施取决于仲裁适用的法律（对我们来说，LAV 的第 38 条①仿佛禁止了），但是仍算是一种可能。另一种可能则是仲裁庭让非请求方的当事人采取措施去取得文件（比如一份与该方当事人有关联的公司的文件）。

尽管一般都确定了交换出示证据请求以及提交证据的时间，第 3.10 条还是规定了仲裁庭在程序结束前的任何时候都有权要求当事人提交文件或要求他们努力取得第三方手中的文件。

第 3.11 条注意到因为其他文件、书面证词或专家报告而需要提交的文件的情况。

关于未出示仲裁庭要求出示的文件资料，或未及时提出异议的后果，第 9.5 条规定仲裁庭可以推断此文件资料与该方当事人的利益相悖。这即大名鼎鼎的"不利推断"，这个话题超出了本文探讨的范围，但在《葡萄牙民法典》第 345 条②所述关于证据的协议中制定此类规则似乎没有问题。然而，奇怪的是，《葡萄牙民法典》第 344 条第 2 款③似乎更进一步，规定了举证责任的真正倒置。然而，只有在证据"不可能"的情况下才会发生这种倒置，而我们的判例法特别强调了不可能证明的概念，在实践中限制了该规则的适用。尽管第 9.5 条所规定的制裁严重性显而易见，但似乎特别明显的是，除非极其罕见的情况，否则仲裁庭不会冒险使用这一规则去解决问题，就好比法庭也极少去倒置举证责任。但是在实践中，第 9.5 条的基本原则经常适用，并且必然会影响仲裁员对事实的审理。

---

① 《葡萄牙自愿仲裁法》（Lei da Arbitragem Voluntária，LAV）第 38 条规定：（1）当要出示的证据取决于一方当事人或第三方的意愿但其拒绝合作时，经仲裁庭事先授权的当事人可以要求有权管辖的法院取证，且将结果提交仲裁庭；（2）在国外进行的仲裁中，前一款的规定应适用于向葡萄牙法院提出的证据出示请求。——译者注

② 《葡萄牙民法典》第 345 条规定：（1）对于不可处分的权利或倒置将使一方当事人的权利难以实现时，倒置举证责任的协议是无效的；（2）排除某些合法的举证方式或接纳法律许可范围以外的证据的协议无效，但如果对证据的法律判定是基于公共秩序的，则该协议在任何情况下均无效。——译者注

③ 《葡萄牙民法典》第 344 条第 2 款规定：在不影响诉讼法特别适用于不服从或虚假声明处罚的情况下，对方当事人有过错地使负担过重的一方无法证明自己，也存在举证责任的倒置。——译者注

第 9.7 条规定，仲裁庭在决定仲裁费用（广义上，包含律师费）的分担时可以对当事人在取证阶段的表现予以考虑。这一规定杜绝不了拖延的做法，但考虑到目前许多仲裁程序所涉及的费用，可能会减少一些滥用程序的行为。

雷德芬表（Redfern Schedule）

如前所述，随着通信量的增长、存档和搜索方式的进步，文件开示的请求也成倍增加，文件开示请求已成为国际仲裁中几乎不可或缺（且冗长）的一个阶段。虽然当事人之间交换请求不涉及仲裁庭，但对请求和答复进行整理的可能性很大，当需要仲裁庭对某一事项进行宣告时，其任务变得十分艰难。面对这个问题，Alan Redfern[1] 提出将当事人之间的请求交换记录在一张表格内，由当事人采取尽可能简洁的方式填写。在其原始的版本中，表格含有 4 栏：

● 第一栏：对足以界定所请求出示文件材料或者合理地认为其存在的某类文件材料的描述（由请求出示方填写）；

● 第二栏：对于对案件及其结果的关联性的解释（通常指明诉辩书中何处事实需要该证据）（由请求出示方填写）；

● 第三栏：对方拒绝出示请求的情况下，对其拒绝的原因做简要解释（由被要求出示文件方填写）；

● 第四栏：留白，用来填写仲裁庭的决定。

该过程在每份文件材料上重复进行。

如果请求方对被请求方的拒绝做出回复，则可添加在第二栏（或者可补充一个新的第四栏）。这套体系可以被改编，含有更多栏内容的版本也很常见，主要是有一个新的第三栏用来让请求方解释为何无法获取某份文件但相信对方拥有。下文所举例子正是这种情况。

---

① Nigel Blackaby and Constantine Partasides with Alan Redfern and Martin Hunter, *Refern and Hunter on International Arbitration*, 5th Edition, Oxford, 2009, pp. 396-397.

例 子[*]

文件或者文件类别	关联性与重要性	文件的持有	对方的拒绝	仲裁庭的决定
被请求方的执行委员会 2012 年 6 月涉及目标公司业绩预测的会议记录	被请求方的（部分）辩护是它没有做出任何虚假陈述，并采取合理措施进行了诚实的预测。执行委员会会议纪要可以阐明被请求方签署合同前在何种程度上相信利润预测结果的可行性	这次会议由字母 X 表示。该次会议很有可能有会议纪要。这些文件不在请求方持有下	被请求方 2012 年 6 月执行委员会会议记录与本争议中的问题无关。 本次会议的会议记录涉及其他无关的公司治理问题，这些问题具有商业敏感性和保密性。 因此，被请求方的拒绝基于： ——对案件缺乏关联性或对案件结果缺乏重要性（IBA 规则第 9.2.a 条） ——商业机密（IBA 规则第 9.2.e 条）	?

＊注：译自 Peter Rosher 所给的一个例子，The art of the Redfern Schedule：A closer look at standards of relevance and materiality of evidence and the law applicable to privilege，在 2014 年第 58 届国际律师联盟会议上所做的展示。

　　这套制度的优点很多，如把所有讨论总结在单独一份文件中，使各方当事人更便捷，而且简化了仲裁庭的工作。最后，应该注意，虽然这是一个有着多种变体、经常被使用的制度，但它仅仅是一个表格：它不是一个规则，也没有强制性内容，其使用取决于各方当事人与仲裁庭的协议。

小 结

　　在葡萄牙工商会商事仲裁中心第九次大会上演讲的目的与本文一样，不是说服读者跟随外国的潮流。古缪斯唱的歌已经够多了，还有其他更高的价值亟待创造。① 笔者只想让大家给予这套在国际层面上越来越多被使用（至少被参考）的规则更多关注，这些规则既不是真正的创新，也不是与我们的传统无关，它详细阐述了仲裁的实际问题，在这种程度上，可以为我们国内的实践做出相关贡献。

---

① 葡萄牙谚语，出自诗人卡蒙斯。原文为 "Cesse tudo o que a Musa antiga canta, Que outro valor mais alto se alevanta"。——译者注

德意志联邦共和国青少年法院法（JGG）

刘一琳*译

制定日期：1953 年 8 月 4 日

状态：1974 年 12 月 11 日颁布（联邦法律公报 I 第 3427 页）

根据 2017 年 8 月 27 日的法律做最后一次修改（联邦法律公报 I 第 3295 页）

本法自 1979 年 1 月 1 日起正式生效

第一编　适用范围

第 1 条　人和案件的适用范围

（1）少年或青年所实施的行为，根据一般法律规定应判处刑罚的，适用本法。

（2）犯罪之时已满十四周岁，但未满十八周岁的为少年；犯罪之时已满十八周岁，但未满二十一周岁的为青年。

第 2 条　立法目的；一般刑法规定的适用

（1）青少年刑法主要用于防止少年或青年的再次犯罪。以教育考量为基础的法律规定和父母教育是实现此目的的前提。

（2）本法未做其他规定时，适用一般刑法规定。

第二编　青少年

第一章　青少年犯罪及其法律后果

第一节　一般规定

第 3 条　责任能力

青少年在犯罪之时，有足够成熟的道德和精神状态意识到其行为的不

＊　刘一琳，德国慕尼黑大学法学院硕士研究生。

法性，并在此认知下行动的，负有刑事责任。对于心智尚未成熟而无法负有刑事责任的青少年，法官可以做出和家庭法庭同样的命令，以对其进行教育。

第 4 条　青少年犯罪行为的法律性质

青少年的不法行为属于重罪还是轻罪，以及其是否已过追诉时效，均由一般刑法做出规定。

第 5 条　青少年犯罪行为的法律后果

（1）对有犯罪行为的青少年可以处以教育处分。

（2）当教育处分没有效果时，处以惩戒措施或青少年刑罚。

（3）在青少年收容于精神病院或戒除机构后，法官认为惩戒措施和青少年刑罚已无必要时，不得处以惩戒措施或青少年刑罚。

第 6 条　附加后果

（1）判决不应排除青少年担任公职、从公共选举中获得权利和在公共事务中进行选举或投票的权利。判决结果不得公开。

（2）有关丧失担任公职和从公共选举中获得权利（刑法典第 45 条第 1 款）的判决，不予生效。

第 7 条　矫正和保安处分

（1）收容于精神病院或戒除机构，行为监督或吊销驾驶许可（刑法典第 61 条第 1 项、第 2 项、第 4 项和第 5 项），可以作为一般刑法规定中的矫正和保安处分在此适用。

（2）法院可以判决预防性拘留，当

①青少年由于

a）侵犯生命、身体完整性或性自主权，或者

b）刑法典第 251 条、第 252 条、第 255 条规定的情况，

被判处七年以上青少年刑罚，使受害者在精神或身体上受到严重损害或造成此种风险的，以及

②根据青少年的整体态度及其行为，认为其有很大的可能性再一次实施第 1 项中提及的犯罪的。

根据被判决者的整体态度和行为，以及在法院做出决定前补充性的发

展状况，其期待实施第 1 项中提及的犯罪的，法院应当判决预防性拘留；刑法典第 66a 条第 3 款第 1 句得以适用。是否在青少年刑罚执行结束后暂缓执行收容于预防性拘留机构，以及是否进行行为监督，均适用刑法典第 67c 条第 1 款。

（3）若被判决者在青少年刑罚之外还被判处预防性拘留，且其未满二十七周岁，则法院应当判决在社会化教育设施中执行青少年刑罚，但无法促进被判决人的再社会化的除外。此项命令也可以事后下达。只要收容于社会化教育设施的执行命令还未做出，或者被拘留者尚未被转移到社会化教育机构中，则可在六个月后做出新的决定。当涉案人员年满二十四周岁时，第 2 句中提及的事后命令由刑罚执行庭负责，否则将根据第 92 条第 2 款由青少年法庭负责。但青少年刑罚的执行适用刑法典第 66c 条第 2 款及第 67a 条第 2 款至第 4 款。

（4）青少年因实施第 2 款所提及的行为而被判处收容于精神病院，法院根据刑法典第 67d 条第 6 款宣告已执行结束的，若在结束决定做出之时并未有排除或限制责任情况，则法院可以在下列情况下事后判处收容于预防性拘留机构：

①行为人因实施多种此类犯罪行为而根据刑法典第 63 条被判处收容的，或其在根据刑法典第 63 条被判处收容之前因领导实施一种或多种此类犯罪行为，曾被判处三年以上青少年刑罚或收容于精神病院的；或者

②根据行为人在决定做出前的整体态度和行为以及其完全发育状况，有很大的可能性再一次实施第 2 款所提及的犯罪的。

（5）在第 2 款和第 4 款的情形下，被收容者在收容期间开始时未满二十四周岁的，法院对是否暂缓收容的继续执行予以考察或宣告结束（刑法典第 67e 条）的审查期间为六个月。

第 8 条　处分与青少年刑罚的合并

（1）教育处分和惩戒措施以及多种教育处分和惩戒措施，可以合并判处。但根据第 12 条第 2 项判处教育帮助的不得再判处青少年拘留。

（2）除青少年刑罚外，法院只能对青少年处以指示、规定的义务以及

教育帮助。在第 16a 条的条件下，除执行或暂缓执行青少年刑罚外，可以判处青少年拘留。处于缓刑期的青少年，应停止接受教育帮助，直至缓刑期届满。

（3）除教育处分、惩戒措施和青少年刑罚外，法院可以判处本法允许的附加刑和附加后果。驾驶限制的期间不得超过三个月。

第二节　教育处分

第 9 条　种类

教育处分包括

①给予指示；

②命令接受第 12 条提及的教育帮助。

第 10 条　指示

（1）指示是指规范青少年生活，并以此促进和确保其教育的各项要求和禁令。但不得对青少年的生活提出不合理的要求。法官可以特别责令青少年：

①遵从迁入某个居住地的指示；

②住在某个家庭或养育院；

③参加学习或工作；

④取得工作成绩；

⑤接受特定人（照管帮助人）的看护和监督；

⑥参加社会训练课程；

⑦尽力对受害者进行补偿（犯罪人—受害人—补偿）；

⑧禁止与特定之人交往或光顾餐馆及其他娱乐场所；或者

⑨参加交通课程。

（2）法官可以在监护人和法定代理人的许可下，责令青少年接受专家的医疗教育或戒除瘾癖的治疗。若青少年已满十六周岁，则须经本人同意。

第 11 条　指示的履行期间、事后变更；违反指示的后果

（1）指示的履行期间由法官规定。履行期间不得超过两年；对于第 10 条第 1 款第 3 句第 5 项的指示，履行期间不得超过一年，对于第 10 条第 1

款第 3 句第 6 项的指示，履行期间不得超过六个月。

（2）法官可以出于教育目的变更、解除指示，或在履行期届满前延长至三年。

（3）青少年已被提前告知违反指示的后果，而因自己的过失未履行指示的，可以被判处青少年拘留。同一判决中的青少年拘留总期间不得超过四个星期。青少年在拘留执行后能够履行指示的，法官可免除青少年拘留的执行。

第 12 条　教育帮助

法官可以依据社会法第八章的相关要求，在青年福利局的旁听下，责令青少年接受以下形式的教育帮助：

①社会法第八章第 30 条提及的教育帮助；

②社会法第八章第 34 条提及的全日制托管于某个机构或某个特殊的看护场所。

第三节　惩戒措施

第 13 条　种类和适用

（1）青少年所犯罪行尚不足以科以青少年刑罚，但有必要使其意识到其须对不法行为负责的，法官应判处惩戒措施。

（2）惩戒措施包括：

①警告；

②规定的义务；

③青少年拘留。

（3）惩戒措施不具有刑罚的法律效力。

第 14 条　警告

通过警告对青少年的不法行为进行规劝。

第 15 条　规定的义务

（1）法官可以对青少年规定以下义务：

①尽力弥补因其行为所造成的损失；

②亲自向被害人道歉；

③取得工作成绩；或者

④向公共机构支付一笔金钱。

但不得对青少年提出不合理要求。

（2）法官只能在下列情形下命令青少年支付金钱：

①青少年实施了轻微犯罪行为，且认为其支付的金钱为自己独立支配的；或者

②青少年违法行为所得利益，或其因此而得到的报酬，应当被没收的。

（3）法官可以出于教育目的，对所规定的义务进行事后变更，或对其履行进行全部或部分解除。青少年因自身原因未履行义务的，适用第11条第3款的规定。青少年拘留已执行完毕的，法官可以宣告其规定的义务已全部或部分结束。

第16条 青少年拘留

（1）青少年拘留包括假期拘留、短期拘留或长期拘留。

（2）假期拘留是指在青少年每周的休息日实行拘留，以一个或者两个假期为单位计算。

（3）相关执行符合对青少年的教育目的，且既不影响其学习，也不影响其工作的，不实行假期拘留，而实行短期拘留。为期两日的短期拘留相当于一次假期拘留。

（4）长期拘留的期间为一周以上四周以下。以整日或整周为单位计算。

第16a条 青少年刑罚附加的青少年拘留

（1）青少年刑罚暂缓宣告和执行的，可以在下列情形中处以附加的青少年拘留，第13条第1款不予适用：

①实施青少年拘留，是为了使青少年对缓刑知情，且考虑到存在指示和规定义务之可能，以使青少年明白其对不法行为应负的责任及继续实施犯罪行为的后果；

②实施青少年拘留，是为了使青少年在有限的时间内消除其为生活环境带来的不利影响，并通过在青少年拘留执行中的治疗为缓刑期做准备；或者

③实施青少年拘留，是为了使青少年拘留执行对青少年有显著的教育作用，或在缓刑期更好地对其教育作用进行效果监督。

（2）青少年早已被处以长期拘留，或长期处于审前拘留的执行状态中的，原则上不予适用第1款第1项的规定。

第四节　青少年刑罚

第 17 条　形式和条件

（1）青少年刑罚是指青少年被监禁在指定执行机构中。

（2）青少年犯罪行为所表现出的危害倾向，以教育处分或惩戒措施无法实现教育目的，或罪行重大必须处以刑罚的，法官应当处以青少年刑罚。

第 18 条　青少年刑罚的期间

（1）青少年刑罚的期间为六个月以上五年以下。犯重罪，根据一般刑法规定最高刑罚为十年以上自由刑的，青少年刑罚的最高期间为十年。一般刑法规定的量刑范围不予适用。

（2）青少年刑罚的量刑，应考虑到其所必要的教育作用。

第 19 条　（已废除）

第五节　青少年刑罚的缓刑

第 20 条　（已废除）

第 21 条　缓刑

（1）被判处一年以下青少年刑罚，认为判决已对青少年有警示作用，且缓刑期的教育作用足以在之后引导青少年养成法律规定的品行，而无须执行刑罚的，法院可以宣告缓刑。对此应当尤其考虑到青少年的人格、经历、犯罪情况、犯罪后的行为、生活环境及其影响，以符合缓刑目的。第16a 条提及的青少年刑罚附加的青少年拘留，符合第 1 句中的条件的，法院可以宣告缓刑。

（2）两年以下的青少年刑罚，符合第 1 句中的条件，且对青少年的成长并不必要的，法院可以宣告缓刑。

（3）缓刑不得仅限于青少年刑罚的一部分。审前拘留或其他剥夺自由的期间，应与刑期折抵。

第 22 条　缓刑期间

（1）缓刑期间由法官规定。缓刑期间应在两年以上三年以下。

（2）缓刑期间从法院宣告青少年刑罚缓刑之日开始。缓刑期间可以在事后缩短至一年或延长至四年。在第21条第2款的情形下，缓刑期间只能缩短至两年。

第 23 条　指示和规定的义务

（1）法官应当通过指示，对青少年缓刑期间的生活进行教育影响。法官可以为青少年规定相应的义务。上述各项命令可以在事后做出、变更或解除。第10条，第11条第3款以及第15条第1款、第2款、第3款第2句得以适用。

（2）青少年对其未来的生活做出承诺，或主动支付相应款项以对其不法行为提供补偿，且该承诺或补偿可望实现的，法官可以原则上暂时免予指示和规定义务。

第 24 条　缓刑帮助人

（1）在缓刑期间内，法官可以委托专职缓刑帮助人进行监督和指导，时间最长为两年。出于教育目的，法官也可以委托义务缓刑帮助人进行监督和指导。第22条第2款第1句得以适用。

（2）法官可以在做出第1款所述决定后，在委托期间届满之前变更或解除决定；法官也可以重新命令青少年的委托期间。委托期间可以超过第1款第1句所规定的最高缓刑期。

（3）缓刑帮助人应为青少年提供帮助和照管。在取得法官的同意后，对青少年履行指示、规定的义务、承诺和补偿的情况进行监督。缓刑帮助人应当为青少年的教育提供帮助，并尽可能与其监护人和法定代理人精诚合作。在执行公务期间，其有权利进入青少年的住所。缓刑帮助人可以向青少年的监护人、法定代理人、学校、培训员咨询其生活状态。

第 25 条　缓刑帮助人的指定和义务

缓刑帮助人由法官指定。法官可以为缓刑帮助人指定第24条第3款所规定的任务。缓刑帮助人应在法官规定的期间内报告青少年的生活状态。

严重或屡次违反指示、规定的义务、承诺或补偿的，应告知法官。

第 26 条 缓刑的撤销

（1）青少年具备下列情形之一的，法院可以撤销缓刑：

①在缓刑期间实施犯罪行为，因而认为其无法实现缓刑目的的；

②严重或屡次违反指示，或屡次逃避缓刑帮助人的监督和指导，有再次犯罪之虞的；或者

③严重或屡次违反规定义务的。

在缓刑决定做出之后，发生效力之前实施犯罪行为的，适用第 1 句第 1 项的规定。在此之后决定缓刑的，适用刑法典第 57 条第 5 款第 2 句。

（2）具备以下情形之一的，法院不得撤销缓刑：

①宣告其他指示或规定义务的；

②将缓刑期间或委托期间延长至最高四年的；或者

③在青少年缓刑期间届满之前，委托新的缓刑帮助人的。

（3）青少年为履行指示、规定的义务、承诺或补偿（第 23 条）所支付的款项不予补偿。撤销缓刑的，法院可以将青少年为履行规定的义务或相应补偿而支付的款项，与青少年刑罚折抵。第 16a 条中提及的青少年拘留期间可以与青少年刑罚折抵。

第 26a 条 青少年刑罚的消灭

法官不撤销缓刑的，则缓刑期间届满后宣布刑罚已执行完毕。第 26 条第 3 款第 1 句的规定得以适用。

第六节 青少年刑罚的暂缓执行

第 27 条 先决条件

全面调查后，仍无法准确判断青少年的犯罪行为所表现的危害倾向，但有必要处以青少年刑罚的，法官可以先确定青少年的罪责，暂缓下达执行青少年刑罚的决定，并确定一个缓刑期间。

第 28 条 暂缓执行的期间

（1）暂缓执行的期间不得高于两年或低于一年。

（2）暂缓执行的期间从确定青少年罪责的判决生效之日起开始计算。

缓刑期间可以事后缩短至一年，或在其届满之前延长至两年。

第 29 条　暂缓执行帮助人

青少年应当在暂缓执行的全部或部分期间内接受暂缓执行帮助人的监督和指导。第 23 条、第 24 条第 1 款第 1 句和第 2 句、第 2 款和第 3 款，以及第 25 条和第 28 条第 2 款第 1 句得以适用。

第 30 条　青少年刑罚的执行；有罪判决的消灭

（1）青少年在暂缓执行期间有恶劣表现，再次实施有罪判决中所反对的行为，而有危害社会的倾向，以至于必须处以青少年刑罚的，法院应当以宣告有罪判决时认定的社会危害程度，对其处以刑罚。第 26 条第 3 款第 3 句得以适用。

（2）暂缓执行期间届满后不存在第 1 款第 1 句所述条件的，有罪判决即宣告消灭。

第七节　数罪

第 31 条　一人犯数罪

（1）即使一个青少年实施多个犯罪行为，法官也只能处以单一的教育处分、惩戒措施或青少年刑罚。经本法允许（第 8 条），可以合并处以不同种类的教育处分和惩戒措施，或合并处以不同处分和刑罚。但不可超过法律规定的青少年拘留和青少年刑罚的最高限制。

（2）青少年部分犯罪行为的罪责已经确定，或已被判处教育处分、惩戒措施或青少年刑罚，但尚未完全执行、惩戒或执行完毕的，应当视作判决的一部分，判决仅可处以单一的处分或刑罚。处以青少年刑罚的，已执行的青少年拘留的折算由法院自行裁量。第 26 条第 3 款第 3 句和第 30 条第 1 款第 2 句的规定不排除适用。

（3）法院可以出于教育目的，不将已判决的犯罪行为纳入新的判决中。处以青少年刑罚的，教育处分和惩戒措施可宣布结束。

第 32 条　不同年龄和成熟阶段所犯数罪

多个犯罪行为同时接受判决，其一部分适用青少年刑法，一部分适用一般刑法时，若其中较重的法律适用青少年刑法，则统一适用青少年刑法。否则，统一适用一般刑法。

第二章 青少年法院组织和青少年刑事诉讼程序

第一节 青少年法院组织

第 33 条 青少年法院

（1）青少年的犯罪行为由青少年法院审判。

（2）青少年法院由作为青少年法官的刑事法官、陪审法庭（青少年陪审法庭）和刑事法庭（青少年法庭）组成。

（3）各州政府有权力制定法律法规，指定一名地方法院的法官作为多个地方法院所在区域的青少年法官（区青少年法官），并在一个地方法院设立此区域共同的青少年陪审法庭。各州政府可以将此权限通过法律法规授权给州法律部门。

第 33a 条 青少年陪审法庭的组成

（1）青少年陪审法庭由一名作为审判长的青少年法官和两名青少年陪审员组成。在每一个主审程序中，陪审法庭都应请一位男性和一位女性陪审员参加。

（2）在主审程序之外进行判决时，青少年陪审员无须出席。

第 33b 条 青少年法庭的组成

（1）青少年法庭由包括审判长在内的三名法官，以及两名青少年陪审员组成（大青少年法庭），在针对青少年法官之判决的上诉程序中，则由审判长和两名青少年陪审员组成（小青少年法庭）。

（2）大青少年法庭应在诉讼程序开始时，决定其在主审程序中的人员组成。诉讼程序已经开始的，在主审程序开始时决定。具备下列情形之一的，应当决定包括审判长在内的三名法官，以及两名青少年陪审员之组成：

①根据一般规定以及法院组织法第 74e 条的规定，案件不属于刑事陪审法庭管辖的；

②属于第 41 条第 1 款第 5 项所列管辖的；或者

③根据案件的范围或难度，需要第三名法官出席的。

大青少年法庭可以决定包括审判长在内的两名法官，以及两名青少年陪审员之组成。

（3）具备下列情形之一的，需要第 2 款第 3 句中提及的第三名法官出席：

①青少年法庭已经接受了第 41 条第 1 款第 2 项所提及案件的；

②主审程序可能持续十天以上的；

③案件事实中存在法院组织法第 74c 条第 1 款第 1 句所提及的犯罪行为的。

（4）针对青少年陪审法庭之判决的上诉程序，适用第 2 款的规定。对四年以上的青少年刑罚做出撤销判决的，大青少年法庭应当决定包括审判长在内的三名法官，以及两名青少年陪审员之组成。

（5）大青少年法庭已经决定了包括审判长在内的两名法官，以及两名青少年陪审员之组成，但在主审程序开始前出现了新的情况，需要根据第 2 款到第 4 款的规定，决定包括审判长在内的三名法官，以及两名青少年陪审员之组成的，可以重新决定其人员组成。

（6）案件被再审法院驳回的，或暂缓进入主审程序的，各个有管辖权的青少年法庭可以根据第 2 款到第 4 款之规定，决定其人员组成。

（7）第 33a 条第 1 款第 2 句得以适用。

第 34 条　青少年法官的职责

（1）在刑事程序中，青少年法官负有与地方法院的法官相同的职责。

（2）青少年法官应当承担家庭法院对青少年的教育任务。但出于特殊原因，尤其是青少年法官被本辖区内多个地方法院指定的，可以免予此项职责。

（3）家庭法院的教育任务包括：

①通过适当的措施支持青少年的父母、监护人以及保护人（民法典第 1631 条第 3 款，第 1800 条，第 1915 条）；

②采取措施使青少年免于危险（民法典第 1666 条、第 1666a 条、第 1837 条第 4 款、第 1915 条）；

③（已废除）。

第 35 条　青少年陪审员

（1）根据法院组织法第 40 条的规定，青少年法庭的陪审员（青少年陪审员）应经青少年福利委员会的推荐，由选举产生，任期为五年。选举出的男女陪审员人数应相同。

（2）青少年福利委员会推荐的男女候选人人数应相等，且总人数必须至少是实际需要人数的两倍。被推荐的候选人应具备教育能力和丰富的教育经验。

（3）青少年福利委员会的推荐名单应被视作法院组织法第 36 条意义上的推荐名单。被纳入名单内，需要获得出席选举且有投票权的三分之二成员，但全体有投票权的至少半数成员的同意。推荐名单应当在青少年福利局向公众公布一周。公布的时间应提前公开告知。

（4）在判决时对青少年福利委员会的推荐名单有异议，以及在选举青少年陪审员与辅助陪审员时，由青少年法官担任陪审员选举委员会的主席。

（5）青少年陪审员应当特别地将男女分开纳入主要的陪审员名单中。

（6）青少年陪审员的选举应当同时选举陪审法院和刑事法庭的陪审员。

第 36 条　青少年检察官

（1）属于青少年法院管辖的诉讼程序，应指定青少年检察官参与诉讼。处在试用期的法官和公务员，不得在任职后的第一年内担任青少年检察官。

（2）地方检察官只有在满足办理青少年刑事案件特别能力时，才可以代理青少年检察官的职责。在个案中，候补检察官可以在青少年检察官的监督下，代理青少年检察官的职责。候补检察官只能在青少年检察官的监督和出席下，代理在诉讼中做庭前陈述的职责。

第 37 条　青少年法官和青少年检察官的选拔

青少年法院的青少年法官和青少年检察官，应当具备教育能力，并具有丰富的青少年教育经验。

第 38 条 青少年法院帮助

（1）青少年法院帮助在青少年福利局和青少年帮助协会的共同作用下进行。

（2）青少年法院帮助的代表应在诉讼程序中，向青少年法院提供有教育性、社会性和福利性的观点。该代表应出于上述目的，支持有关部门对被告人的人格、发育状况及其生活环境进行调查，并提出应采取的措施。在进行逮捕时，应加快报告其调查结果。在主审程序中，应派遣进行调查的代表出席。还没有指定缓刑帮助人的，由该代表对青少年履行指示和规定义务的情况进行监督。青少年有严重违法行为的，应当告知法官。在第10 条第 1 款第 3 句第 5 项的情形下，法官未委托其他人的，由该代表对青少年进行照管和监督。在缓刑期间，该代表应与缓刑帮助人进行密切合作。在刑罚执行期间，该代表应与青少年保持联系，并帮助其重返社会。

（3）青少年法官帮助的代表应当参加所有针对青少年的诉讼。该代表应当尽可能提前出席。在宣布指示之前（第 10 条），青少年法院帮助的代表应当始终在场旁听；涉及照管指令的，该代表应当说明，由谁来担任照管帮助人。

第二节 管辖

第 39 条 青少年法官的案件管辖

（1）只可能被判处教育处分、惩戒措施、本法允许的附加刑和附加后果或吊销驾驶许可的案件，在检察官向刑事法官提起诉讼后，由青少年法官进行管辖。根据第 103 条的规定，由青少年和成年人共同实施的案件，若根据一般规定，地方法院的法官没有管辖权的，青少年法官也没有管辖权。刑事诉讼法第 209 条第 2 款的规定得以适用。

（2）青少年法官不得判处一年以上的青少年刑罚；也不得命令将青少年收容于精神病院。

第 40 条 青少年陪审法院的案件管辖

（1）所有不属于青少年法院管辖的案件，均由青少年陪审法院管辖。刑事诉讼法第 209 条的规定得以适用。

（2）青少年陪审法院可以在主要诉讼程序开始之前，针对青少年法院的移交决定，表明其是否愿意出于特殊原因接受案件。

（3）青少年法庭的审判长可以在移交决定公布之前，要求被告人在一定期限内，表明其是否在主审程序前对个别证据进行提交。

（4）青少年法庭接受或者拒绝接受案件的决定，不得撤回。接受决定应与开庭决定同时做出。

第41条 青少年法庭的案件管辖

（1）青少年法庭作为一审法院，对以下案件有管辖权：

①根据一般规定及法院组织法第74e条的规定，属于刑事陪审法院管辖的；

②根据青少年陪审法院的建议，青少年法庭出于特殊原因接受案件的（第40条第2款）；

③根据第103条由青少年与成年人共同实施的案件，其中成年人应当根据一般规定由大刑事法庭管辖的；

④检察官出于对作为证人的犯罪行为受害者的保护，而向青少年法庭提起诉讼的；

⑤被告人的行为属于第7条第2款所提及的情形，有可能被判处五年以上青少年刑罚或收容于精神病院的。

（2）此外，针对青少年法院和青少年陪审法院的判决提起上诉的，青少年法庭对其审理与决定有管辖权。青少年法庭可以做出法院组织法第73条第1款所提及的相关决定。

第42条 地域管辖

（1）除了根据一般程序法和特别法规之规定，对案件有管辖权的法官之外，以下法官也有管辖权：

①对被控告青少年负有家庭法院规定的教育任务的法官；

②在提起诉讼时，被告人处于其管辖区域内的法官；

③在被告人的青少年刑罚尚未全部执行的情况下，担任刑罚执行负责人的法官。

（2）检察官应当尽可能向负有家庭法院规定的教育任务的法官提起诉讼，但是若被告人的青少年刑罚尚未执行完毕，则应尽可能向担任刑罚执行负责人的法官提起诉讼。

（3）被告人更换了居住地的，法官可以在检察官的同意下，将诉讼程序转移至被告人现居地所在区域的法院。被转移法院的法官拒绝接受的，由二者共同的上一级法院管辖。

第三节 青少年刑事诉讼程序

一 预审程序

第43条 调查范围

（1）在进入上诉程序后，应当尽可能早地调查被告人的生活状况、家庭关系、成长经历、到目前为止的行为，以及其他有助于判断其思想、精神和性格特征的所有情况。应当尽可能听取其监护人和法定代理人、学校和培训员的陈述。青少年可能受到非期望中的影响，尤其是可能失去学习或工作机会的，不听取学校或培训员的陈述。第38条第3款得以适用。

（2）如有必要，应对被告人进行体检，尤其是确定其发育状况或诉讼程序中的其他主要特征。应当在贯彻执行命令的情况下，尽可能委托有能力的专家对青少年进行体检。

第44条 审问被告人

有可能被判处青少年刑罚的，检察官或者青少年法院的审判长可以在提起诉讼的同时，对被告人进行审问。

第45条 不予追诉

（1）在满足刑事诉讼法第153条的条件时，检察官可以不经法官同意不予追诉。

（2）已经采取或进行教育性措施，且既无第3款中的法官参与，提起上诉又无必要的，检察官可以不予追诉。教育性措施等同于青少年为受害者所做的补偿。

（3）被告人主动供认，并且检察官认为有必要采取某些法院的命令措施，而不必提起诉讼的，检察官可以建议青少年法官进行警告，根据第10条第1款第3句第4项、第7项和第9项进行指示，或为青少年规定义务。青少年法官采纳了建议的，只有在青少年履行了指示或规定义务时，检察官才可以不予追诉。第11条第3款以及第15条第3款第2句的规定不予适用。第 47 条第 3 款的相关规定准予适用。

第 46 条　主要调查结果

检察官应当在起诉书（刑事诉讼法第 200 条第 2 款）上写明主要调查结果，被告人的知情权应尽可能不对其教育造成不利影响。

二　主要诉讼程序

第 47 条　法官停止诉讼

（1）诉讼已经提出的，在具备下列情形之一时，法官可以停止诉讼：

①满足刑事诉讼法第 153 条所规定的条件的；

②第 45 条第 2 款意义下的教育性措施在判决中并无必要，但已经执行或开始执行的；

③法官认为判决并无必要，并针对主动供认的青少年采取第 45 条第 3 条第 1 句所提及的措施的；

④被告人因缺乏成熟而无法承担刑事责任的。

在第 1 句第 2 项和第 3 项的情况下，法官可以在检察官的同意下暂时停止诉讼，并要求青少年在最多六个月内履行规定的义务、指示或教育性措施。判决决定在结束时公布。决定一旦做出便不可撤销。青少年履行了规定义务、指示或教育性措施的，法官应当停止诉讼。第 11 条第 3 款和第 15 条第 3 款第 2 句的规定不予适用。

（2）即使检察官已经同意暂时停止诉讼，在最终停止诉讼时，仍需要检察官的同意。停止诉讼的决定也可以在主审程序中做出。因为某种原因而做出错误决定时，决定仍不可撤销。若告知被告人可能会对其教育产生不良影响，则不应告知被告人。

（3）同样的犯罪行为只能基于新的犯罪事实或物证，才能提起新的诉讼。

书　评

当乡土遭遇现代

席皓格*

费孝通先生在《乡土中国》中写道：从基层上看去，中国社会是乡土性的。

二十几年前，我出生于中国农村，成了一名"乡下人"，十年前，因为读大学，我进入城市，成了一名"城里人"。十年间，我多次乘坐漫长的火车往返于乡村和城市之间。说是多次，其实每年也只有两次，每一次回家距离上一次足有半年之久。时间和空间上的距离感使我得以跳出过去的思维重新审视我的家乡，审视乡土社会的种种。

我不得不感慨费先生看问题之深之透，此文算是《乡土中国》的一些读后感。我又不得不感慨，费先生描述的乡土社会正在遭遇现代社会的巨大冲击，而这种冲击，也许是基础性、根本性的。

乡土社会的衣和食

在我很小的时候，妈妈给我做新衣服，在乡镇的集市上买一些布，然后带我去"裁缝"那里量体裁衣。我到现在也不知道那位"裁缝"尊姓大名，只知道周围许多人都喊她"裁缝"，周围许多人想要做衣服的时候都去找她。

仔细琢磨，这是一件很有意思的事情。第一，大家不唤"张三""李四"，只唤"裁缝"，这说明，在这一村，干裁缝这一行当的人不多，所以提到裁缝，大家都知道是谁。第二，周围老老少少，几乎没有不知道"裁缝"的，说明很少有人能买得起衣服，也很少有人外出买衣服。第三，我们可以想象，有裁缝就会有"木匠"，有"铁匠"，可谓各有神通。

---

* 席皓格，天津大学教师，北京师范大学法学院法律硕士。

类似的事情还有不少。比如说我的胳膊脱臼了，就得去找"老吴"捏一捏。我到现在也不知道"老吴"大名，只知道周围许多人胳膊脱臼了就去找那位老太太捏一捏。

乡土的社会，是一个"麻雀虽小，五脏俱全"的社会，交通不便，相对隔离，人们为了生活下去，干各行各业的都得有，必须互相依靠，互相帮助。

孩童时代，总是期待着放假。无论是周末，还是寒暑假，提到假期就眉开眼笑，可唯独有一个假期是不喜欢的，那就是"农忙假"。所谓"农忙假"，一般是农作物收获的季节，学校放假让师生回家务农。这假期对于老师来讲相当重要，因为村里的老师大都一边教书一边种地，而对于还尚不知生活之艰辛的孩子来讲，放农忙假要回家干农活可是一件苦差事。

那时我们家种小麦。大人用镰刀把麦子割下来，用农用双轮车拉回家放在一边空地上，然后找村子里"开拖拉机的"开着拖拉机拉着"辘轳"在麦子上碾来碾去，让麦粒和麦秆脱离，俗称"碾麦"。我那时最喜欢的，就是"碾麦"这个环节，主要是因为人多，热闹。拖拉机碾的时候需要配上很多人劳动，一旦遭遇狂风乌云，也得许多人一起"救场"，一小家子人根本不够，村子里的人就你帮我我帮你。大人互相帮忙的时候也带着孩子，于是一群孩子也在麦场上跑来跑去，能帮点忙，但更多的还是享受嬉闹的快乐。我常常幻想，要是麦子不用收割，只用"碾麦"就好了。

对于大人来讲，收获的季节很累，也很喜悦。收完麦子以后一般要吃肉庆祝一下，那时肉这种东西，可不是每天都能吃得起的。那么肉从哪里来呢？去哪里买呢？答案是，从村里的"大户"那里买。稍微富一点的人家从集市上买一只羊回来，宰了，然后把肉切割开来，家家户户端着盆儿去他们家买。这种买卖和市场上的买卖有着极大的差别，卖家分文不赚，就是为了给大家提供个方便，而买家买得很放心，因为那时吃的东西绝对不添加任何的防腐剂。

每到过年的时候，许多家庭都会杀猪，杀自己家喂养的猪。这猪是当年过了正月买个小猪崽子开始喂的，平时就拿家里的剩菜剩饭和麦麸子皮儿喂一下，一直到过年就喂成了一头大猪。到了腊月，从自己家卸下来一块门板，把猪摁倒在门板上杀。别看杀猪是项技术活儿，家里的男主人基本都会操刀。但要把猪摁在门板上，是需要不少人的，那就从邻居家喊人过来帮忙。张三李四王麻子，只要你喊，他就愿意，因为他们家马上杀猪的话也会喊你，大家都是互相帮忙。互相帮忙归互相帮忙，必要的礼仪还是要有，帮忙结束后，大家留下来一起吃一顿新鲜的猪肉，走的时候再给你送上一块猪肉。到了年底，你尝过了多家的猪肉，自然会评论"某某家今年的猪肉好吃"，并问问他们家是如何喂猪的，无形中形成了一种"比学赶超"的氛围。

慢慢的，这些情况就发生了变化。

村里连续杀了三十年猪的老石终于放弃了杀猪的执念。为什么呢？第一，老石年老体衰，杀不动了，而老石的儿子，中学毕业后就外出打工，根本没有杀猪这项技能。第二，老石找不到人帮忙了，去年来的老张今年查出来心脏不好，不敢叫了，前年来的老李腿脚已经没那么灵便了，老张的儿子小张今年过年打工没回家，老李的儿子小李跟老石不熟。第三，老石听说，村里的老赵找了个熟人帮忙杀猪，结果猪踢了这位熟人一下，这要是放在过去，踢就踢了，可是现在不行，得去医院查，吃消炎药，一来二去好几百，实在是划不来。第四，过去过年的时候，每人端着一碗猪肉，喜上眉梢，现在过年做点肉，这个孙子不吃肥的，那个孙子不吃瘦的，外孙干脆不喜欢吃猪肉，只喜欢吃鱼肉。

买肉这件事已经不那么难了，不用再等着村里"大户"买一只羊回来了，去街上的鲜肉店就行，女主人们开始去"快手"上学习如何做出不同味道的肉。"农忙假"进入历史，学生们不用再回家务农了，收割机一站式服务全搞定，甚至许多家庭都把土地出租给别人家来种。村子里专治各种脱臼的"老吴"慢慢失去了信任，人们更愿意去诊所找大夫捏。"裁缝"逐渐沦落为"专门为老年人缝制衣服的裁缝"，年轻人越来越讲究时尚，他们去淘宝上找最新的流行款购买。

社会的发展在一定程度上阻止了贫困的代际传递，给农村和城市之间架起了一座桥梁。有人进城成了农民工，有人进城读书，有人进城做生意。村里的人口呈现负增长，而上一辈的技术和人际关系并没有传承下来，新生代不再会种田、杀猪，但是他们会淘宝、会快手，他们不认识村子里的人，却可以和千里之外的人成为朋友。

乡土社会的结婚

三十年前，有这么一对年轻人，他们在两个家族的安排下相亲。

相亲的结果是，他们互相没有瞧上对方。

互相没有瞧上对方的结果是，他们结婚了。原因是，两个家族都同意，在这种意见分歧情况下，老人做主，年轻人几乎没有发言权。许多人认为，这是封建腐朽观念的残留导致父母做主。我却认为，根源在于经济，"经济基础决定上层建筑"是颠扑不破的真理。那时对于一个年轻人来讲，你想结婚，必须动用父母的积蓄，你若不结婚惹怒了父母，不给你吃不给你穿，你怎么生活？在这种情况下，如果双方父母同意的亲事你不同意，你会被村子里的"媒婆"认为不懂礼数，没有人愿意再给你介绍对象，你只能在家待着，在家待着，就等于每天接受七大姑八大姨的轮番数落。

过去村子里的人结婚的标志是办一场婚礼，而不是领结婚证。任你国家规定领结婚证才是结婚的标准，我们不管你那一套。谁家的媳妇肚子大了，要是还没有见到他们家办婚礼，村子里就会说这一家的家风不正，搞这些不三不四的东西，你要是说你们三年前就已经领证了。不好意思，不认。但如果你办完婚礼没有领证，就生孩子了，那没关系，大家公认你们已经结完婚了。如果还没领证之前就闹掰了，离婚了，那就算是你离过婚了，再结婚就是二婚。法律是法律，村子里的"法律"是村子里的"法律"。闹了矛盾怎么解决？靠村子里那几个有头有脸的人来给你们说道说道，靠村子里的舆论来主持公道。

我把结婚的认证方式讲给一个城市人听，她说这挺好啊，不就是"试婚"吗？结婚不领证，出了问题省的离婚那套麻烦程序，等过几年要是感情好就领证，感情不好一拍两散多简单。我说，你在用城市的思维方式分析乡土，农村可不是你说的这样。你们办过婚礼了，那就是结过婚了，村子里的人都知道，你要是散了，那就是离婚了，再结婚就是二婚了，二婚跟头婚的程序大不一样，连"婚礼"都不再办了。

提到"婚礼"，你能想到的是什么？是一个宽敞的教堂里，一个牧师用低沉的嗓音问：×××，你是否愿意娶×××为妻，爱她、安慰她、尊重她、保护他，像你爱自己一样。不论她生病或是健康、富有或贫穷，始终爱着她？还是一个宽阔的院子里，主持人用高昂的嗓子喊：一拜天地！二拜高堂！夫妻对拜！村子里真实的婚礼绝不是如此简单，而是一件特别伤神的事情。

相亲过后是成亲，双方家人摆几桌饭，经过一些仪式以后确立正式结婚的日子。婚礼的大幕拉开，新郎的父亲便开始忙起来了。一是请人，舅家人为大，得请，一定要带着礼物登门去请，所谓舅家人包括孩子的舅家人，也包括父亲母亲的舅家人；婚礼上帮忙的人得请，烧火做饭的、伺候饭桌的，都得请村里人来帮忙。二是请团队，要请一个团队帮你在院子里搭一个大帐篷，帐篷里面摆上桌子椅子，是为"宴席"；要请一个乐队在结婚的时候演奏，你要是富，可以多请几个，你要是穷呢，就叫上两个吹唢呐的也行，往院子里一坐，一吹一整天；要请一个厨师团队，负责宴席的饭菜。三是要布置婚房，把窑洞的墙壁再打磨打磨，磨平整了用白纸糊上，再贴上一些窗花、剪纸。第四个，最重要的，是四处借钱，准备彩礼钱送给女方。

结婚仪式一般需要进行两天。第一天男方派车队到女方家去迎娶新娘，做伴的还有新娘的家人。迎娶到家中以后，举行婚礼，婚礼结束后已经是傍晚时分，紧接着开"夜席"，安排女方的家人们吃饭，吃过饭以后带着他们去村里找地方住下来，第二天再把他们"请回来"。第二天的上午，新郎新娘给亲人们磕头拜谢，亲人们则纷纷拿出红包。宴请宾客也在第二天，新郎新娘挨桌敬酒。到了晚上，年轻的小伙子们为新郎新娘闹洞房。

你以为这就结束了吗？不，结婚三天后该干什么？什么时候回娘家？结婚的第一个新年该干什么？有一整套的习俗等着新郎新娘。

也许我的文字没有那么详尽，但从上面的文字中你一定能感受到：传统的婚礼，需要大量的人、大量的时间、大量的钱。姑且不论第三点，单就前两点来说，你可以想象，它在现代社会中是多么难以维持。

我作为一个忙碌生存的人，我为什么要在你的婚礼上忙活两天呢？是期待着你平时能帮着我点吗？可是你平时一直在外打工，压根帮不了我啊。是期待着我结婚的时候你也来帮忙吗？当然，我希望我结婚的时候能够多来几个人帮忙，可是如果我的诸多亲朋好友结婚时我都忙活上两天，那我得浪费许多许多时间，我似乎没有那么多时间，我现在干的活儿，老板是按照时间给我计算工钱的。想到这里，我宁可没人给我来帮忙。

人们开始质疑：这个习俗，真的有必要吗？那个习俗，真的有必要吗？为什么一定要在家里搭个大帐篷请客人来吃饭呢？酒店怎么就不行了呢？总有人先迈出第一步。迈出第一步的人会遭受到质疑和非议，但很快，第二个人会说：现在新社会流行的不一样了，现在兴在酒店结婚。以前亲戚来了，找邻居家住，现在人们越来越讲究了，不愿意让陌生人住，干脆就住酒店吧。再后来，干脆别住了，婚礼两天改一天。毕竟，两天的婚礼，亲戚们都是在念叨着自己家里的事情苦撑。

上了年纪的人有个疑惑：为什么现在日子过得富裕了，人们却更忙了呢？过去吃饱了就去院子里太阳底下站着晒太阳，现在却需要吃饱了马上干活，生怕干的没别人多。也许人们还来不及考虑这个问题的答案，早已经被迫走在奔跑的路上了。

乡土社会的离婚

在过去那个离婚率极低的社会里，离婚是一件极不光彩的事情。娘家人把出嫁姑娘称为"卖女子"，既然是"卖"，结婚之后的离婚就是"退货"，"退货"肯定是有问题，不是男方的问题就是女方的问题，总有一方有问题，如果村里人说不清是什么，那就是你们家祖坟的问题，问题大了去了。

结婚时，男方需要为女方支付高昂的彩礼，这个女孩一旦被"卖"到男方家里，从村里的习俗上讲，就不再有赡养女方父母的义务。一旦离婚，彩礼退不退就成了一个大问题。离婚的经济成本太高了。

以 2016 年某男娃结婚为例：彩礼钱需要 20 万，买衣服需要 1 万，买房子需要 10 万，买车需要 10 万，媒人需要 1 万，婚礼宴请、乐队等需要 3 万。这么算下来，结个婚家里差不多需要 50 万。而对于一个普通农民家庭来说，一个劳动力一年赚几万就够多了。

这里做几点说明。彩礼钱，是男方父母不附带任何条件赠予女方父母的；买衣服钱，是男方给女方用于购买新衣服的，不过这就是个名头，即使女方不添置新衣服，这个钱还是要出的；车和房，要么你就买，要么你就给钱，女方存起来日后买。媒人这个钱最有意思，媒人行当也有套路，一个媒人给你说媒，说到一半的时候突然提出一些原因，比方说女方不同意了，他也没办法，表示这媒他说不下去了，得再找人帮助，于是媒人就从一个变成两个，两个变成三个。就这样，媒人的价格成倍上涨。"巧的是"，几乎所有的媒，说起来中间都会出点问题，迫不得已多找几个人一起说。

按照民俗，彩礼支付了，随之，问题就来了。

这彩礼，本身就是法律之外的陋俗，高额的彩礼并不受法律保护，双方没有领证纳入不到婚姻法的调整范围。它能成气候，要么是政府没顾得上整治，要么是政府整治不了。那出了纠纷怎么办呢？基本是靠民风民俗来解决，很少有人愿意诉诸法律。

于是，离婚之后的彩礼纠纷，就成了说不清的官司。

我们来做一个假设：老牛和老牛的媳妇结婚三十年后，离婚了，那时通货膨胀，三十年前的 20 万彩礼钱根本算不了什么，而且岁月悠长，老牛媳妇的父母可能都过世了，找谁要去，肯定是不要了。但老牛和老牛的媳妇儿结婚三年就离婚了呢？老牛的父亲说，你把彩礼钱退还给我，不然我儿子没钱娶媳妇儿了。老牛媳妇儿的父亲说：你当时送我的，怎么能说退就退？再说了，离婚是你老牛的儿子提的，你们当我女儿是什么了？而且，这钱我早用来盖房子了，现在没了，你怎么着我也拿不出来。最后，两家达成了一致，各损失 10 万，老牛媳妇的父母退还 10 万。这还好一点，可如果两口子结婚三个月就离婚呢？这就是大纠纷！一方想要，一方不想给。

涉及年收入五倍金额的纠纷，人们很有可能因此而不惜动手。试想，若你一年公司赚20万，现在别人拿走你100万，不想还了，你跟他要，他不给。你怎么办？肯定起诉呗！如果你不识字，不会起诉呢？如果你不相信法院呢？走，拎上家伙上他家去！离婚就是这样一件事，有人因为离婚而大动干戈。当然，也有人因为想避免纠纷而竭力避免离婚。

近几年，彩礼有越长越快的趋势，不时有"天价彩礼"出现，这主要是因为男女比例失调而导致的，往上可追溯到被执行扭曲的计划生育政策。

村里的一个女孩长大后才知道，她是妈妈亲生的，并非抱养的。而她出生时，是悄无声息又大张旗鼓地出生的。那时村里人都想要男孩，所以头一胎都找一个没人知道的地方生，一看是女孩，赶紧藏起来。但藏着终究不是个办法，女孩的出生需要一个听起来非常合理的理由，于是长辈挑了街上人多的一天抱着她从大街上走过，逢人便说这是路边抱养的。

这是计划生育政策和村里风俗相冲突的一个缩影。

计划生育说：孩子只生一个好！村里的风俗却说：无论如何得生个男孩！于是家家户户都上演着这样一个故事：怀孕以后去医院找关系，尽早知道是男孩还是女孩，如果是女孩，打胎！找不着关系的，或者医院判断不准确的，出生之后发现是女孩，有两条路可以选，一是把女孩藏起来，声称是抱养的，二是想方设法找政府办一个"二胎指标"。据说有个村子有一年一个月内生了七个男孩，传为一段佳话，引得别村颇为羡慕。

世间的事，有因就有果，有果必有因。二十年前的佳话，到了二十年后，才体现出了恶果：都是男娃，媳妇儿上哪找去？！女娃毕竟还是有的，但是少了点。物以稀为贵，人，也是如此。于是婚姻市场成了女方市场，男人是没有发言权的。

如果你不幸是个男人，你面临的情况是这样的：你二十一岁了，想找个媳妇。举村举乡望过去，没几个姑娘，于是你爹妈找社会上的媒人，请求媒人在他乡他县帮你找姑娘（媒人一般都是四五十岁的老大爷，你都不认识）。媒人一听你爹妈的请求，马上看你爹妈一眼，拽拽地说：把你儿子照片拿出来我看看，哪天我还得见见真人，长相得过得去，不然姑娘会觉得我把你儿子介绍给她是在羞辱她。至于姑娘长得怎么样，干什么的，家庭情况如何，你想问是吧？我劝你最好别问那么细，不然姑娘家里觉得你挑三拣四，对你印象不好。

你和姑娘终于见面了，你们俩聊聊天，都要给媒人回个话，这事儿是行还是不行。其实媒人根本不关心你的态度，因为如果你说不行，还有下一个男人等着呢，媒人的通讯录里，像你这样的小伙子多了去了。但姑娘要说不行，那就麻烦了，得重新介绍，如果你介绍好几个，姑娘都不满意，姑娘可能把你这个媒人拉进黑名单，觉得你介绍的小伙子都不靠谱。

按道理来讲，彩礼上涨得越快，彩礼纠纷的后果就越严重，人们为了避免因此而产生的纠纷，离婚率会越来越低，这是"理性人"做出理性决策的合理结果。但是恰恰相反，离婚率连年升高。

原因大概有这么几点。一是女性意识的觉醒。什么"从一而终"，那都是老观念了，现在讲究两口子要合得来，合得来就合，合不来就大路朝天各走一边。同样，男性也不再为离婚而背负沉重的心理负担。现在未婚男士娶离异女性为妻，未婚女士嫁离异男性为妻，都是可以被接受的事情了。二是多数人可以实现经济独立。在过去，特别是女性离婚后，如何谋生呢？一个人干农活是难以生存的，可现在不一样了，没有男人，女性照样可以独自生存，因此她不再需要依附于任何人了。三是交通和通信方式的便捷。这一点听起来似乎是无关的，但实际上影响很大。过去如果家人不同意你离婚，你硬是要走，你能去哪儿呢？即使你离家出走了，你和家人之间失联了，家人会四处找你，使你于心不忍。现在不一样了，想去哪儿就随时能走，走了之后随时可以给家里人微信报个平安。第四点，关于彩礼的问题。人们不愿意为了钱牺牲自己一生的幸福了，或者说，人们自信他们自己后半生可以赚到足够多的钱。另外，彩礼毕竟是法律的灰色地带，一旦诉诸法律，没准就能讨回来。可以说，法律越来越完善，能够保障人们的离婚自由。越来越多的人目睹了各类婚姻纠纷之后决定：先领证，再结婚！省得将来麻麻烦烦的。对于未达到法定结婚年龄的，先不结婚。

乡土社会的死亡

入土为安，是村里人死亡后的习俗。

要是哪家死了老人，儿子先去村子里请一个"总管"，这"总管"一般就是村子里的那一两个人，家家户户过红白事他都去管，也不是选举产生的，就是在事情发展的过程中形成的。老"总管"老了，便会自然而然产生新的"总管"。主家请来了"总管"，总管就开始张罗着如何办丧事，比如说，请村子里的谁谁来打墓，请村子里的某个阴阳去看一个好的时间好下葬，请村里的哪些妇女来帮忙做饭，再比如，孝子（儿子）如何穿麻戴孝，女眷什么时候开始哭，这都是有讲究的，全由"总管"来操持。

几年前，我回家的时候听说村子里的"老总管"得病死了，心里不免叹气。我还记得小时候去他们家下象棋的场景。"老总管"一般在村子里要么是德高望重，要么是很受喜爱，到他那里串门的人自然很多。这一走，村子里人与人之间的关系仿佛都疏远了不少，一个纽带看起来是断掉了。

没有人再愿意干"总管"了。"总管"的事儿多，有关注不到的地方容易被埋怨，但是好处却基本捞不到，过去大家都是农民，"总管"在这些农民当中凸显出来，受人尊重，现在呢，许多人都在外打工或者在外工作，并不太拿"总管"当回事。

说到在外打工或者在外工作这件事，在丧葬上还体现出一个后果：您这些年都在外地，没有给大家帮忙，那么不好意思，您的父母去世了之后，我们也不去帮忙，他们老人的坟墓怎么掘，您自己看着办吧。

越来越多的人为这件事情而发愁，我大胆推测，将来在农村这也会成为职业，成为赚钱之道，会有人专门从事埋葬这份工作的。社会转型中出现的问题，必将在社会转型中得到解决。

每年春节、清明等节点，是晚辈祭祖的时间。晚辈要去坟头为长辈们烧纸。所谓烧纸，是春节的习俗。买一些纸，拿出百元大钞放在上面，用砖头拍几砖。这样"纸"就变成了阴间的"冥币"，把"冥币"拿到列祖列宗的坟头一烧，列祖列宗们就有了过年的钱。再给坟头点两支烟，倒两杯酒，放点小吃，列祖列宗们这年就过得很丰富了！

这么做的风险在于，一旦一阵妖风将未烧尽的"冥币"吹到了坟边的野草堆里，冬天干枯的草遇上了火，一点即着，严重者将会烧掉半个山头。

以前没人管的时候，烧就烧了，野火烧不尽，春风吹又生。但是现在，国家开始严管，每个树林都有护林人，一旦发现你引火烧山，罚单马上开给你。几千块钱一罚，有的人选在下一年烧纸拿个铁桶，放铁桶里面烧，有的人选择下一年不再去坟头烧纸。

乡土社会的文化活动与教育

提到文化活动，过去村子里的人会想到听大戏，现在呢？也许第一反应是广场舞。

新农村的建设还真不是个口号，政府是有些实际动作的。比如说，在平原上修建了一些集中的农家院落，以较为便宜的价格卖给农民，这样山沟里的人就可以搬到平原上来住，能用得上电了。再比如说，村村都有个小广场，装两个篮球架，装一堆健身器材。不过这些都不重要，重要的是，弄个喇叭，广场舞就可以开始了。前几年暑假，我回家打篮球，大妈们，不对，大妈和大叔们的舞蹈队伍眼看就要壮大到杀入我们篮球场了。

家家户户接个小型卫星，就能收得到中央三五六八频道，收得到湖南卫视了。年夜饭的时候，农村人也人手一部智能手机，坐在一起抢红包，发语音。

是的，农村也享受到了部分现代文明。但是这种享受，有时是脱轨的。比如说，有些女孩儿有了微信之后，开始大量阅读以前妇女杂志上才会有的心灵鸡汤，她们开始觉得：一个男孩要包容她，关心她，给她美食，让她开心，再忙也要记得联系她，一个男孩要把自己的全部给她，要给她买车，让她住上好的房子，而不是让女人流泪。可这些女孩忽略了一个事实：人家杂志上说的这些，基于两个人都有一定生存能力，而且基于女孩同样给予男孩关心和温暖，而不是女孩整天看着湖南卫视要求在外打工赚钱养家的男孩做这做那。比如说，有些男孩儿开始意识到现代人讲"自由"，于是他们开始跟父亲母亲讲"自由"。他们觉得，老爸老妈，你们现在老了不懂了，你们得支持我，尊重我的意见，让我干我想干的事情。可这些男孩忽略了一个事实：权利义务是并行的，既要美国式的自由，又要中国式的家庭经济支持，也实在难为爹妈了。人家经济独立了，想干点自己的事情改变世界，可你一把年纪了花着家里的钱还想环游世界，未免太不像话了。

新旧转换中，有时看似思想跑在了前面，但实际情况却是，旧的已破，新的远远没有到来，却让人陷入了绵绵的迷茫之中。

比方说，读书这件事。

我上小学的时候，听到的一句被周围不少人认可的话。某有钱的人家的孩子学习很差，他却不以为然道：你们都让孩子念书，可是念书能干什么？大老板哪一个是念过书的？

周围人想了想，说的也是啊，你看砖瓦厂的王厂长没念过书，水泥厂的李厂长也没念过书，那一年外出打工，沙发厂的张厂长也没念过书。虽然周围人反驳不了这句话，但周围人朴素的觉得：识点字总是好的，而既然念书，考的名次靠前总是好的，念了书，将来分配个工作，虽然当不了大老板，但也饿不死。所以，还是得让娃念书。

后来，渐渐的，大家不愿意把孩子往村里的小学送了，都送到乡里上小学；再后来，条件允许就去县城做点小生意让孩子在县城上学。再穷不能穷教育，即使经济不宽裕，在孩子上补习班这件事上，是绝不省钱的。

然而，人们一方面觉得念书真是有用，千方百计想让孩子考大学，另一方面，孩子大学毕业又挠心肝地发愁就业怎么办呢。回到乡镇考个公务员，虽说也不容易，但是家长和孩子常常觉得念了那么多书，只得到这么个工作很没面子。在外地工作呢？望房兴叹、望媳妇兴叹！再加上三亲六戚的不理解，在孩子工作之初就乱发指令：你一年能给你爸赚多少钱？你什么时候结婚？什么时候买房？家长们一辈以为，孩子们大学毕业可能就熬到头儿了，出人头地了，殊不知，农村孩子大学毕业时好日子刚刚结束，以前是学生，和城里学生拥有同一个身份，都是学生。而一旦步入工作，各种现实会告诉他们，差距是多么大。

城市大学生在就业以后的道路上拥有比农村大学生更有利的资源。比如说，其父亲母亲的人脉能帮助他找到一个不错的工作，而农村的父母对此无能为力；其父亲母亲的学识能够指导他更好地适应工作，而农村的父母则基本不大懂孩子以什么方式工作；其父亲母亲的资金能够支持他们买车买房旅游观光，而农村的父母有时还需要孩子的工资。

当然这只是一个方面，还有更重要的一个方面。农村学生小的时候听了几个新闻，往往形成一个错觉，那就是富家子弟常常是败家子儿，他们不思进取，对社会有害。成年后才发现，其实不是这么回事，多数有钱人家的孩子，家教好，综合素质高，还帅气有才华，更重要的是，往往还更加勤奋，而且，人品经常也不错。这挺令人感到绝望的，但这是事实。整体而言，这主要是由教育和环境决定的。当城市孩子学钢琴的时候，农村孩子在看电视；当城市孩子去某某地方参加夏令营丰富阅历的时候，农村孩子在拿着物理书背诵实验（没有仪器）；当小学二年级的城市孩子已经能说几句英语的时候，上初中的农村孩子正在学习 good morning，而他们的英语老师，甚至连重读闭音节都不懂。

对农村孩子来讲，最有利的选拔方式是高考，是考题，因为一旦涉及综合素质评价之类的，他们虚弱的教育会给他们致命一击。这些年，名牌大学中农村生源比例走低，以北大为例，2000~2010 年农村新生仅 10%，所以国家推出政策照顾农村学生。但是，人数依然不成比例的偏低，更何况，即使进了名牌大学，农村学生的竞争力也堪忧。

越来越多的人认识到，教育不是万能的，所以他们一边供子女读书一边焦虑着，但他们同时明白，没有教育，是万万不能的，而且，教育并不完全等于考试成绩。他们一边要求子女学习成绩好，一边把子女送入了各式各样的兴趣补习班。

写在最后的话

今年，村里的一个中年人给别人拆房子的时候从房顶上掉下来，腿摔断了。两家开始谈判。雇主说，我只给你掏医药费，中年人说，你还得给我误工费。村子里有头有脸的人物参与谈判，但终究没有调解成功。两家人还是闹到了法院。

"我就要这么多钱，你不给我，我就告你"，"我就出这么多钱，你还想要，你就告去吧"，这样的句式在如今的村子里很常见。

熟人社会逐渐消散，人与人之间没有那么熟悉了，知识社会到来，人们的眼界越来越开拓，村里老人的话不再那么重要，现代化社会运行体系深入农村肌体中，将为法律的运行提供可能性，也提供必要性。

然而，法律在农村，可谓"工具的初级阶段"，还远远没有达到信仰的程度。虽然"我去告你"这句话慢慢成为人们的口头禅，不过，怎么告，什么样的事情能告，告了能怎样，全都不知道。但是，上一代人不知道的事，下一代人可能就知道，毕竟，教育的提升肉眼可见，越来越多的人受到了更好的教育，这足以给我们信心。

当乡土遭遇现代，乡土正在离我们远去，正是法律登场的好时候。

2009 年，我带着我的同学回到家乡去支教，我的同学上完课以后，不少学生要加他们的 QQ 号。当时我非常震惊，我 2008 年上大学才用上的 QQ 号，这才一两年，你们初中生就已经全部都用上了？几年后，乡镇的街道上有了"网吧""KTV""烧烤店"，一个单间房那么大的烧烤店取名叫作"时尚音乐烤吧"。还有超市，超市的地盘不大，但是名字却很大，叫"时尚购物广场"。

我所感到震惊的，是居然有人敢开超市。过去的门市都是柜台，卖货的在柜台里面，买货的在柜台外面，卖货的一个转身，不留神，买货的就有可能从柜台上顺点东西走。可是超市，那都是裸露在外面的，根本没人盯着啊。没关系，这不是里面有摄像头嘛，已经自觉没有人偷东西了。

时代在变，科技在变，物质基础在变，观念在变，一切都在变。

有人担心，当一切都变了的时候，乡愁何处安放？

我想讲一个故事。今年春节，我三叔在家里唱大戏，孩子们拍下小视频发到了村子里的微信群里，第二天在村子里走，好多人都说唱得真好。某一天你在自己家里干的事，很快能让全村知道，这是过去的熟人社会所无法做到的。事实上，村子里有什么需要大家都知道的事，现在比过去通知起来要方便很多，村里很多青年的才艺在微信群中被发现了。

也许，新的社群正在形成，我们丝毫不用担心故乡远去。

只是，我们希望这新的社群，新的乡土，是带着现代法律思维的新乡土。

我相信，那一定是更美好的乡土。

图书在版编目（CIP）数据

北师大法律评论. 2020 年. 第 1 辑：总第 1 辑／卢建
平主编. -- 北京：社会科学文献出版社，2020.3
ISBN 978-7-5201-6236-4

Ⅰ.①北… Ⅱ.①卢… Ⅲ.①法律-文集 Ⅳ.
①D9-53

中国版本图书馆 CIP 数据核字（2020）第 029095 号

北师大法律评论（2020 年第 1 辑·总第 1 辑）

主　　编／卢建平

执行主编／夏　扬

编　　辑／李　晶　徐　淦

出 版 人／谢寿光

责任编辑／芮素平

文稿编辑／尹雪燕

出　　版／社会科学文献出版社·联合出版中心（010）59367281
　　　　　　地址：北京市北三环中路甲 29 号院华龙大厦　邮编：100029
　　　　　　网址：www. ssap. com. cn

发　　行／市场营销中心（010）59367081　59367083

印　　装／三河市龙林印务有限公司

规　　格／开　本：787mm×1092mm　1/16
　　　　　　印　张：16. 25　字　数：243 千字

版　　次／2020 年 3 月第 1 版　2020 年 3 月第 1 次印刷

书　　号／ISBN 978-7-5201-6236-4

定　　价／99. 00 元

本书如有印装质量问题，请与读者服务中心（010-59367028）联系